LA SÉMIOTIQUE EMPIRISTE
FACE AU KANTISME

 *PHILOSOPHIE ET LANGAGE*

Lia Formigari

la sémiotique empiriste face au kantisme

traduit par Mathilde Anquetil

MARDAGA

© 1994, Pierre Mardaga éditeur
Rue Saint-Vincent 12 - 4020 Liège
D. 1994-0024-27

Werde ich es sagen, endlich laut sagen dürfen, dass sich mir die Geschichte der Philosophie je länger desto mehr als ein Drama entwickelte, worin Vernunft und Sprache die Menächmen spielen ? Dieses sonderbare Drama, hat es eine Katastrophe, einen Ausgang; oder reihen sich nur immer neue Episoden an ?

(Jacobi)

Avant-propos

Ce livre a deux finalités, l'une plus modeste et l'autre plus ambitieuse. La première est de vérifier l'existence entre la fin du XVIIIe et le début du XIXe siècle d'un courant de philosophie sémiotique se situant à l'intérieur de la culture allemande, mais qui se rapproche de par son esprit et ses fins de l'empirisme de la philosophie anglaise et de l'Idéologie qui domine le débat philosophique en France comme dans d'autres pays du continent au cours de cette même période. L'histoire de la philosophie de tradition idéaliste a eu tendance à occulter cette lignée de recherches, que l'on peut cependant tenter de retracer en prenant pour point de départ la *Sémiotique* de Lambert comme dernière grande tentative de fonder une théorie générale des signes en fonction d'un système des sciences ; puis en suivant les parcours théoriques de la psychologie empirique ; et en s'arrêtant sur les diverses objections formulées d'un point de vue linguistique à l'encontre du transcendantalisme kantien.

Le deuxième objectif, plus ambitieux, est de discerner les éléments qui ont porté à la crise du modèle empiriste dans la philosophie du langage, et de contribuer ainsi à expliciter les rapports qu'entretiennent la philosophie et la linguistique. En parcourant la voie de transition de l'empirisme à l'idéalisme on est en effet amené à examiner les divergences qui ont fini par sanctionner la séparation entre ces deux branches de savoir tant du point de vue de la méthodologie scientifique que du point de vue institutionnel. Jusqu'à présent, ce processus a été envisagé principalement, si ce n'est exclusivement, sous l'optique du développement de la philosophie transcendantale et de sa projection sur la philosophie du langage. J'ai tenté au contraire d'adopter le point de vue des philosophes qui, à l'époque de Kant et des prolongements idéalistes de la philosophie kantienne, s'efforcèrent d'intégrer les théories du langage dans le cadre défini par la psychologie cognitive en tant que discipline fondamentale d'une philosophie qui se proposait comme réflexion sur les sciences positives.

L'élément théorique primordial de la crise est la notion kantienne de transcendantal, ainsi que les diverses interprétations qu'on en donna lorsqu'on essaya de l'appliquer aux théories du langage. Cette notion remettait en question un modèle cognitif en vigueur depuis environ deux siècles et qui avait produit entre autres ce grand monument théorique que constitue la doctrine sémantique de l'empirisme classique. Locke et ses disciples radicalisaient sans doute la théorie de l'arbitraire des noms, mais ils attribuaient aux mots un terme de référence non-arbitraire en reconnaissant les idées simples comme données premières de l'expérience : les idées simples sont les mêmes pour tous les hommes dotés de bon sens, elles n'ont pas besoin d'être définies, leurs noms ne sont pas sujets à controverse. Bien que l'arbitraire des signes linguistiques soit toujours réaffirmé dans les développements théoriques qui se succèdent de Locke à Herder, la continuité entre signes naturels et signes d'institution y fait cependant toujours figure d'acquis ou même de prémisse. Les qualités ne sont que des signes *à travers lesquels* les corps se communiquent. La perception est alors une sorte de lecture des signes naturels, des signes de la communicabilité comme les appelle Herder, qui se présentent de façon continue et demandent à être interprétés. Cette théorie générale de la communication par signes naturels, qui trouve chez des auteurs comme Berkeley et Hamann une version théologique et mystique, est, dans sa version sensualiste, à la base de toute la sémiotique de cette époque. Ainsi s'explique l'intérêt accordé au même moment aux résultats de la physiognomonie et aux études sur les signes expressifs des passions, un intérêt partagé par toutes les branches de la culture philosophique et scientifique, de la biologie à l'esthétique. Les signes naturels constituent une information primaire sur le monde. Cette information oriente le comportement humain, c'est le socle sur lequel sont institués les signes linguistiques, et c'est en dernier recours le garant de leur signification. Il y a une rupture *anthropologique* entre le naturel et l'arbitraire car c'est l'institution des signes qui marque l'avènement de l'homme comme animal culturel et la mise en place des processus anthropiques qui concernent la nature elle-même. Mais il ne s'agit jamais de rupture *gnoséologique* : la philosophie des Lumières, tout en élaborant une théorie de l'arbitraire des signes, se garantit d'une certaine manière sur le versant sémantique grâce à la communicabilité naturelle du monde, qui à la fois constitue le fondement iconique des signes d'institution et permet leur vérification dans le cadre de la pratique.

Il était certes plus difficile d'étendre cette iconicité aux liens syntaxiques en vue d'instituer un isomorphisme entre la syntaxe des langues et l'organisation formelle des représentations primaires et dérivées qu'elles expriment : aucune définition ostensive n'est possible pour les rapports spatio-temporels ni pour les liens de causalité, par exemple. Cependant ce qu'on avait appris de longue date à appeler la «forme» de la langue n'offrait-il pas une garantie d'universalité en mesure de faire de la langue un instrument de science et de connaissance, et donc de garantir le rapport entre le langage et le monde? L'isomorphisme entre la structure de la pensée et les structures grammaticales, qui avait été théorisé par la grande tradition de la grammaire générale, offrait justement la garantie requise ; ce qui explique la cohabitation pacifique (et dans certains cas la coïncidence explicite) entre une gnoséologie «empiriste» et une grammaire «rationaliste». Le kantisme compromet les bases de cette cohabitation en introduisant une nouvelle notion de forme comme élément transcendantal et donc non-conditionné, ce qui était évidemment inconciliable avec la conception du langage comme élaboration d'une expérience iconique et sémiotique formée et transformée.

Pour schématiser la situation, on peut dire que les réponses au défi lancé par le transcendantalisme aux théories du langage furent substantiellement au nombre de trois. La première est constituée par les diverses tentatives de refonder la grammaire générale en fonction de la logique transcendantale kantienne. Il s'agissait au premier abord d'un simple réajustement, d'une reclassification des formes grammaticales en fonction de la nouvelle table des catégories, mais en réalité cette adaptation introduisait un bouleversement méthodologique important. Tout comme la philosophie se définissait comme une méthode d'approche transcendantale du savoir et se distinguait en tant que telle des sciences empiriques, la grammaire générale (philosophique) déclara l'abandon de la méthode empirique pour reconstituer les conditions transcendantales de la langue. Cette prise de position en faveur de la méthode *a priori* contribua probablement à faire tomber la grammaire générale en discrédit auprès des linguistes de profession à l'époque du comparatisme : ce discrédit finit alors par rejaillir sur la grammaire générale pré-kantienne bien que celle-ci n'ait jamais, et n'aurait d'ailleurs jamais pu, professer aucune méthode *a priori*.

La deuxième réponse fut proposée par la philosophie du langage d'orientation idéaliste. Abandonnant la conception instrumentale de la langue, elle définissait cette dernière non plus comme un dispositif analytique par l'intermédiaire duquel le sujet se rapporte au monde, mais comme une force autonome dont l'efficacité ne dérive ni des structures biologiques du sujet, ni des structures du monde, elle est au contraire elle-même constitutive aussi bien du sujet que du monde. La langue est donc un élément transcendantal de l'expérience. Cette tendance, représentée par Humboldt en particulier, est au cœur du débat linguistique de la *Romantik*.

On pourrait définir la troisième réponse comme potentiellement matérialiste : l'élément non arbitraire des formes linguistiques est attribué à la constitution organique de l'homme. Cette solution était déjà présente de façon implicite chez des auteurs comme Condillac. Sous la poussée du transcendantalisme kantien elle devient explicite chez Herder. Tout en s'opposant à la notion kantienne des formes transcendantales, elle permettait d'introduire, par l'intermédiaire de l'autoconscience corporelle et de son intériorisation dans les langues, un élément d'universalité qui garantissait grâce à son uniformité une grille commune de critères d'identification et de ré-identification des objets et de leurs rapports. La congruence entre le langage et le monde était ainsi assurée tant au niveau « atomique » par une relative iconicité sémantique (ce qui était aussi le cas dans le cadre de l'empirisme classique), qu'au niveau formel. Il m'a semblé digne d'intérêt de raconter l'histoire de cette dernière solution, qui constitue le cœur de la position « métacritique » de Herder mais qui était destinée à rester minoritaire dans une tradition philosophique où toute référence corporelle était condamnée à disparaître ou à être réduite à un épiphénomène de l'activité spirituelle.

L'hégémonie de la seconde des trois solutions dans la culture européenne du début du XIXe siècle sanctionne le divorce entre l'approche spéculative et l'approche empirique face à la langue ; cette rupture est théorisée par la linguistique philosophique du romantisme. Ce dédoublement de méthode et d'approche a servi fort longtemps à justifier d'un côté les prétentions spéculatives de la philosophie, qui a tenté de se prononcer sur la nature ou l'essence du langage sans recourir à la médiation des sciences empiriques, et de l'autre les convictions opposées et complémentaires de la linguistique, qui a pensé avoir acquis le statut de science précisément en se séparant de la matrice traditionnelle de la philosophie. Cette seconde prétention s'est affirmée jusqu'à une époque fort récente où les manuels d'histoire de la linguistique dataient infailliblement la naissance de la linguistique scientifique aux alentours des premières décennies du XIXe siècle. Le travail des historiens de la linguistique de ces vingt dernières années a cependant permis de corriger ce stéréotype. Mais la première prétention, celle de la philosophie lorsqu'elle se confronte directement au langage pour en faire un objet spéculatif, après avoir imposé son propre modèle de Humboldt à Heidegger, est encore largement opérative dans les débats contemporains en philosophie du langage (cf. Auroux & Kouloughli, 1991, 1993) et ce n'est que récemment que les sollicitations de la psychologie cognitive, de la neurologie et de la psychologie de l'apprentissage ont commencé à s'insinuer dans la conscience des philosophes, laissant entrevoir la possibilité d'une recomposition méthodologique après deux siècles de séparation.

Dans ce contexte l'histoire de la linguistique assume ses responsabilités en retissant la toile d'un savoir autrefois unitaire : en repérant les points où la trame s'est effilochée, a perdu ses teintes et son épaisseur, en renouant les fils qui s'étaient cassés. L'échantillon examiné dans ce livre me semble particulièrement significatif car il permet de dégager les prémisses de la crise du modèle empiriste en linguistique. Les textes de Kant révèlent les précédents de la bipartition entre domaine empirique et domaine transcendantal qui s'achèvera avec la première génération des romantiques et suivra l'évolution de l'idéalisme en philosophie. La *Métacritique* de Herder est le témoignage d'une vive réaction contre les fondements théoriques du transcendantalisme. Dans cette œuvre très critique vis-à-vis de Kant on remarque l'affirmation des tendances matérialistes présentes de façon implicite dans les écrits de Herder à partir des années 1770. Tels sont les centres d'intérêt de la première partie de ce livre.

L'étude de cette opposition entre Herder et Kant, de ce débat entre deux méthodes et deux philosophies, m'a amenée à explorer ce phénomène spécifiquement allemand du dernier quart du XVIIIe siècle : la *Popularphilosophie*, suivie quelques décennies plus tard par la rencontre conflictuelle de la tradition d'analyse des idées avec le kantisme et l'idéalisme ; j'en rendrai compte dans la deuxième partie de ce livre. Il s'agit d'ailleurs d'un terrain que quelques historiens ont déjà commencé à débroussailler : après les nombreuses études sur l'*Aufklärung* «classique», qui entre les années soixante et quatre-vingts ont porté à une modification radicale de l'image transmise par l'historiographie romantique et idéaliste, plusieurs chercheurs ont récemment entrepris de travailler à une reconstruction des termes exacts de cette confrontation entre la philosophie et une anthropologie désormais sécularisée, et d'une façon générale entre la philosophie et les sciences positives : je me réfère ici aux études de Frederick Beiser (1987), de Joachim Gessinger (sous presse), de Wolfert von Rahden (1993), et d'autres encore que nous citerons au fur et à mesure, précédées dans les années 70 par Stefano Poggi (1977). Ce filon de la tradition a longtemps été délaissé en raison du rôle prépondérant accordé aux philosophies de la nature et aux philosophies de l'histoire. Et pourtant, sans une connaissance appropriée des problématiques dont il est porteur, on ne peut guère expliquer un certain nombre d'évolutions qui émergent dans la culture allemande et européenne après la crise de l'idéalisme classique dans la seconde moitié du XIXe siècle, entre autres la naissance de la *psychologische Sprachauffassung* (sur laquelle Clemens Knobloch [1988] nous a fourni une étude tout à fait exhaustive) et la prise en charge par les philosophes des problèmes de la signification, tandis que la linguistique «glisse vers l'asémantisme», selon l'expression de De Mauro (1969 : 80).

Certaines considérations contenues dans cette préface et dans la conclusion, ainsi que les premières versions des chapitres I et II, ont été présentées à l'occasion de colloques (Paris VII, 1991, Oxford, 1991, Paris Sorbonne, 1991, 1994, Cosenza, 1993) et ont été ou seront publiées dans les actes. Je tiens à remercier les collègues qui ont bien voulu à cette occasion en discuter les contenus, de même que Francesco Ferretti, Maurizio Maione et Ilaria Tani, étudiants de troisième cycle dans la faculté de philosophie où j'exerce, qui, en fréquentant mes séminaires ces deux dernières années et en travaillant pour leurs thèses sur des thèmes affines, m'ont souvent contrainte à préciser et ainsi à clarifier, avant tout à moi-même, les positions en cours d'élaboration. Je remercie encore Mathilde Anquetil, qui s'est occupée de la traduction, pour sa patience amicale et sa compétence professionnelle. Ma gratitude va aussi à Italo Cubeddu auquel je dois de nombreux éclaircissements sur des points de philologie kantienne; à Antonino Pennisi dont les études sur les pathologies linguistiques aux XVIIIe et XIXe siècles ont souvent croisé mes propres recherches sur le débat philosophique de la même époque et m'ont permis de fureter dans les «laboratoires» où l'on élaborait et soumettait à l'expérimentation les positions théoriques rapportées dans ce livre; et enfin *last not least* à Sylvain Auroux, qui a bien voulu relire le manuscrit de ce livre.

Lia Formigari
Dipartimento di Studi filosofici ed Epistemologici
Università «La Sapienza» (Roma I)
Villa Mirafiori
Via Nomentana 118
I-00161 Roma

PREMIÈRE PARTIE

CRITIQUE, MÉTACRITIQUE, THÉORIE DU LANGAGE
1787-1799

Chapitre 1
La notion kantienne de représentation et les théories sémantiques

1. LA DOCTRINE DU SCHÉMATISME ET LA FONDATION DE LA SÉMANTIQUE

Au cours de ces vingt dernières années, l'opération qui consiste à reformuler certains problèmes kantiens (comme par exemple la distinction entre les jugements analytiques et synthétiques) en termes de philosophie du langage, a été tentée par plusieurs auteurs se situant dans la lignée de la philosophie anglo-américaine (cf. Ujvàri, 1989 pour une bibliographie accompagnée de critiques pertinentes sur le sujet). Et les recherches se sont succédé qui tentent par d'autres voies de reconstruire une "sémantique" kantienne, ou du moins son ébauche, puisqu'elle n'est chez Kant qu'à peine esquissée mais jamais véritablement développée. Tous les interprètes le reconnaissent aujourd'hui (cf. von Rahden, 1989), même ceux qui (par exemple Riedel, 1982, 1982a, Markis, 1982, Traversa, 1984, Kelemen, 1989, D'Atri, 1990 : 29-46), ne seraient sans doute pas disposés à souscrire la thèse du "silence de Kant" quant au langage (De Mauro, 1969) ou la sentence lapidaire de J.P. Nolan lorsqu'il affirme : «La première chose à dire sur la théorie de la signification chez Kant, c'est que cet auteur n'en a aucune» (Nolan, 1979 : 117).

Selon une interprétation récente (Dascal et Senderowitcz, 1992), l'épistémologie kantienne recèlerait en réalité une théorie du langage non explicite mais dont on trouverait la trace dans le statut conféré aux concepts empiriques : en effet on ne peut jamais donner de ceux-ci qu'une définition nominale, fondée donc en dernier recours sur les pratiques linguistiques de la communauté :

> «il est clair que la seule chose qui reste stable lors de la transformation des concepts, c'est le mot. Le mot "or" peut être appliqué à diverses caractéristiques dans l'esprit de différentes personnes, ou dans l'esprit d'une même personne à des moments différents. Mais le mot désigne toujours la même chose appartenant au monde. C'est ce qui nous permet de dire que nous avons différents concepts de l'or [...]. Sinon nous serions obligés de dire que les différentes personnes, ayant différents concepts subjectifs, vivent dans un monde peuplé d'objets différents [...]. Un concept empirique n'est rien d'autre qu'un mot avec une référence déterminée.» (Dascal et Senderowitcz, 1992 : 141).

Par conséquent, l'essence du concept empirique doit être quelque chose qui a un rapport avec la façon dont nous utilisons les mots de notre langue. Selon ces deux auteurs, Kant admet par là le rôle constitutif du langage dans le processus de la connaissance, ce qui aurait des conséquences extrêmement importantes sur tout l'édifice de l'épistémologie kantienne.

Cette interprétation est cependant difficilement conciliable avec le paragraphe 18 de la *Critique de la Raison pure*, où il me semble que Kant dit explicitement que le langage *n'a pas* de valeur constitutive. Seule l'unité du "Je pense" a une valeur objective. Quant à l'unité empirique elle ne reste que purement subjective.

> «L'un lie la représentation d'un certain mot avec une chose, l'autre avec une autre chose, et l'unité de la conscience dans ce qui est empirique n'a pas, relativement à ce qui est donné, de valeur nécessaire et universelle.» (Kant, 1787 : 859).

Si l'on suit jusqu'au bout l'argumentation de Dascal et Senderowitcz, il faudrait alors attribuer à Kant un scepticisme linguistique radical bien que non explicite : il y aurait chez lui une scission totale entre l'objectivité de la science, garantie par l'unité originelle de la conscience, et la subjectivité, ou le caractère accidentel, des synthèses opérées par le langage. Ce qui aurait évidemment un effet dévastateur sur l'ensemble de sa théorie épistémologique.

L'interprétation que nous exposerons dans ce chapitre est plus modérée. Nous tenterons en effet de montrer que l'ébauche d'une sémiotique, si tant est qu'elle existe, reste de toute façon extérieure au dessein de la philosophie transcendantale et qu'elle n'est jamais vraiment intégrée dans l'architecture d'ensemble du criticisme. C'est plus particulièrement dans la théorie du schématisme qu'on trouvera confirmation de cette hypothèse.

Dans la théorie sémiotique qu'il esquisse dans la *Critique de la faculté de juger* (1790 : 59, 1141-45), Kant définit les signes linguistiques comme *Charakterismen*, c'est-à-dire comme désignations de concepts, tout en précisant qu'il n'y a rien de commun entre ces désignations et les concepts correspondants. Les signes sont donc arbitraires, et les liens qui les unissent avec les concepts ne sont que de simple association. Ce premier pas semblerait indiquer que la théorie du signe a déjà été reléguée dans le domaine de la psychologie empirique, puisque c'est à ce domaine qu'appartient justement le phénomène de l'association d'idées.

Dans le texte sur lequel nous nous appuyons, la *Critique de la faculté de juger*, Kant ne fait allusion aux signes arbitraires qu'occasionnellement, car l'intérêt principal porte sur l'autre instrument de représentation du matériel empirique : c'est-à-dire sur la présentation (*exhibitio*) symbolique, une représentation indirecte, fondée sur l'analogie. C'est là le mode de représentation qui nous permet d'exprimer des concepts auxquels ne correspond, et parfois ne peut correspondre, aucune intuition (le concept de Dieu, par exemple). Notre langue, écrit Kant, est remplie de ces présentations (*exhibitiones*) indirectes basées sur l'analogie,

> «expressions pour des concepts réalisés non au moyen d'une intuition directe, mais seulement selon une analogie avec celle-ci, c'est-à-dire selon la transmission de la réflexion sur un objet de l'intuition, à un tout autre concept auquel peut-être ne peut jamais correspondre directement une intuition» (Kant, 1790 : 1143).

Tel est le cas de la métaphore, et les exemples cités par Kant sont ceux de métaphores "mortes", c'est-à dire de métaphores que l'on ne perçoit plus comme telles (des termes comme "fondement", "dépendre" etc.). Par cette fonction représentative qui lui est propre, le concept emprunte, si l'on peut dire, une intuition qui ne lui appartient pas véritablement, et s'exprime de façon indirecte à travers celle-ci. Le symbole, comme le dit Butts (1988 : 276) en résumant de façon synthétique le problème, «se réfère [...] à une relation entre deux modules de structure causalement opérative». J'ajouterais qu'il s'agit d'un procédé gnoséologico-linguistique : le même qui — depuis les commentaires du XVIe siècle sur la *Poétique* d'Aristote (cf. Della Volpe, 1956) — était communément décrit comme le procédé typique de la métaphorisation.

Mais former des symboles ne constitue pas la seule façon de présenter les contenus empiriques à la pensée. L'autre procédé qui, lui, est direct, passe par l'utilisation des schèmes. Dans le cas de la présentation symbolique, il semble que le rapport entre intuition et concept ne constitue pas en soi un problème. Le concept se sert simplement, à ses propres fins, d'un matériel empirique qui lui est étranger par sa nature : disons encore une fois qu'il associe ce matériel à la représentation intellectuelle.

Au contraire, dans le cas de la représentation par l'intermédiaire de schèmes, ce rapport devient problématique.

C'est dans la doctrine transcendantale de la première Critique, que Kant introduit la notion de schème, en tant que dispositif capable de créer cette homogénéité entre les concepts et le matériel intuitif qui seule permettrait d'appliquer les concepts aux instances particulières de la sensibilité. Il est cependant légitime de s'interroger ici sur les raisons pour lesquelles dans le cas du symbole — où justement le rapport entre intuition et concept est particulièrement indirect — une telle homogénéité est donnée comme une évidence. Même si l'on admet, comme le fait Flach (1982 : 456), que l'alternative entre les deux types de dispositifs est radicale (et il ne semble pas qu'il en soit ainsi, si, comme je l'ai noté précédemment, on considère que le processus de symbolisation est lui-même un procédé gnoséologique qui est plutôt "oblique" et non direct), le problème devrait se poser de la même façon dans les deux cas.

De plus, la lecture du premier chapitre de l'*Analytique des principes* montre qu'en réalité Kant a deux théories sur le schématisme, une théorie empirique et une théorie transcendantale, et que seule la première a une valeur sémantique, puisqu'elle permet de placer à côté du concept une intuition qui lui correspond (cf. Kant, 1790 : Introduction, VIII, 949-52).

Contrairement aux images qui ne sont que de simples reproductions des données empiriques, comme nous l'explique Kant dans ce chapitre, les schèmes sont générés par l'imagination dont la fonction n'est pas seulement reproductive mais productive (c'est-à-dire créative), selon un « art caché dans les profondeurs de l'âme » (Kant, 1787^2 : 887). Ce sont donc des entités qui ne peuvent exister ailleurs que dans la pensée, mais qui rendent possibles les images elles-mêmes qui, elles, « ne peuvent se relier au concept qu'au moyen du schème qu'elles désignent » (*ibid.*). Ce sont des « règles » : ce qui signifie que les schèmes, contrairement aux images, ne sont pas des objets mentaux déterminés, mais des instructions en vue de synthétiser des images intuitives particulières. Kant dit que ce sont des « monogrammes » : et en tant que tels ils nous permettent de reconnaître les concepts dans le matériel empirique et donc d'unifier et d'organiser celui-ci. A travers le schème purement mental du triangle, je reconnais en chaque triangle l'image de ce schème ; à travers le schème de la rondeur (il s'agit là des exemples de Kant) je reconnais que cette assiette est ronde. Sur la base du schème de nombre je reconnais dans une série de cinq points l'image du nombre cinq.

Le schématisme ne fait que remettre à l'ordre du jour un vieux problème : celui de trouver un troisième terme entre la chose et l'intellect, qui appartienne déjà au domaine de l'expression ; qui soit, comme on le disait dans la terminologie scolastique, *species expressa*. C'est le problème auquel Locke avait répondu par la théorie de l'abstraction, et que Berkeley, critiquant Locke (et au-delà de Locke un psychologisme diffus : cf. Flage, 1987 : 13-53), avait résolu en conférant aux mots la fonction que Kant confie ici aux schèmes. C'est toujours pour résoudre ce même problème que Leibniz avait postulé l'existence chez le sujet transcendantal par excellence, l'esprit divin, d'une correspondance *a priori* entre les notions et leur contenu idéel, et qu'il en avait fait, dans l'essai intitulé *Quid sit idea* (1678) par exemple, le fondement même d'une théorie de l'expression.

La théorie du schématisme est ainsi appelée à répondre elle aussi à ce problème récurrent qui est de savoir comment les intuitions sensibles sont susceptibles d'être pensées et, par conséquent, quelle est la signification que l'intellect peut leur attribuer. La philosophie britannique du XVIIIe siècle, avec Berkeley et Hume, tendait à traiter cette problématique en attribuant au langage un pouvoir constitutif de plus en plus important dans l'élaboration de l'expérience. Kant, lui, reformule le problème en des termes évidemment différents, sinon même opposés : les schèmes sont des dispositifs pré-linguistiques constitutifs par rapport à l'expérience, et ce n'est pas le langage qui les rend possibles, au contraire ce sont eux qui rendent possible le langage, en tant qu'eux seuls présentent à l'entendement une unité de la multiplicité.

Mais si on relit bien le texte de Kant, on s'aperçoit qu'il ne s'agit là que du cas des schèmes qui s'appliquent aux concepts purs de l'entendement (les douze catégories) ; le cas des schèmes qui s'appliquent aux concepts empiriques est tout à fait différent. En effet la solution de Kant s'articule différemment selon qu'il traite des premiers ou des seconds. Dans le premier cas, Kant dit que le schème « exprime la catégorie » en tant que produit transcendantal de l'imagination, c'est-à-dire sur la base d'une structure cognitive *a priori*, et aucune image ne peut en effet correspondre à ce type de schème parce qu'il manque complètement de tout contenu empirique ; Kant établit alors la liste des schèmes correspondant aux douze catégories (les schèmes sont en fait au nombre de huit parce qu'il fait correspondre un seul schème, celui du nombre, aux trois catégories de la quantité, de même que pour les trois catégories de la qualité ne correspond qu'un seul schème, celui de la gradation). Aucune représentation empirique ne saurait résulter du concours pur et simple de ces schèmes, et ceux-ci ne peuvent évidemment avoir aucune fonction sémantique puisqu'ils sont privés de contenu. Au contraire, dans le cas des concepts sensibles, le matériel empirique nous est donné, et la nécessité du schème naît justement de la nécessité de raccorder ces données empiriques aux concepts correspondants : l'image, selon Kant, ne suffit pas pour mettre en œuvre ce processus parce que, tout comme l'objet, elle n'est jamais adaptée aux exigences de la pensée ; d'où la nécessité du schème. Aucune image du triangle ne peut être conforme au concept de triangle, concept qui vaut tant pour le triangle rectangle que pour l'isocèle. Un objet de l'expérience ou son image ne pourront *a fortiori* être conformes au concept correspondant. Le concept de chien, par exemple, « signifie une règle d'après laquelle mon imagination peut tracer de manière générale la figure d'un quadrupède, sans être restreinte à quelque figure particulière que m'offre l'expérience, ou encore à quelque image possible, que je peux présenter in concreto » (Kant, 1787[2] : 887).

Il semble ainsi que la théorie du schématisme se scinde en deux versions différentes : l'une pour les concepts purs (sur la façon dont ils s'appliquent aux phénomènes grâce à la synthèse transcendantale de l'imagination), et l'autre pour les concepts empiriques (sur la façon dont ils peuvent être subsumés sous une catégorie). Utilisant la définition de Vossenkuhl (1989 : 199), on dira que les schèmes des concepts purs sont des « unbound epistemic variables », mais c'est justement le problème de leur application aux schèmes de la sensibilité qui reste ouvert. Comme l'observe encore Vossenkuhl (*ibid.*), « Kant se transpose tranquillement des schèmes des catégories aux schèmes de la sensibilité. Il glisse graduellement d'une conception interne du schème, à une conception externe, et ne se trouble en rien du fait qu'il avait introduit lui-même le schématisme pour montrer la convergence des deux perspectives ». Du reste, Norman Kemp Smith, dans son Commentaire sur la *Critique de la Raison pure*, avait déjà souligné l'hétérogénéité entre les concepts purs et les représentations empiriques, et par conséquent la difficulté qui se présente si l'on veut les réduire à un même type de schème (Smith, 1962 : 339).

Il nous paraît juste d'observer que c'est surtout (et on pourrait même ajouter que c'est exclusivement) dans le cas de la présentation de concepts empiriques, que l'on peut faire appel à la fonction sémantique (cf. aussi Traversa, 1984 : 78). Et dans cette acception, on peut difficilement distinguer les schèmes kantiens des produits de l'abstraction. Tout comme la théorie de l'abstraction de Locke, la théorie du schématisme de Kant, en tant qu'elle s'applique à la sensibilité, tend justement à affranchir les contenus mentaux de leur genèse iconique : aussi bien l'abstraction que la schématisation sont, en effet, destinées à produire un prototype (un « monogramme ») qui doit représenter une classe de perceptions mais en retranchant leurs connotations perceptives.

L'analogie entre l'abstraction et la schématisation semble confirmée par la description — dressée par Kant dans ses *Leçons de logique* — du processus de génération des concepts à travers les « actes logiques de la comparaison, de la réflexion et de l'abstraction » (Kant, 1800 : 103). L'abstraction et l'association continueraient donc à être les deux procédés, tous deux propres à la psychologie empirique, sur la base desquels se constituent les significations. Ce n'est pas un hasard si Kant, dans la troisième Critique, décrit la communication comme un procédé d'association entre les intuitions et les concepts : « L'aptitude des hommes à se communiquer leurs pensées exige [...] un rapport de l'imagination et de l'entendement afin d'associer aux concepts des intuitions et inversement aux intuitions des concepts » (Kant, 1790 : 1075).

Que les schèmes des concepts empiriques puissent en fait être considérés comme le produit de l'imagination en tant qu'elle préside à l'abstraction (à la reproduction), telle fut d'ailleurs l'interprétation qu'en donna Fichte. Dans son *Essai sur l'origine du langage* (1795 : 103), il rapproche explicitement la doctrine de Kant sur le schématisme de celle de Locke sur l'essence nominale en tant qu'intermédiaire entre le mot et la chose. Etendant ainsi la notion de schème, Fichte assigne aussi aux schèmes produits par l'imagination la fonction de présenter à la sensibilité les représentations qui ne peuvent avoir de contenu sensible (c'est pour cela que les langues pullulent de désignations métaphoriques, le souffle qui indique la vie, les ombres pour désigner les âmes des morts, etc.) : c'est-à-dire la fonction que Kant avait attribuée au contraire aux hypotyposes ou présentations (*exhibitiones*) symboliques (1795 : 112-114). Pour ce qui est des concepts empiriques, ce sont selon lui les schèmes de l'abstraction qui permettent la création des noms généraux; ainsi, pour Fichte (comme pour Locke et pour Kant), l'abstraction est un procédé psychologique pré-linguistique, tout au plus favorisé par la présence, dans les langues, de signes qui désignent les généralisations suprêmes (par exemple le mot "être" qui permet d'attribuer toutes les mutations que nous percevons à une référence qui est quelque chose de permanent).

Schelling (1800 : 509), un autre illustre interprète, liait lui aussi le thème du schématisme à celui de l'abstraction, et le considérait comme ce sur quoi se fonde tout le mécanisme du langage. C'est même à l'analyse du langage — et en particulier à l'analyse des langues primitives et du langage scientifique — qu'il déléguait la vérification de la nécessité du schématisme.

Si l'on admet que cette interprétation de la doctrine du schématisme est plausible, on est nécessairement conduit à en conclure que cette doctrine ne se propose pas — et de toute façon ne saurait valoir — en tant que fondement d'une "sémantique transcendantale", c'est-à-dire en tant que doctrine qui rechercherait le fondement de la signification dans un processus non empirique. On ne peut la saisir que comme une doctrine empirique qui décrit la formation des schèmes par abstraction à partir des données de la sensibilité, comme un ensemble de règles sémantiques capables de rapporter les concepts à des intuitions. Mais dans ce cas, elle devient pour le moins superflue dans l'architecture d'ensemble de la théorie kantienne (c'est d'ailleurs ce que plusieurs ont soutenu : cf. Detel, 1978), puisque le schème finit par n'être qu'un duplicata par rapport à l'image : un expédient extrinsèque afin de trouver une médiation entre les différentes facultés qui sinon resteraient déconnectées, comme l'expliquait Hegel dans ses *Leçons d'histoire de la philosophie* (III/3); un «truc», comme l'écrivait Sartre (1948 : 162), pour concilier l'un et le multiple, l'activité de la pensée et l'inertie de la matière, la nécessité et la contingence. Par ailleurs, le problème de la relation entre les schèmes au sens fort, c'est-à-dire entre les schèmes correspondant aux catégories, et ceux qui correspondent à l'expérience et à l'abstraction, n'est pas résolu pour autant.

2. UNE GRAMMAIRE DE LA PENSÉE

Il ne semble pas que les quelques autres passages qui, dans l'œuvre de Kant, posent le problème des rapports entre la pensée et le langage, puissent apporter de modifications à cette interprétation. Examinons par exemple les passages où Kant ébauche une réflexion sur le rapport entre forme et matière dans la langue. Cette dernière (la «Materie der Sprache»), écrit-il par exemple dans la *Logique*, est l'aspect phonique de la langue, par opposition à la forme («Form einer Sprache», «Form der Sprache überhaupt»), qui en est la grammaire implicite : «on parle», écrit Kant, «même sans connaître la grammaire; et celui qui parle sans la connaître possède en réalité une grammaire et parle selon des règles dont il n'a cependant pas conscience» (Kant, 1800 : 9). On peut relier cette prise en compte de la partie formelle de la langue, à l'idée, que l'on trouve disséminée dans l'œuvre de Kant, d'une morphologie transcendantale. Cette idée n'est pourtant qu'esquissée, et ne fait jamais l'objet d'un développement. Que l'on relise le passage des *Leçons de métaphysique* où Kant annonce explicitement le projet d'une «grammaire transcendantale qui contienne le fondement du langage humain», qui explique, par exemple, « comment le *praesens, perfectum, plusquamperfectum* sont enracinés dans notre entendement ; et ce que sont les *adverbia*, et ainsi de suite » (Kant, *Met.* : 78). De même que la logique est la science de la forme pure de la pensée dans sa généralité, la grammaire générale « ne contient rien de plus que la simple forme de la langue, sans les mots, qui appartiennent à la matière de la langue » (Kant, 1800 : 11). L'analogie est confirmée dans un passage des *Prolegomena*, dans lequel Kant établit clairement un parallélisme entre les formes de connexion du jugement et les formes de connexion de la proposition :

> « Dégager de la connaissance commune les concepts qui ne se fondent nullement sur une connaissance particulière, et qui se rencontrent cependant dans toute connaissance empirique dont ils constituent pour ainsi dire la simple forme de liaison, cela ne supposait pas plus de réflexion ou de discernement que de dégager de manière générale d'une langue les règles de l'usage effectif des mots, et de rassembler ainsi les éléments d'une grammaire (en fait, ces deux recherches sont aussi très étroitement apparentées), sans pouvoir toutefois le moins du monde donner la raison pour laquelle chaque langue a précisément telle constitution formelle et nulle autre... » (Kant, 1783 : 100).

Ce parallélisme se confirme encore dans ce passage des *Vorlesungen über Philosophische Enzyklopädie* :

> « De même que l'on a une grammaire générale des langues, on tente d'en découvrir une pour la pensée qui puisse contenir certaines règles générales de la pensée. Une grammaire générale contient des règles générales des langues, et ne considère pas leurs aspects particuliers, leurs mots par exemple [...]. La forme de la langue et la forme de la pensée étant parallèles et similaires, puisque nous pensons bien avec des mots et que nous communiquons nos pensées aux autres par la parole, alors il existe aussi une grammaire de la pensée. » (Kant *Ph. E.* : 31).

Le thème du parallélisme entre la pensée et le langage revient fréquemment dans les notes des leçons de Kant (cf. Capozzi, 1987). Mais c'est un thème si communément diffusé dans la littérature théorique de l'époque, qu'il est difficile, en l'absence d'un véritable développement, d'y voir plus que la référence obligée à un lieu commun philosophique, énoncé comme allant de soi. Par ailleurs, l'analogie avec la logique (générale) indique justement les limites de la grammaire générale : tout comme la logique, la grammaire universelle, c'est-à-dire l'exposition de l'élément formel de la langue, ne peut en aucun cas être considérée comme un *Organon* (Kant, 1800 : 11), c'est-à-dire comme un ensemble de règles pour la production du langage. Si l'on considère la distinction que Kant, dans la Logique elle-même (*ibid.*), mais aussi dans la *Critique de la Raison pure* (« Théorie transcendantale de la méthode », chap. II), établit entre l'organon et le canon (*Kanon*), on en conclut nécessairement que la grammaire universelle est plutôt, en tant que canon, un ensemble de principes qui président au bon usage du langage, avec pour seul « modeste mérite de prévenir les erreurs » (Kant, 1787^2 : 1358). Bien que les conditions de la parole et les conditions de l'expérience soient analogues, comme l'a justement relevé Kelemen (1989 : 104), cette mise en équivalence de la grammaire avec la logique générale (c'est-à-dire la logique qui, contrairement à la logique transcendantale, ne s'occupe pas de l'origine des représentations) confirme le fait que la théorie sémantique de Kant, si tant est qu'il soit possible d'en reconstruire une sur la base des quelques ébauches disséminées dans son œuvre, se situerait de toute façon en dehors du cadre de la philosophie transcendantale. S'il est vrai que, comme le dit Kelemen (*ibid.*, 105), cela constitue «le moment où une porte s'ouvre pour la fondation d'une théorie du langage dans la philosophie transcendantale», il faut bien reconnaître que Kant n'a lui-même jamais passé ce seuil. Le problème de la validité objective des concepts employés dans les jugements empiriques ne se traduit jamais par une théorie de la signification. Le paragraphe 18 de la *Critique de la Raison Pure*, où, comme nous l'avons vu, il est exposé que l'objectivité du concept se fonde sur l'unité transcendantale de l'aperception, conclut justement en attribuant l'association entre les mots et les choses à l'unité empirique de la conscience où ne subsiste aucun critère de validité.

Cet état du rapport entre la forme et la matière du langage suggère bien sûr une analogie avec le rapport entre la forme logique de chaque acte de pensée et les contextes qui lui en fournissent le matériel particulier. En apparence, on pourrait très facilement ramener le rapport entre la forme et la matière de la langue sous la distinction plus générale entre forme et matière, exposée par Kant dans l'appendice de l'*Analytique transcendantale* par exemple (Kant, 1787-2 : 992) : la matière est «le déterminable en général», la forme est «la détermination» de celui-ci, et cela reste valable aussi bien dans le domaine de la pensée (où ce sont les concepts qui sont la matière, et où la forme est constituée par leurs relations dans le jugement), que dans celui de l'objectivité (où ce sont les éléments essentiels de chaque être qui sont la matière, et où la forme est leur façon de se relier en une chose). Mais si l'on considère comme pertinente l'analogie entre la logique générale et la grammaire générale sur laquelle insiste Kant dans sa *Logique*, la grammaire ne peut alors rien nous apprendre sur les modes de cette détermination : elle ne pourra pas emprunter ses principes à l'expérience, de même que la morale ne peut, de son côté, emprunter les siens à la vie (Kant, 1800 : 14); «l'utilisation matérielle» de l'entendement ne lui incombe pas (*ibid.*); elle ne peut rien nous apprendre sur la façon dont naissent les représentations, ni même sur l'efficacité de la présentation (*exhibitio*) des concepts. En effet celle-ci est selon Kant un art : l'art de conserver la juste proportion entre la représentation *in abstracto* et la représentation *in concreto*. Kant l'appelle «art de la popularité» (Kant, 1800 : 110).

Il n'y a, à notre connaissance, qu'un seul passage où Kant formule l'hypothèse selon laquelle la forme logique et la forme grammaticale pourraient ne pas coïncider; c'est-à-dire qu'il n'y aurait pas coïncidence entre la forme du jugement et celle de la proposition correspondante. Il s'agit d'un passage qui se trouve dans la doctrine du jugement des *Leçons de logique*, dans lequel Kant parle des jugements apparemment affirmatifs mais qui contiennent une négation implicite («peu d'hommes sont savants» équivaut à «beaucoup d'hommes ne sont pas savants»). Cela, remarque Kant, «dépend uniquement des conditions du langage» qui permettent de résumer deux jugements en un seul : et il s'agit donc d'un fait qui relève de la grammaire, et non pas de la logique (Kant, 1800 : 120).

Rappelons enfin le paragraphe 39 de l'*Anthropologie*, où l'unité de la pensée et du langage est certes réaffirmée, mais où le rôle le plus important est tenu par l'élément matériel de la parole, par sa matière phonique, et le processus tout entier est attribué à la fonction éminemment empirique de l'imagination reproductrice qui opère au moyen des associations. «Penser», écrit Kant, «c'est parler avec soi-même [...] et par suite aussi, entendre soi-même intérieurement par l'imagination reproductrice» (Kant, 1798 : 1010). Penser est, selon ce passage, une activité qui apparaît même comme conditionnée par une sorte de vibration inexprimée des organes phonatoires : la pensée, dans cette actualisation empirique et psychologique, dépend à tel point de la parole que, selon Kant, «on conçoit mal [qu'un sourd de naissance] fasse plus, en parlant, que jouer avec des impressions corporelles, sans posséder ni concevoir de véritables concepts». Cette «langue du ventre», comme l'appelleraient les Indiens de Tahiti (Kant tenait probablement cette information du *Reise um die Welt* de Georg Forster, paru en Allemagne en 1784), cette façon de parler et de s'écouter complètement intériorisée est une fonction de l'imagination reproductrice, celle qui préside à l'association, purement externe, des sons avec les significations, et même dans ce cas, à l'association des «jeux de ses lèvres, de sa langue et de sa mâchoire» avec les concepts. Quand ce lien d'association ne se réalise pas, ou ne se réalise que partiellement, il arrive alors que «les hommes en accord sur le plan du langage se situent aux antipodes les uns des autres pour ce qui est des concepts», et les divergences ne se révèlent ensuite que par hasard, à travers les divergences de comportement.

Cette connexion entre matière du langage et actualisation psychologique de la pensée aurait amené Kant, s'il l'avait explicitée plus à fond, sur des positions beaucoup plus proches de celles de Herder, car elle implique que la forme de la langue s'acquiert au moyen de la pratique linguistique et conditionne à son tour la forme de la pensée. Mais l'idée ne reste qu'à l'état d'ébauche : peut-être n'est-elle d'ailleurs qu'un écho, dans l'*Anthropologie*, d'un lieu commun des doctrines anthropologiques de l'époque, un écho du débat sur les moyens de substitution du langage verbal chez les sourds-muets, débat qui était très vif chez les contemporains de Kant.

3. KANTISME ET LINGUISTIQUE

Il est dès lors légitime de s'interroger sur les motifs qui peuvent avoir conduit Kant à traiter de façon aussi sommaire le problème de la signification. Sommaire au point que Cassirer a pu commenter : «il nous propose une philosophie de la connaissance, une philosophie de la moralité et de l'art, mais pas une philosophie du langage» (Cassirer, 1979 : 147-148).

On se demandera d'autant plus quel put être le motif du silence, somme toute relatif, de Kant, à propos du langage, si l'on sait, comme on a pu aujourd'hui le prouver (cf. surtout Capozzi, 1987), que le philosophe n'était certes pas sourd au débat linguistique de son temps qu'il connaissait au contraire fort bien ; les nombreuses références contenues dans les notes pour ses Leçons académiques en sont la preuve.

La *Métacritique* de Herder, comme nous le verrons au Chapitre II, nous fournit la clef d'interprétation de ce silence. Herder y opposait l'idée que le langage est une manifestation qui dépend de la structure biologique de l'individu et de l'espèce, l'idée que la perception a un rôle primordial, conditionnant, pour la formation des représentations, l'idée enfin, que c'est dans le langage, et seulement dans le langage, que se condense une forme spécifique de connaissance qui relie (même si cela se passe de façon pour le moins problématique et médiatisée) le monde subjectif de la perception avec le monde des représentations communicables.

La métacritique herderienne se base sur les dispositifs que le langage fournit à la pensée afin que celle-ci organise la réalité, et c'est sur ces points d'appui que Herder fonde sa critique contre la conception de l'intellect comme ensemble de formes a priori qui organisent l'expérience.

Une vision de la conscience comme étant originellement « infectée par le langage » (pour reprendre l'image suggestive qu'utilisent Marx et Engels dans l'*Idéologie allemande*), en somme, une théorie du conditionnement linguistique de la pensée, serait sans doute incompatible avec la « Reinigung der Philosophie », avec la purification de la philosophie projetée par Kant. Le sujet kantien étant déjà en soi équipé de toutes les formes de son activité, on ne peut — et on n'en a d'ailleurs nul besoin — présupposer d'autres conditionnements au côté de ces formes ; on pourra encore moins aller en chercher dans un dispositif empirique comme celui des langues naturelles. L'actualisation des concepts (ou en termes kantiens, l'application des schèmes aux phénomènes) s'effectue ici exclusivement d'après les structures constitutives du sujet.

Comme il a été récemment observé (Jacques, 1990 : 501), « la théorie du langage nous dispense de la solution étroite du schématisme kantien en nous munissant du *tertium quid* qui devrait permettre de conférer une "signification" à nos concepts dans l'empirie ». En attribuant aux processus sémiotiques déposés dans les langues naturelles le pouvoir de réaliser l'homogénéité entre le concept et l'intuition, Herder entend réfuter la théorie du schématisme et, avec elle, toute notion de l'*a priori* qu'on ne puisse réduire aux formes primaires de l'expérience corporelle et à leur "naturalisation" dans le langage. Les formes de la pensée sont conditionnées de façon biologique, et structurées de façon linguistique : rien de plus impur qu'une telle notion de la raison.

On reconnaît aisément l'importance du potentiel explicatif que cette position offre à l'analyse théorique : en effet, elle nous indique ce qui, dans la pratique linguistique, nous permet de schématiser, c'est-à-dire de conférer du sens à nos intuitions, de construire, à partir d'indices linguistiques, des représentations discursives continuellement modifiées par les stratégies du discours. Et surtout, c'est une position qui, en désignant la langue naturelle comme le lieu de raccord entre subjectivité et objectivité, entre intuition et concept, permettait d'expliquer la possibilité de partager une expérience à travers la pratique linguistique, et donc de formuler une théorie de la communication plus adaptée que celle que Kant avait énoncée dans la *Critique de la Faculté de juger* (qui ne concernait par ailleurs que la communicabilité des attributs esthétiques).

Le silence qui s'est créé autour de la *Métacritique* de Herder à l'époque du romantisme allemand, qui pourtant reconnaissait en lui l'un de ses pères fondateurs, constitue un problème qui mériterait d'être approfondi. Les suggestions théoriques qu'offre ce texte sont en effet reprises par Schleiermacher (cf. Heeschen, 1987) par exemple, et développées par Humboldt, sans toutefois qu'en soit indiquée l'origine. Mais la façon dont Humboldt a réinterprété les thèmes herderiens dans sa notion de la langue en tant que *Zwischenwelt*, constitue déjà peut-être en soi, une explication partielle : Humboldt délaisse les suggestions de Herder sur la philogenèse du langage à partir des racines biologiques, et contraint une notion de la raison essentiellement communicative et donc historico-empirique (notion qui est cependant présente et même centrale dans ses œuvres), à coexister avec une vision idéaliste de la subjectivité. Il faudra attendre le tournant psychologiste dans la philosophie du langage pour que le problème des rapports entre le langage et la pensée soit ramené au niveau de la vie empirique du sujet.

Par ailleurs, la position de Kant, comme nous l'avons vu, ne laissait guère d'espace à une théorie de la langue. L'observation formulée en 1840 par un grand historien des idées, le philosophe hégélien Karl Rosenkranz, selon lequel le kantisme n'aurait exercé aucune influence sur la linguistique (Rosenkranz, 1840 : 321), peut paraître excessive si l'on pense par exemple à un auteur comme August Bernhardi, dont la *Darstellungslehre* consiste justement en une exposition des catégories morpho-syntaxiques en corrélation avec une *Vorstellungslehre* dont la substance est formée par la doctrine kantienne des éléments (Bernhardi, 1801 : 21-39). Mais le jugement de Rosenkranz est sans doute vrai si l'on cherche une *Bedeutungslehre*, une théorie sémantique, de facture kantienne.

Et cependant, la gnoséologie kantienne, en ce qu'elle fait appel à l'élément formel de l'expérience, opère une mutation profonde dans la notion de représentation et dans ses possibilités d'application aux théories sémantiques, même si ces potentialités n'ont été ni prévues, ni développées par Kant lui-même. Les théories cognitives de la première moitié du XIXe siècle montrent combien la référence à l'élément formel de l'activité mentale a pu pousser à la révision de la notion de représentation telle que l'avait élaborée l'empirisme classique.

La théorie de la représentation était née en effet d'une métaphysique de la vision qui tendait à accentuer le rôle de la fonction iconique, ou de reproduction des exemplaires, dans la vie intellectuelle. La notion d'abstraction devait justifier le passage d'une représentation iconique purement reproductive, à la représentation que nous pourrons avec Kant appeler schématique, c'est-à-dire au prototype, épuré de toute connotation perceptive, mais, en tant que tel, représentatif de toute une classe de perceptions. Il s'agissait là d'une théorie qui s'insérait facilement dans une conception combinatoire de la signification, selon laquelle toute représentation est susceptible d'être définie en la décomposant en représentations mineures, jusqu'à ce que ces représentations ne soient plus ultérieurement décomposables. La théorie lockienne de la définition (Locke, 1690 : III/4) nous offre un exemple classique de cette conception.

Dans l'histoire des idées linguistiques, la *Vorstellungstheorie*, la théorie de la représentation, est un fil conducteur qui nous permet de reconstruire une continuité dans les études sémantiques. La perspective prioritairement historico-comparative de la linguistique du XIXe siècle a souvent conduit à privilégier, lors de cette reconstruction, les aspects diachroniques de la *Bedeutungstheorie*, c'est-à-dire l'étude des mécanismes de la mutation sémantique, au détriment de l'aspect qui la précède logiquement sinon chronologiquement : celui de la formation même des significations dans le domaine mental où la pensée et le langage sont encore indistincts ou seulement partiellement distincts; le domaine, donc, des opérations mentales d'où surgit, ou avec lesquels surgit, la fonction sémantique. L'étude de la *Vorstellungslehre* permet au contraire de reparcourir cette ligne de développement des théories sémantiques qui prend pour point de départ la *Métacritique* de Herder et passe par Steinthal pour arriver à la philosophie des formes symboliques. Et dans ce processus, au-delà de son "silence" sur le langage, Kant a joué un rôle extrêmement important en appelant à prendre appui sur la composante formelle des opérations mentales.

C'est Herder qui le premier prendra en compte la suggestion de Kant pour l'appliquer à l'analyse de l'élément formel de l'activité sémantique, et il le fait précisément en critiquant Kant dans un commentaire rigoureux, voire même pointilleux : cela apparaît surtout dans la première partie de la *Métacritique* où Herder commente l'Esthétique et l'Analytique kantiennes. La théorie de l'abstraction, cœur de la sémantique empiriste, passe ici au second plan. Ce qui s'impose au premier plan, c'est le souci de montrer le caractère formateur et non pas seulement réceptif, des opérations mentales les plus élémentaires. La critique dressée par Herder contre le schématisme kantien est elle-même fondée sur la thèse suivante : les schèmes sont inutiles parce que les sens schématisent déjà, c'est-à-dire qu'ils sélectionnent et forment les représentations. Mais ce qui intéresse surtout Herder ce n'est pas la formation des représentations qui correspondent à des objets empiriques, mais la formation des représentations formelles : le temps, l'espace, les catégories.

Cela implique déjà le dépassement d'une conception purement reproductive du signe, le passage de la notion restreinte de représentation à une notion plus ample, qui dépasse la métaphysique de la vision, ce cadre théorique de l'empirisme classique, ainsi que le caractère quasi perceptif que celui-ci avait attribué, en conséquence, aux représentations elles-mêmes.

Chapitre 2
Le dernier *Popularphilosoph* Johann Gottfried Herder critique de Kant

1. UN PHILOSOPHE CENSURÉ

Deux œuvres de Herder, l'essai de 1778 *Sur le mode de connaître et de ressentir de l'âme humaine* (*Vom Erkennen und Empfinden der menschlichen Seele*) et la *Metakritik* publiée plus de vingt ans plus tard, ont été totalement délaissées, voire même censurées, par l'histoire officielle de la philosophie. On peut d'ailleurs mettre en corrélation la réception réservée à l'une comme à l'autre de ces œuvres.

Le peu de succès de la *Metakritik* a parfois été attribué à l'âpreté du ton polémique employé (Überweg, 1875 : 222), mais l'acrimonie avec laquelle Herder attaque son ancien maître, devenu entre temps l'un des monstres sacrés de la culture allemande, ne peut certes pas en être la seule raison.

La première grande biographie de Herder, celle de Rudolf Haym (1877-81), témoigne déjà d'une orientation très répandue dans la critique philosophique de l'époque, qui reconnaissait en Herder avant tout l'inspirateur du romantisme et l'un des promoteurs du développement de l'esprit national en Allemagne. Il semblait alors secondaire, sinon même préjudiciable, de s'occuper de sa théorie psychologique, de toute évidence affectée de sensualisme, et moins encore de reconstruire cette psychologie sur la base de deux textes que l'on pouvait difficilement intégrer dans le développement successif de la philosophie allemande du XIXe siècle.

Ce qui est étonnant c'est que cette exclusion se soit perpétuée et que la *Metakritik* ait aussi été négligée par des auteurs comme Schütze (1925) qui, analysant la psychologie cognitive de Herder, en soulignait l'unité selon une ligne directrice qui va de la fin des années 1760 à 1778 (mais il s'arrêtait à cette date). De même plus récemment, des travaux visant à réévaluer la stature de Herder en tant que philosophe, comme ceux de Nisbet (1970) qui a travaillé sur les notes des leçons de Kant rédigées par le jeune Herder, se limitent à en donner l'image d'un élève du Kant précritique. Une étude sur la réception de Herder en Allemagne (Becker, 1987) confirme le silence réservé traditionnellement à sa psychologie cognitive : la portée théorique de sa pensée est très généralement sous-estimée. Malgré les quelques sollicitations à abandonner une interprétation trop étroite de la *Métacritique* en tant qu'exclusivement motivée par des sentiments antikantiens (Verra, 1957, 1959), rares sont les auteurs qui, au cours des deux dernières décennies, ont commencé à tirer cette œuvre de son oubli (cf. Gaier, 1988) et à mettre en évidence le rôle de la théorie du langage dans l'opposition de Herder à la philosophie transcendantale (cf. Reckermann, 1979).

Un autre stéréotype contribuait par ailleurs à perpétuer le silence qui s'était ainsi créé autour de la *Métacritique* : on soutenait en effet que le texte de Herder reprenait, sans rien y ajouter, celui de Hamann portant le même titre, que ce dernier avait d'ailleurs lui-même remis à son ami sous forme de manuscrit. Cette véritable accusation de plagiat, lancée par Rink (1800 : 254-56), le premier éditeur de la *Métacritique* de Hamann, avait été reprise par Hegel dans sa recension des œuvres de Hamann (Hegel, 1828 : 248). Formulé par une autorité aussi prestigieuse, cet arrêt était ainsi devenu un fait acquis et irrévocable. La réouverture du débat ne répondant à aucun intérêt, on s'empressa de confirmer sans autre forme de procès l'accusation de plagiat, en prenant appui d'une part sur les affinités théoriques qui avaient réuni les deux auteurs sur une même position critique contre l'intellectualisme de Kant et la division kantienne entre la sensibilité et l'intellect, et, d'autre part, sur d'indéniables "citations", souvent textuelles, que Herder avait tirées, non seulement de la *Métacritique* de Hamann, mais aussi de la recension de la *Critique de la Raison pure*, elle-même inédite, que ce dernier avait rédigée à l'occasion de la première édition en 1781. Les rares chercheurs qui ont tenté de contester l'accusation de plagiat, ont «soutenu leur conviction de manière singulièrement peu convaincante», comme le note Luanne Frank (1982) lorsqu'elle entreprend de réexaminer toute la question.

Cette accusation de plagiat fut en outre favorisée par l'oubli dans lequel était tombé l'essai de Herder, *Vom Erkennen und Empfinden* (rédigé en trois versions, entre 1774 et 1778); une lecture attentive de cette œuvre aurait en effet permis de la remettre en question. Elle aurait pu démontrer que la *Métacritique* constitue en fait le développement de la théorie de l'âme que Herder avait déjà élaborée dans ce premier essai (et de la critique contre Kant que l'on peut lire implicitement dans la première partie des *Ideen zur Philosophie der Geschichte der Menschheit*, 1784). Le texte de Hamann n'a donc représenté pour lui tout au plus qu'un stimulus. La correspondance entre les deux hommes a par ailleurs permis de démontrer (Frank, 1982) que c'est Herder qui exerçait une influence prépondérante sur Hamann en ce qui concerne la théorie de l'unité entre pensée et langage. Quel que soit l'attrait sur Herder des écrits de son aîné, il n'en reste pas moins que, alors que la métaphysique du sens qui constitue la toile de fond de la *Métacritique* de Hamann se situe complètement en dehors de la tradition empiriste, la théorie de l'âme élaborée par Herder en 1778 et appliquée à la critique contre Kant en 1799 constitue au contraire le modèle d'un nouvel empirisme, une révision que l'on peut situer dans la lignée de la tradition naturaliste.

Ceci permet déjà d'entrevoir les raisons pour lesquelles on a très généralement sous-estimé la pensée de Herder d'un point de vue théorique ; l'opinion commune, jugeant que Herder n'était, en tant que métaphysicien, tout au plus qu'un mauvais élève de Kant, ne l'a pratiquement reconnu que comme théoricien de l'esthétique et de la littérature, ou, au mieux, comme philosophe de l'histoire.

La façon dont fut présentée la théorie du langage de Herder en a subi elle aussi les conséquences : on ne l'exposa en effet que sous forme partielle, si ce n'est mutilée. Toute l'attention des chercheurs s'étant concentrée sur la *Abhandlung*, on a ainsi posé Herder comme l'adversaire du sensualisme français et comme le précurseur de la philosophie de Humboldt et de la tradition herméneutique. Hans Aarsleff (1964) lui-même, bien qu'il ait démonté ce lieu-commun, n'a cependant pris en considération que la *Abhandlung*. Norton (1991), qui dédie tout un chapitre à la linguistique herderienne, arrête néanmoins son étude à 1778 et ne couvre donc pas les œuvres qui nous intéressent ici.

Cependant, une histoire de la linguistique qui tient à s'émanciper des stéréotypes transmis par l'histoire de la philosophie de tradition idéaliste, ne saurait sous-estimer l'intérêt théorique de textes comme la *Métacritique* et l'essai *Vom Erkennen und Empfinden* et doit saisir l'opportunité d'aborder leur analyse du point de vue de la psychologie cognitive.

La critique engagée contre Kant conduit Herder non pas tant à se couler dans les thèses de l'empirisme qu'à en proposer un nouveau modèle. La tradition empiriste classique — celle qui reconnaissait en Locke et Condillac ses propres maîtres — avait déjà implicitement critiqué la conception de la constitution transcendantale du sujet : non pas dans ces termes bien sûr, mais dans ceux du débat philosophique de l'époque, c'est-à-dire dans le cadre de la théorie des idées innées. Herder opère de façon analogue dans la *Métacritique* quand il rejette la notion kantienne de sujet en tant qu'ensemble de structures rigides qui ne doivent rien à l'expérience. Mais l'alternative que proposait l'empirisme classique était celle d'un modèle de la connaissance et de l'apprentissage atomisé et cumulatif, que l'on pourrait représenter sous la forme d'une accumulation de perceptions dont la réélaboration serait l'œuvre de facultés nettement distinctes quant à leurs opérations et fonctions. Au contraire Herder propose une notion de l'esprit comme ensemble d'aptitudes sémiotiques, dont le seul présupposé est constitué par l'existence de schémas instinctifs souples qui doivent être remplis par l'expérience : il entend par là non seulement la perception mais la totalité de l'expérience, y compris l'expérience culturelle dont la langue est un élément fondamental. Dans ce processus sémiotique il n'est plus possible de distinguer l'esthétique et l'analytique selon le modèle kantien, mais on ne pourra pas non plus distinguer l'apport des diverses facultés selon le modèle de la psychologie de tradition empiriste. Comme l'a dit très justement Arens (1990 : 194), Herder a «redéfini les facultés en tant que dénominations des affections ou des capacités qui émergent de l'obscur domaine de l'âme — ce sont selon lui des énergies vitales, et non pas des localisations topographiques».

2. UN MODÈLE DE PSYCHOLOGIE COGNITIVE

On peut en simplifiant dégager trois tendances dans les théories psychologiques du XVIIIe siècle. La première tentait d'appliquer le modèle hégémonique des sciences naturelles au domaine de la psychologie, en réduisant la vie psychique à un champ d'action de lois causales. Elle a certes le mérite d'avoir porté à la création d'une "mécanique des langues" pour ce qui concerne les faits de langue qui relèvent de la phonétique (elle fut aussi à l'origine de la construction de machines parlantes et d'applications didactiques pour l'éducation des sourds-muets), mais elle n'était guère pertinente quant à la recherche d'une théorie sémantique qui puisse aller au-delà d'une correspondance mécanique entre les sons et les sensations, telle que l'avait formulée Charles de Brosses par exemple.

La seconde tendance posait elle-aussi comme préliminaire l'hétérogénéité totale entre l'âme et le corps, conçus comme des substances absolument distinctes et irréductibles. Elle réservait la loi de causalité exclusivement au domaine physique, niant donc toute légitimité à une quelconque approche scientifique des phénomènes de l'esprit. Elle produisit, entre autres, la *Schwärmerei* linguistique dont Hamann est le plus illustre représentant. La théorie du symbole qu'il formula se fondait sur l'idée que la nature est un ensemble de formes sensibles à travers lesquelles Dieu se manifeste. Elle couronnait une longue tradition que l'on désigne habituellement sous le terme allemand de *Logosmystik*; Schelling (1811 : 381-84) y voyait la substance même de la science allemande, une métaphysique du sens capable de saisir dans les formes de la nature les syllabes du langage par lequel se manifeste l'essence spirituelle et divine.

La troisième, et plus sobre, alternative issue du dualisme métaphysique, consistait en une recherche de l'élément intermédiaire par lequel les données sensibles peuvent être pensées. Les études cognitives et les analyses des opérations mentales tourneront autour de ce problème pendant au moins deux siècles, et cette recherche est intimement liée à l'histoire des théories linguistiques. La langue apparaissait, en effet, comme le lieu par excellence des médiations entre le domaine du corporel et celui du spirituel; on la représentait elle-même comme double puisque dotée, comme l'avait enseigné une longue tradition d'études philosophico-grammaticales, d'une forme et d'une matière ou, comme on aimait à le dire, d'une âme et d'un corps. La langue était le lieu, comme l'avait enseigné John Locke et l'avait répété la linguistique des Lumières, où l'individualité de l'expérience était surmontée et où naissait la possibilité même de la pensée abstraite. C'était par ailleurs le lieu où les choses de l'esprit pouvaient s'exprimer sous une forme physique. Cette expression constituait en particulier le rôle d'un dispositif linguistique comme la métaphore, ainsi que l'avaient expliqué les philosophes de l'école cartésienne rejoints sur ce point par l'anticartésien Giambattista Vico, la métaphore étant selon eux une manifestation de ce *mutuus quasi foedus* qui subsiste entre l'âme et le corps.

La doctrine des formes transcendantales de Kant représentait elle aussi une tentative d'offrir une solution au problème de la liaison entre le physique et le mental. Mais dans le système clos des structures transcendantales (les catégories, les schèmes) auxquelles Kant avait attribué l'exécution des fonctions intellectuelles, Herder ne pouvait voir qu'une sorte de monde parallèle, artificiel, incompatible avec le modèle qu'il avait construit pour répondre au même problème. C'est sur ce point de divergence que réside l'essentiel de l'apport de la *Métacritique*. Et cette conviction était pour Herder un résultat acquis au terme d'un long parcours entrepris trente années auparavant.

Dès les années soixante, Herder s'était consacré à la recherche d'une troisième voie entre le mécanicisme auquel échappaient les caractères spécifiques du mental, et le dualisme qui, en postulant l'hétérogénéité entre l'âme et le corps, ne réussissait pas à en expliquer l'interaction. Critiquer le mécanicisme n'est certes pas le fait du seul Herder; poser le principe d'une continuité entre le domaine du psychique et celui du physique est, en effet, un principe que l'on retrouve dans la biologie de la seconde moitié du XVIIIe siècle sous de multiples formes. Mais personne n'avait traduit cette orientation générale en une théorie anthropologique et linguistique systématique comme le fit Herder.

Examinons l'essentiel de la métaphysique herderienne. L'âme et le corps ne sont pas deux substances distinctes et séparées, mais deux différents degrés d'organisation du vivant. Le corps n'est pas une machine qui agit à partir de forces externes et mécaniques : c'est un organisme, et en tant que tel il porte en soi un pouvoir propre de coordination et d'organisation. Ce pouvoir, c'est justement l'âme, qui n'est donc pas une substance spirituelle désincarnée, mais bien plutôt le plus haut degré d'organisation du vivant, le principe qui organise et contrôle les diverses fonctions du corps. On reconnaît déjà, dans cette conception de l'esprit comme principe d'organisation qui opère à tous les niveaux, le noyau de la critique adressée au transcendantalisme kantien. Le stimulus sensoriel est déjà une première organisation de la multiplicité non-structurée de la nature à laquelle le sujet est confronté; on n'a donc nul besoin d'une grille de catégories qui superposerait à la perception sa propre structure unificatrice.

C'était s'opposer radicalement à l'idée traditionnelle de l'âme conçue comme une substance. Herder pose au fondement des deux notions d'âme et de corps, une troisième notion qui les explique toutes deux : celle de force (*Kraft*). Le corps et l'âme représentent deux différents degrés de manifestation de cette force, ils ne se différencient donc pas de façon qualitative mais uniquement de façon quantitative, selon le degré d'organisation propre. Le dualisme est en ce sens complètement dépassé, mais aussi le mécanicisme : l'âme est l'unité des diverses fonctions corporelles, et cette unité ne peut se réduire à la somme des parties du corps.

Considérer l'âme et le corps comme deux stades différents de la même force vivante permettait aussi d'avancer une solution au problème de l'interaction entre les deux termes. La fonction de l'âme est justement d'opérer en interaction avec le corps : c'est l'interaction même qui permet l'organisation, la coordination et le contrôle des fonctions corporelles. Cette position permettait enfin de proposer une voie d'issue au vieux problème de la communication entre l'âme et le reste du monde. En effet, l'âme dispose, grâce au corps, d'un dispositif qui permet d'organiser et communiquer les perceptions; le corps est le point de contact de l'esprit avec le monde (cf. Herder, 1769 : 28).

Ce tournant épistémologique était déjà en germe dans les œuvres de Herder qui précèdent l'essai *Vom Erkennen und Empfinden*. La discussion et le rejet de l'hypothèse de la révélation du langage, formulés dans la *Abhandlung über den Ursprung der Sprache* en 1772, avaient une valeur épistémologique qui allait bien au-delà de la discussion engagée contre Johann Peter Süssmilch à cette occasion. Que Herder attache une si grande importance à la réfutation de la thèse de Süssmilch alors que, comme nous le verrons, ce qui l'intéresse vraiment c'est une révision interne du naturalisme, ne doit pas nous surprendre. L'alternative entre origine divine et invention humaine du langage cachait un choix épistémologique important. En effet, selon la seconde hypothèse, le langage est interprété comme un produit développé spontanément par l'espèce humaine sans aucun apport extérieur. Une telle conception portait à une extension de la vision naturaliste du monde physique au monde moral, et conduisait à affirmer plus ou moins implicitement que les phénomènes spirituels peuvent être étudiés sur le même plan que tous les autres phénomènes naturels. La prise de position anti-théologique de Herder correspond donc à une prise de position *épistémologique* qui fonde le cadre dans lequel se développe un naturalisme qui lui est propre. Examinons-en les contours.

Plus que d'une confrontation avec la thèse "surnaturaliste" de Süssmilch, il s'agissait pour Herder d'examiner les tentatives précédentes d'explication génétique des facultés spécifiquement humaines. Il procède donc à une révision critique interne du naturalisme qui s'attache principalement à la critique de la psychologie des facultés.

C'est le thème qui unifie l'œuvre de Herder tout au long des trois décennies marquées par le quatrième recueil des *Kritische Wälder* (1769), l'*Abhandlung über den Ursprung der Sprache* (1772), l'essai *Vom Erkennen und Empfinden der menschlichen Seele* (1778) et enfin la *Metakritik* (1799). C'est ce qui le portera à accuser d'intellectualisme aussi bien Condillac en 1770, que Kant en 1799. Tous deux lui apparaissent en effet coupables de séparer artificiellement ce qui dans la nature opère en synergie, et d'interpréter comme des facultés distinctes des choses que l'on peut tout au plus considérer comme des opérations ou des fonctions différentes sans doute, mais relevant toujours d'une seule et unique force psychique.

On sait que le concept de force organique, qui est le cœur de la métaphysique herderienne, était issu du débat physiologique de l'époque en Allemagne, et que par l'intermédiaire de Boerhaave il descendait en droite ligne de la *vis viva* de Leibniz. Johann Friedrich Blumenbach avait parlé d'une *Bildungsbetrieb*, ou *nisus formativus*; Kaspar Friedrich Wolff avait parlé d'une *vis essentialis*, c'est-à-dire d'un facteur organique primaire capable d'effectuer l'agrégation de la matière dans le monde vivant. C'était là une notion essentielle pour ceux qui n'acceptaient pas l'hypothèse pré-formiste qui supposait au contraire que les formes du vivant figurent déjà en puissance dans l'embryon. On comparait volontiers cette force formatrice à la gravitation : tout comme elle, il s'agissait d'une force située à l'intérieur de la matière et que l'on pouvait déduire de l'observation des phénomènes mais sans pouvoir pour autant en fournir d'ultérieures explications. L'opération effectuée par Herder consiste à étendre le champ d'application de ce concept de force organique de la biologie à la psychologie selon le principe que l'esprit humain n'est pas fondamentalement différent des autres formes du vivant : ses opérations sont certes variées, mais on peut toujours les ramener à des manifestations d'une seule et unique énergie primaire.

L'interprétation traditionnelle qui remonte à Haym soulignait l'ascendance leibnizienne de cet aspect de la théorie de Herder. Mais, en 1944, Schütze précisait la question en ces termes :

> « La conception herderienne de la personnalité individuelle était [...] absolument à l'opposé de celle de la monade. Elle avait plus de fenêtres que n'importe quelle autre conception de la personnalité ; son caractère, son développement et ses activités étaient conditionnés par sa structure organique et par les circonstances génétiques ; la raison [...] n'était selon elle qu'une fonction organique dans l'ensemble des forces et des expériences qui constituent l'individualité organique. » (Schütze, 1944 : 278).

Ce qui est nouveau par rapport à des positions comme celles de Condillac d'un côté et de Rousseau de l'autre, par exemple, c'est la tentative de fonder le naturalisme sur une analyse de la spécificité biologique de l'homme. L'originalité de Herder face à la gnoséologie de ses contemporains y compris Kant, réside dans l'analyse de la raison qui se dessine dès la *Abhandlung* pour s'affirmer dans la *Metakritik*. La raison, affirme Herder dans ce premier essai, n'est pas une faculté comme les autres qui viendrait chez l'homme s'ajouter aux facultés "animales" : c'est au contraire un pouvoir qui dirige, organise et contrôle les autres facultés, c'est le principe unitaire des autres facultés qui deviennent alors spécifiquement humaines en raison de ce contrôle.

Toute la *Abhandlung* se construit sur le projet de repérer les liens qui, tout à la fois, rattachent et séparent l'homme du reste du monde naturel. La synergie entre l'homme et la nature est décrite de façon significative dans ce passage des *Ideen* (II, VII/1) :

> « vu que l'homme n'est pas une substance indépendante, mais qu'il est relié à tous les éléments de la nature, puisqu'il vit du souffle de l'air, comme des produits les plus divers de la terre pour sa nourriture et sa boisson, qu'il utilise le feu, qu'il s'imprègne de lumière et empeste l'air, et que, éveillé ou endormi, immobile ou en mouvement, il contribue à la mutation de l'univers, ne devrait-il pas en être lui-même transformé ? C'est trop peu que de le comparer à l'éponge assoiffée ou à la mèche enflammée, l'homme est une harmonie infinie [...] sur laquelle opère l'harmonie de toutes les forces qui l'entourent. »

L'effort de Herder vise donc à expliquer la spécificité humaine à l'intérieur de « l'économie générale des animaux » (Herder, 1772 : 70). Dans ce contexte d'unité et de distinction, la raison humaine apparaît tout de suite, non pas comme une faculté supplémentaire ou surajoutée par rapport aux autres facultés, mais comme un principe d'organisation intrinsèque de l'action intellectuelle. Intellect, raison, conscience, quelle que soit sa dénomination, c'est toujours selon Herder, « toute la disposition des forces humaines, toute la conduite de [la] nature sensible et cognitive, cognitive et volitive » ; ou plus encore,

> « c'est l'unique force de la pensée qui, liée à une certaine organisation du corps, s'appelle ainsi chez l'homme raison, alors qu'il y a aptitude technique chez les animaux, et qui s'appelle chez lui liberté alors qu'il y a instinct chez les animaux. La différence n'est pas en degré ou en supplément de force mais en une orientation tout à fait différenciée et dans un développement de toutes les forces. » (Herder, 1772 : 71).

C'est là le point essentiel de sa prise de distance par rapport à la tradition naturaliste (celle que personnifiait Condillac dans les décennies précédentes) : Herder se distancie ici du naturalisme des auteurs qui, écrit-il, avaient voulu représenter la raison comme une force tout à fait autonome « qui se serait logée dans l'âme et serait advenue en propre à l'homme à titre de supplément par rapport aux animaux », une force que l'on devrait donc considérer comme un degré supérieur par rapport aux facultés précédentes. Bien au contraire :

> « Toutes les forces de nos âmes et de celles des animaux ne sont que des abstractions métaphysiques, des effets ! On les sépare parce que notre faible esprit ne peut les saisir ensemble, elles figurent sous forme de chapitres, non parce qu'elles agissent ainsi dans la nature, mais parce que éventuellement un élève les a mieux développées de cette manière. Que nous ayons utilisé certaines de leurs fonctions sous certaines dénomina-

tions telles que : esprit, intelligence, imagination, raison, cela ne signifie pas qu'une simple action de l'esprit soit possible là où seul l'esprit ou la raison agissent, mais c'est seulement parce qu'en cette action nous découvrons surtout par de l'abstraction ce que nous nommons esprit ou raison, ainsi dans la comparaison ou la clarification des idées : à chaque fois cependant c'est toute l'âme, indivise, qui agit. » (Herder, 1772 : 72).

Herder représente souvent l'unité des opérations psychiques au moyen de métaphores organiques, et on a d'ailleurs déjà noté combien sa psychologie se prête à être interprétée comme une extension de l'idée de force organique formulée par la biologie de l'époque pour expliquer l'origine des formes vivantes.

« Il n'y a point de récoltes sans semis, il n'y a point de croissance sans tendres racines ni filaments, et nos forces divines n'existeraient sans doute point sans cette semence d'obscurs mouvements et stimuli. » (1778 : 171).

De même dans la *Métacritique* :

« Les deux cotylédons d'une plante manifestent une orientation concordante pour constituer un tout : l'un se développe dans l'air, l'autre dans le sol. [...] Chez les animaux toutes les sensations et les facultés concourent en un instinct : ils n'ont nullement connaissance d'une contradiction imposée par une loi sur leur nature par leur nature même et contre nature. Seul l'homme serait une créature rapiécée de telle sorte que les deux extrémités [...] ne coïncideraient pas ? » (Herder, 1799 : I. 161-162).

L'essai *Vom Erkennen und Empfinden* avait été rédigé à partir de 1774 avec pour objectif d'être présenté lors d'un concours académique. Le sujet même de ce concours, qui invitait à s'interroger sur la relation entre les deux facultés fondamentales de l'âme, connaître (*erkennen*) et sentir (*empfinden*), admettait implicitement l'existence de diverses facultés de l'âme. C'est précisément contre cette conception que s'élève Herder lorsqu'il affirme la continuité des opérations psychiques conjointes de façon indivisibles pour former une unité vivante. *Gedanke liegt in der Empfindung, Theorie in der Praxis begraben*, affirme-t-il dans une formule lapidaire. Seule la division sociale du travail a pu induire les hommes à concevoir une telle division à l'intérieur de l'âme : c'est ainsi qu'on a supposé qu'à certains incombait de penser et à d'autres de sentir et d'agir. Ainsi sont nés les *Halbdenker* (les demi-penseurs) et les *Halbempfinder* (les demi-sensitifs) et l'homme n'a plus désormais été capable d'exister dans son intégralité (1778 : 261).

Au sein de la nature il n'y a rien qui soit divisé, tout conflue par d'imperceptibles passages d'une chose dans l'autre et tout ce qu'il y a de vie dans l'univers n'est sous « toutes ses formes, modèles et canaux qu'un seul esprit, une seule flamme » (1778 : 178). Remarquons que bien qu'ayant emprunté à Leibniz, ce qui a été largement reconnu, Herder se montre cependant sévère face aux philosophes qui aiment jouer sur l'échiquier de la théorie leibnizienne en y disposant des mots creux et de confuses classifications d'idées (1778 : 179-80).

L'essai de 1778 constitue un véritable manifeste du vitalisme herderien. On y trouve déjà la conception de l'âme comme fonction, et comme fonction que l'on ne peut connaître qu'à travers ses opérations, encore qu'on ne puisse isoler ces dernières que dans l'abstrait : car concrètement elles agissent toujours en synergie, formant ainsi une force unitaire. Les premières traces de cette thématique sont visibles dès la fin des années 1760 et déjà dans le cadre de la critique contre la théorie des facultés (cf. 1769 : 8). La force organique agit dès le niveau du stimulus organique qui est le premier symptôme de la sensation, le germe de toute opération ultérieure et de toute activité de l'esprit. «La sensation n'est qu'un agrégat d'obscurs stimuli, et ainsi la pensée est l'agrégat clarifié de la sensation. La physiologie est le temple de l'âme» (1778 : 277).

Herder reprend la notion de stimulus (*Reiz*) propre au débat sur la biologie de son époque : c'est en particulier Albrecht von Haller qui l'avait élaborée dans les années 1740 et 1750 (cf. Roe, 1981). Selon la théorie de Haller le stimulus ou irritabilité est une force située dans certains tissus vivants qui précède la sensation elle-même et qui provoque, sans qu'il soit possible de l'expliquer, les mouvements involontaires. Herder étend cette notion à la vie psychique dont les stimuli constituent selon lui les faits primordiaux : ils irriguent l'homme dans tout son être, ils sont à la base de toute la richesse des mouvements non-volontaires (1778 : 172). Le lien entre le stimulus et la vie, «que l'on ne peut expliquer ultérieurement mais auquel il faut ajouter foi parce qu'il est là et qu'il se manifeste sous cent mille formes» (1778 : 174-75), est le principe même de tout ce qui se passe dans le domaine végétal et animal, le principe de la métamorphose organique qui constitue un passage d'une forme de vie à l'autre, le principe de la génération et la source de la vie émotionnelle de l'homme (1778 : 174 et sv.).

Les sens ont, par rapport aux stimuli, une fonction essentielle de distinction et de crible. «Sans les sens, l'édifice entier du monde ne serait pour nous qu'un enchevêtrement confus d'obscurs mouvements et stimuli» (Herder, 1778 : 188). Le moyen de la perception pertinent pour tel sens (la lumière pour la vue, le son pour l'ouïe etc.) sélectionne déjà *pour ce sens particulier* un aspect de l'objet qui en soi a des déterminations infinies. Le moyen parle, pour ainsi dire, à chaque sens sa langue particulière (1778 : 283-84).

L'unification de la multiplicité, la *Verbindung* qui nous permet d'organiser les données fournies par les sens, et que Kant attribuait aux formes transcendantales, est, selon Herder, une loi générale du vivant, une loi qui est donc active chez l'homme dès le niveau de la sensation : les sens, écrit-il, «sont en soi des instruments de distinction, des canaux d'épuration de ce qui les atteint», capables d'organiser une unité dans la multiplicité sans qu'il y ait besoin de postuler une spontanéité spéciale de l'intellect. «Ces unités de la multiplicité organisées pour nous, affluent en nous par l'intermédiaire de tous nos sens, et pour ces derniers notre intériorité devient un persistant *sensorium commune*» : ce *sensorium* constitue l'esprit dans son ensemble, «l'homme sensible dans sa totalité» (1799 : I. 187-89). La production de l'unité à partir de la multiplicité n'est pas seulement une procédure de l'esprit, mais, comme nous l'avons vu, une loi générale du vivant :

> «On peut aisément reconnaître cette production d'unité au moyen de la distinction, au moyen de l'exclusion de tout élément étranger, dans toutes les opérations de la nature qu'on appelle organiques. Tout vaisseau d'un animal ou d'une plante épure, produit de l'unité, dans la mesure où, par une force qui lui est propre, il s'approprie de ce qui lui appartient à partir d'une multiplicité d'éléments étrangers.» (1799 : I. 197)

Chez l'homme, l'unification de la multiplicité advient donc à tous les niveaux de l'activité psychique : «Ce qui afflue dans l'âme [...] est toujours une multiplicité que le stimulus, le sens, la sensation, a déjà construite en une unité». Ainsi l'œil décompose la multiplicité et, en mettant au point sur l'image, la recompose en une unité : c'est justement ce qui constitue l'image visuelle; au cours de cette opération, «l'indicateur qui lui a montré l'un dans le multiple a été la lumière». L'ouïe procède de la même façon pour former l'image sonore et lors de cette opération, «la clef de l'univers a été pour lui le son». Ainsi, «chaque sens déchiffre son monde et se trouve en présence d'un indice qui lui permet d'apprendre l'art du déchiffrage» (1778 : 287). Ce moyen (*Mittel*), cet indicateur (*Weiser*), cette langue à travers laquelle les objets parlent aux sens, est de la plus grande importance : si elle venait à manquer on serait incapable de percevoir les objets avec leurs déterminations innombrables (1778 : 288).

L'unification de la multiplicité qui se produit dès le niveau de la sensation est donc essentiellement une loi générale de la nature, avant d'être une opération psychique. L'organisme du zoophyte ou de la plante est déjà une structure complexe destinée à former une unité vivante par un processus d'assimilation en soi de choses diverses. Il n'y a pas dans la nature de scissions nettes : toutes les formes vivantes, de la plus simple à la plus complexe, confluent les unes dans les autres comme les couleurs se mêlent dans le rayon de soleil. «De l'infime au suprême il ne règne qu'une seule loi : représenter le tout en s'élevant de l'obscurité vers la clarté, du sentir au connaître, qui ne sont enfin qu'une seule et même chose » (1778 : 247).

Herder exprime par le terme d'« aperception » la définition la plus large qu'il donne de la pensée. C'est un terme sous lequel se condensent tous les développements supérieurs de l'activité psychique : l'imagination, la prévision, la mémoire, la conscience, l'intelligence, et même la faculté poétique (1778 : 290). Mais quelle que ce soit la façon dont on voudra définir la pensée, en chacun des aspects condensés sous le terme d'aperception on perçoit la force interne qui « de la multiplicité qui afflue en nous crée une claire unité » (1778 : 193-94). Ce que chaque stimulus, chaque sensation, faisait déjà à son niveau — c'est-à-dire organiser une multiplicité en une unité — y est alors réalisé de la façon la plus claire et la plus complète. Alors que si l'on considère que les facultés sont murées chacune dans son casier (« als gemauerte Fachwerk », 1778 : 195), l'activité de l'âme reste inexplicable.

Dans le processus psychique unitaire, dans le passage imperceptible de la sensibilité à la conscience de soi et du monde, le langage joue donc un rôle de médiateur analogue à celui que la lumière joue pour l'œil, ou le son pour l'oreille. Et à leur tour la lumière et le son sont pour les sens une langue.

> « De même que ces moyens extérieurs sont pour les sens correspondants une véritable langue qui déchiffre certaines propriétés et aspects des choses, je crois que la parole, la langue, doit porter secours, éveiller et guider notre vue et notre ouïe intérieures. » (1778 : 197).

On apprend à parler, dit Herder, comme on apprend à voir et par la suite proportionnellement à penser.

> « Nous fixons, stupéfaits, les couleurs, et nous errons entre les images et les formes [...] jusqu'à ce que résonne la parole — l'empreinte de la chose dans l'âme et de l'âme dans la chose — d'une façon absolument intérieure. La langue fournit donc à la raison un moyen pour établir des distinctions, pour créer des images, des caractères, des empreintes; elle est à la raison ce que la lumière est à l'œil. » (1778 : 291).

La parole intérieure est l'instrument indispensable pour l'exercice de l'aperception et de la mémoire, c'est la manifestation extérieure du sens intérieur, et c'est sur son développement que se mesure la dimension humaine.

La critique contre la pensée pure est un des *Leitmotivs* de l'essai de 1778 : cette pensée pure n'existe que dans la tête des philosophes, ce n'est que la résultante d'artifices de langage qui instaurent une scission entre la pensée et l'expérience, la pire des *Schwärmereien*. Alors que, quel que soit le degré de raffinement de la pensée, on peut toujours y retrouver les traces visibles de la sensation. L'esprit est alors défini dans sa totalité comme le principe qui nous anime («das [...] was uns beseelt»), le fondement et la somme («Urgrund und Summe») de nos pensées, sensations et énergies (1778 : 234). Critiquant ainsi (dans des termes qui annoncent les positions anti-kantiennes de la *Métacritique*) les philosophies de la pensée pure, c'est-à-dire les philosophies qui ne posent pas l'être comme préalable, Herder met l'accent sur la primauté des données qui nous viennent des objets. Notre mode de connaître n'est pas aussi libre et autonome qu'on le croit, explique-t-il ; la pensée est totalement formée et orientée par la chose étrangère qui s'imprime en nous. Et ce n'est pas tout, car ce matériau étranger nous parvient non seulement à travers les sens mais aussi grâce à l'apprentissage linguistique. Les savants qui soutiennent la nature inconditionnée de la raison n'ont-ils pas appris à parler avec leur nourrice : «ils parlent comme les dieux, c'est-à-dire qu'ils pensent par pure pensée et connaissent sur le mode de l'éthéré» (1778 : 198).

Le degré le plus profond de la conscience est cette sorte d'auto-conscience grâce à laquelle «nous nous sentons vivre dans un corps» : ce sentiment intime d'unité avec le corps permet à l'âme de se sentir à tout moment liée à cette masse, ou du moins à une partie de celle-ci, dans chacune de ses opérations ; elle sent chacune de ses connaissances comme le résultat du lien qui la rattache au corps, et le corps comme un instrument, ou mieux comme un ensemble d'instruments innombrables dont elle peut se servir, de sorte que chaque partie du corps est indispensable pour les diverses opérations de la pensée, de la sensation, de l'affection et de la volition (1778 : 237-38, 243-44). Ce thème de l'auto-conscience corporelle comme fondement de toute science sera l'un des thèmes fondamentaux de la *Métacritique*. C'est aussi le principe qui régit la formation des notions de temps et d'espace. «Les racines de notre mémoire sensorielle», écrira Herder dans cet ouvrage, «plongent dans l'espace et dans le temps» (1799 : I. 96-97).

Le corps est un «analogon» de l'âme, c'est «un abrégé, un symbole, un miroir représentatif de l'univers» à la portée de l'âme (1778 : 245). Cette analogie est manifeste jusque dans la correspondance entre les opérations de l'esprit et les rythmes corporels : la modulation de la pensée correspond au rythme de la circulation sanguine et de la respiration, la variation en intensité de l'énergie psychique correspond à la variation en force des membres et de leur apport à la totalité de l'organisme. Dans ce concours de toutes les forces organiques, chaque sens produit à sa façon des représentations qui comportent déjà, comme nous l'avons vu, une opération d'unification de la multiplicité, une schématisation (1778 :

239-43) : c'est cette même opération que produit à son tour l'imagination. Il y a donc une analogie fondamentale selon laquelle «nos forces intellectuelles consultent et imitent les lois de la nature, les règles qui y ont cours» (1778 : 243).

Les sens, bien qu'ils concourent chacun à sa manière à la formation des représentations qui leur sont pertinentes, œuvrent cependant en synergie. «Nous sommes un *sensorium commune* qui pense, simplement mû de diverses parts» (1772 : 99), écrivait-il dans la *Abhandlung*. Les sens sont des modes de représentation enracinés dans l'esprit de telle sorte que les sensations les plus diverses, et même celles qui «face à une raison flegmatique» ne révèlent aucun lien entre elles, sont au contraire reliées les unes aux autres de façon intime et tenace. Ce n'est qu'exceptionnellement que nous sommes conscients de ce concours de tous nos sens et des analogies et associations entre les données qu'ils nous fournissent; et pourtant c'est bien sur la base de cette synergie que l'âme agit.

> «Chez les êtres sensibles [...] cet assemblage d'idées est inévitable; car que sont tous les sens sinon des modes de représentation d'une unique force de l'âme? Nous les distinguons, mais ici encore par les sens; donc des modes de représentation par des modes de représentation. Dans la pratique nous apprenons à les séparer, avec beaucoup de peine — mais au fond elles agissent cependant encore d'une certaine manière toutes ensemble. Toutes les dissections de la sensation, chez Buffon, Condillac et Bonnet, sont, pour l'homme sensible, des abstractions : le philosophe doit laisser des fils de l'impression quand il en suit un autre — mais dans la nature tous les fils ne forment qu'un seul tissu.» (Herder, 1772 : 100).

Quelques années plus tard Herder précisait le rôle de l'imagination dans cette opération : l'imagination n'est pas un simple répertoire d'images, c'est au contraire le lieu où les différentes représentations sont reliées entre elles.

> «Quelle que soit la variété de ce que les divers sens apportent à l'activité de penser et de sentir, tout conflue et s'unifie dans notre for intérieur. Les abysses de cette confluence nous l'appelons le plus souvent imagination (*Einbildungskraft*) : mais celle-ci n'est pas constituée seulement d'images (*Bilder*), mais aussi de sons, de mots, de signes et de sensations tactiles pour lesquelles la langue ne possède souvent pas de noms. La vue s'appuie sur le toucher et croit voir ce qu'elle n'a fait que percevoir par le toucher. La vue et l'ouïe se déchiffrent mutuellement, l'odeur semble être une distillation du goût, elle en est tout du moins la sœur. C'est à partir de tout cela que l'âme ourdit et tisse son habit, son univers sensible.» (1778 : 189; cf. 285).

L'ensemble des opérations que nous résumons sous le terme d'imagination a par ailleurs selon Herder un siège bien précis : le système nerveux, qui relie le monde extérieur avec celui de l'intérieur, et à l'intérieur le cerveau avec le cœur, la pensée avec la volition, les sens avec les membres. On ne sent rien qui n'ait été communiqué par les nerfs, et c'est après cette opération que l'on pense. Le *sensorium* est ainsi localisé dans le système nerveux auquel Herder attribue le pouvoir de rendre homogènes des choses totalement hétérogènes comme les objets extérieurs et la représentation que nous en donnent nos sens (1778 : 189-90; cf. 285-86). L'âme doit-elle être considérée comme matérielle? A cette objection Herder répond qu'il ne sait pas ce que c'est que matériel ou immatériel, et qu'il ne croit pas que la nature ait fixé entre les deux une limite stricte, car il n'existe pas dans la nature de limites strictes.

On trouve déjà dans les *Ideen* des passages où cette synergie semble trouver dans la parole et seulement dans la parole sa pleine réalisation. «Ce n'est qu'avec la parole [...] que tous les sens deviennent une unité et confluent pour constituer la pensée créative», écrit-il dans la première partie des *Ideen* (1784-85 : 138-139). Puis dans la seconde (*ibid.*, 355) :

> «Si quelqu'un nous posait comme énigme : comment les images de l'œil et les sensations de tous nos sens les plus divers peuvent-elles non seulement être recueillies dans un son, mais aussi être communiquées à ces sons avec une force intérieure de sorte qu'ils expriment et suscitent des pensées? Ce problème nous apparaîtrait sans doute comme la trouvaille d'un fou qui en confondant des choses les plus diverses ferait d'une couleur un son, du son une pensée, et de la pensée une résonnance descriptive.»

La réponse à cette énigme du fou c'est la langue, qui fait de notre haleine «l'empreinte de nos pensées et de nos sentiments dans l'âme de l'autre». Herder n'avait-il pas déjà dans la *Abhandlung* défini le langage comme «un véritable sens de l'âme de l'homme», un «nouveau sens» que l'âme s'est construit? Ce sens a comme spécificité la bipolarité en vertu de laquelle chaque signe est tout à la fois un «mot de repérage [*Merkwort*] pour moi et un mot de communication [*Mitteilungswort*] pour les autres» (1772 : 88). Notons ici que Herder attribue à la pensée discursive un élément essentiellement dialogique : en raison de sa nature, écrit-il, dès sa première pensée, l'homme est prédisposé à dialoguer avec les autres hommes.

3. L'APPROPRIATION SÉMIOTIQUE DU MONDE

Avec sa doctrine de l'âme, telle qu'elle est formulée dans l'essai *Vom Erkennen und Empfinden* et appliquée aux problèmes théoriques du langage dans la *Métacritique*, Herder introduit un nouveau modèle à l'intérieur de la tradition empiriste. La caractéristique de cette approche est qu'elle voit en l'esprit un instrument intégrant tous les autres systèmes fonctionnels organiques, et qu'elle postule une continuité de fonctions entre les processus physiologiques et les processus psychologiques et symboliques. Il est, selon Herder, difficile de tracer une frontière nette entre la psychologie et la physiologie; il le répète souvent en décrivant les connexions qui relient les deux domaines, et cette orientation de fond est corroborée par l'intérêt qu'il accorde constamment aux pathologies psychiques, aux formes primordiales de la conscience, à la physiognomonie. La synergie entre les sens ne peut être mieux étudiée, affirme-t-il, qu'à travers l'observation des états pathologiques, des états d'exaltation et du rêve.

C'est de ce modèle de l'âme en tant que force qui opère de façon globale à tout moment, que surgit à son tour ce que l'on pourrait appeler à juste titre une sémiotique générale. Toute opération psychique, à quelque niveau que ce soit, procède par indices : il s'agit en somme d'une sorte de sémiose.

L'attention (*Aufmerksamkeit*), forme originaire de la conscience qui polarise un organe corporel vers un objet, qui crée pour ainsi dire un rapport intentionnel avec l'objet, comporte déjà un élément sémiotique, elle est même déjà en soi le composant sémiotique primordial de la pensée. L'attention est en effet, selon Herder, «ce moment où l'organe se tourne vers l'objet qui par sa caractéristique dominante nous rend compte de l'unité dans la multiplicité» (1799 : I. 189-90). Les signes coopèrent de l'extérieur à la tendance interne, dictée par les besoins et les instincts, qui porte à s'orienter vers les objets : ce sont donc des marques (*notae*, ou *Merkmale*), qui nous permettent de distinguer et de reconnaître les objets.

La mémoire est elle-même un procédé sémiotique : se souvenir signifie en effet avoir pensé une chose avec la marque qui lui est propre, et y repenser avec cette marque, grâce à elle. Ceci vaut aussi pour l'imagination qui opère elle-même au moyen de signes évocateurs : l'imagination, qui

> «saisit les images, les repose puis les reprend à nouveau : comment pourrait-elle le faire si ce n'est grâce à ces caractéristiques majeures qui agissent sur elle et deviennent ainsi ses images? C'est grâce à elles que l'imagination s'est représenté ces images, les a imprimées en elle-même, et a créé une unité de la multiplicité.» (1799 : I. 192).

Chaque processus intellectuel est donc amorcé par un élément sémiotique, par un signe :

> «A chaque petit signal tout un monde de sentiments s'éveille en nous. Son message nous est communiqué dans notre intériorité même : car, sans ces unités toutes-puissantes au signe desquelles l'âme doit toujours obéir, le répertoire entier des significations resterait pour nous un vain discours.» (1799 : I. 195-96).

La conscience, ce mouvement interne qui porte à prendre acte (*Innewerden*), à «s'approprier, à partir de la multiplicité, d'une unité conforme à notre nature», offre un autre exemple de la loi générale de l'unification de la multiplicité. Ce processus fondamental d'unification se produit lui-aussi à travers un signe qui s'impose à nous et que nous reconnaissons (1799 : I. 196). Il ne s'agit pas d'une «synthèse arbitraire» (Herder fait ici encore allusion à Kant) : tout acte d'unification de la multiplicité advient grâce à la caractéristique, à la marque qui permet de distinguer comme unité tel objet de ce qui n'est pas cet objet.

Du sens à la conscience il s'agit en somme d'un unique procédé sémiotique continu d'appropriation des objets de la part de l'homme. C'est pour cela que la sensation (*Empfindung, aisthesis, sensatio*) n'est jamais purement réceptive : l'âme a toujours face aux objets un rapport de participation, d'identification, d'appropriation (1799 : I. 78-80). Faisant encore une fois appel à l'usage commun de la langue, Herder observe que tous les mots concernant l'activité de l'âme (ressentir, se représenter, concevoir, etc.) contiennent l'idée de s'approprier, de saisir, de recueillir, ils révèlent donc une intentionnalité face à l'objet (1799 : I. 81-82).

L'inhérence entre la sensation et la pensée vaut tant sur le plan de la psychologie individuelle que sur celui de la psychologie collective : d'où la diversité et la particularité des différents peuples, de leur mentalité et de leur langue. Ce point est important en raison du développement qu'il prendra dans la linguistique romantique. C'est en vertu d'une définition spéculative que les romantiques font du *Volksgeist* un élément transcendantal par rapport aux déterminations empiriques d'une communauté et donc par rapport à la langue. Ici au contraire Herder donne du *Volksgeist* une définition empirique : c'est une conséquence des conditions de vie les plus élémentaires d'un peuple, de sa constitution organique, de l'alimentation, de l'éducation, des premières impressions que les individus qui le composent reçoivent de leur environnement. C'est de cette structuration intime des sensations (*innere Bau der Empfindungen*) que dépend la structuration des pensées (*Bau der Gedanken*), «et l'empreinte des unes et des autres : la langue» (1778 : 302). La langue propre à chaque peuple se constitue à partir de tout un monde de sensations, et il n'y a pas de véritable connaissance qui ne plonge ses racines dans la sensation. Faute de quoi on parlerait sans comprendre, c'est-à-dire sans mettre en œuvre la transmutation spirituelle des sensations qui donne lieu à la connaissance (1778 : 303).

Cette dépendance entre la pensée et les modes de vie explique selon Herder non seulement les caractères intrinsèques d'un peuple et de sa langue mais aussi les mutations diachroniques qui les affectent : «Modifiez les sensations, les habitudes, les modes de vie internes et externes d'une nation, et vous en aurez modifié l'âme» (1778 : 304). Le programme scientifique que Herder énonce synthétiquement dans son essai *Vom Erkennen und Empfinden* — distinguer les mentalités des divers peuples, les rapporter aux sensations et modes de vie correspondants, les caractériser et les comparer (1778 : 303) — trouve sa réalisation dans ses études de philosophie de l'histoire. Il s'agit là d'un des traits les plus connus et célébrés de son œuvre. Mais les interprétations auxquelles sa pensée a donné lieu ont toujours eu tendance à isoler et à privilégier cet aspect de sa philosophie : en le coupant de l'ensemble que forme sa psychologie cognitive elles en font un principe spéculatif.

4. LA SIGNATURE DES CHOSES

Ce sont les marques (*Merkmale*), ou signes de la communicabilité (c'est-à-dire les caractéristiques majeures par lesquelles les objets se communiquent à nous), qui nous permettent de distinguer les objets en les dégageant du chaos de la sensibilité et en faisant d'eux des unités. Ce sont encore elles qui nous permettent de reconnaître les objets, et donc d'exercer les opérations intellectuelles de confrontation, d'analyse, d'enchaînement, qui constituent au sens propre la pensée. Le thème de la *récognition* en tant qu'opération fondamentale de la pensée, et qu'opération spécifiquement sémiotique, nous renvoie à une autre notion fondamentale de la théorie de Herder : celle de réflexion.

Herder utilise les termes de *Besinnung*, *Besonnenheit* et *Reflexion*, parfois comme synonymes, parfois avec de légères nuances de signification. Il s'agit dans tous les cas d'une activité complexe qui ne comprend pas seulement les opérations intellectuelles qu'on associe habituellement à ce terme dans son acception purement gnoséologique : Herder y inclut l'ensemble des opérations de repérage, de récognition, d'identification des objets par leurs traits caractéristiques, et la généralisation de ces mêmes traits. C'est le travail d'individualisation et de généralisation qui fait ressortir les objets et les événements, les aspects des objets et des événements, comme des entités particulières et cependant généralisables de sorte qu'ils peuvent servir de référents pour des signes universels.

La notion de réflexion joue déjà un rôle important dans la *Abhandlung*. La rationalité y est définie comme l'organisation globale des sens et des impulsions de l'homme, par opposition aux sens et aux instincts des animaux ; ainsi par exemple, le contrôle de toutes les énergies psychiques compense chez l'homme la carence en instincts. Si le petit de l'espèce humaine n'a ni les serres du vautour, ni la crinière du lion, il ne pensera ni comme le vautour ni comme le lion (1772 : 74), il ne sera programmé que dans la perspective des sens dont il dispose, à la mesure même de l'homme. La spécificité de son organisation consiste précisément à manifester la caractéristique qui lui est propre : la réflexion.

> «L'homme atteste de la reflexion lorsque la force de son âme agit assez librement pour, si j'ose dire, séparer et arrêter une vague parmi tout l'océan d'impressions bruissant en tous sens, pour diriger son attention sur elle et pouvoir avoir conscience qu'elle la remarque. Il atteste de la réflexion quand, à partir du rêve flottant des images qui parcourent ses sens, il peut se concentrer en un instant d'éveil, s'appesantir volontairement sur une image, la considérer avec une attention claire et calme et séparer des signes [*Merkmale*], de sorte que cela soit l'objet et non pas un autre. Ainsi il atteste de la réflexion lorsque non seulement il peut connaître toutes les qualités d'une façon vive et claire, mais encore lorsqu'il peut de lui-même reconnaître une ou plusieurs qualités comme différentes : ce premier acte de la reconnaissance fournit une claire notion : c'est le premier jugement de l'âme[...].
>
> Par quoi s'est produit cette reconnaissance ? Par un signe qu'il a dû isoler et qu'il trouva clairement en lui comme signe de réflexion [*Merkmale des Besinnung*]. Fort bien ! Crions Euréka ! Ce premier signe de réflexion était un mot de l'âme. Avec lui la langue humaine est découverte.» (Herder, 1772 : 76-77).

Dans la description que donne Herder de ce comportement spécifiquement humain qui consiste à marquer l'objet par une caractéristique majeure, il y a un élément qui est absolument essentiel : l'acte de reconnaître. La perception est elle-même décrite comme un acte qui consiste à étouffer, annuler les autres sensations pour en dégager une seule en la distinguant par un signe qui permet de reconnaître l'objet désigné : « du fond du tableau coloré, où l'on pouvait si mal distinguer, se détache un signe, il s'imprime profondément et clairement en l'âme » (1772 : 90). C'est là la genèse de la langue intérieure qui distingue et reconnaît une représentation grâce à ce signe. La langue est déjà inventée, ou plus précisément, on est déjà passé de la langue intérieure à la langue extérieure, quand on choisit un son comme signe mnémonique et que l'on utilise ce son pour reconnaître l'objet. Dénomination et récognition, nous dit Herder, sont des synonymes pour les peuples orientaux, « car au fond de l'âme ces deux actions n'en sont qu'une » (1772 : 88). L'acte de récognition le plus simple et le plus clair, le jugement de la conscience humaine le plus élémentaire, sont impossibles sans un signe. La réflexion est en somme la confrontation entre deux choses différentes par l'intermédiaire d'une troisième qui est justement le signe, et celui-ci permet « cette connaissance du divers en l'un » (1772 : 104).

La nature primordiale de la capacité d'identification à travers des signes, qui constitue en soi un nouveau sens (un sens spécifiquement humain, correspondant pour les hommes à ce qu'est l'instinct pour les animaux), fait que la langue elle-même, en ce qu'elle marque et reconnaît les objets, signe de fait une prise de possession : «une telle signature [*Signatur*] de l'âme sur une chose, par l'apprentissage, par le signe [*Merkmal*], par la langue, cela ne devrait-il pas être pour le premier homme un plus grand droit de propriété qu'un sceau sur une médaille?» (1772 : 147). Marquer et reconnaître, cela signifie donc s'approprier des choses.

Dans la philosophie du langage du XVIIIe siècle, la réflexion est en général considérée comme un stade postérieur à l'abstraction, qu'elle présuppose toujours : elle est identifiée à la faculté de l'intellect humain d'évoquer librement les contenus intuitifs et sensoriels afin d'en analyser les composants élémentaires et de les combiner tout aussi librement, créant ainsi de nouvelles configurations dans la pensée. Pour Herder, la *Besonnenheit* ne sert pas tant à penser ou repenser des contenus intuitifs déjà constitués, qu'à déterminer, à former (dans le sens de *donner forme à*) ces contenus; c'est un acte qui a lieu tout au plus en même temps que cette forme d'abstraction qui consiste à isoler un objet ou un événement de son arrière plan. La réflexion est en somme la fonction constitutive des représentations, et ceci à tous les niveaux de la vie psychique. Elle gouverne déjà au niveau le plus sensitif et participe même en quelque sorte au rêve, à la rêverie. La notion de *Besonnenheit* semble donc se dilater et signifie finalement un état de conscience en général, même quand elle ne se manifeste pas sous forme de conscience réflexive : c'est pourquoi l'on peut dire que chez l'homme tous les états de réflexion sont «à la mesure de la langue», et «la chaîne de ses pensées sera une chaîne de mots» (1772 : 130).

Cette omniprésence de la réflexion ne remet pas en question l'existence de processus automatiques impliqués par exemple lors de l'usage linguistique. Herder fait allusion dans son essai de 1778 à une faculté de sentir symbolique qui utilise des connaissances passées désormais au stade d'abrégés intuitifs et qui en tant que telles sont immédiatement à la disposition de l'esprit et sont à l'occasion employées comme on emploie les signes de l'algèbre, «dont il faut oublier la signification pour en obtenir cependant un résultat» (1778 : 262).

Cassirer a bien relevé la nature sémiotique du concept herderien de *Besonnenheit* lorsqu'il définit l'activité de connaissance comme une récognition au moyen d'une marque. Dans la *Besonnenheit*,

> «il ne suffit pas de prélever sur la totalité donnée et encore indifférenciée d'un phénomène certains éléments vers lesquels la conscience se tournerait alors par un acte

chaque fois singulier de l'"attention". Le fait décisif consiste plutôt, non pas à dissocier seulement un moment de ce tout par abstraction, mais à le prendre en même temps comme substitut, comme "représentant" du tout. Car c'est uniquement ainsi que le contenu, sans perdre son individualité, sa "particularité" matérielle, contient l'empreinte d'une nouvelle forme générale et fonctionne désormais comme "marque attributive" au sens propre : il s'est changé en un signe qui nous met en état de le "re-connaître" quand il se renouvelle sous nos yeux. Cet acte de "récognition" est nécessairement lié à la fonction de "représentation" et la présuppose. Ce n'est que là où on parvient à comprimer en quelque façon un phénomène total en un de ses moments, à le concentrer en un symbole, à l' "avoir" à travers un moment singulier et sur le mode de sa prégnance à celui-ci, qu'on enlève ce phénomène au flux du devenir temporel, et que l'existence, qui d'abord n'appartenait jamais qu'à un unique instant dont elle semblait prisonnière, acquiert une sorte de durée ; car il est désormais possible de retrouver dans l' "ici-et-maintenant" simple, et pour ainsi dire ponctuel, de la présence vécue, quelque chose d'autre, un "non-ici" et un "non-maintenant". Tout ce que nous nommons "identité" de concepts et de significations, ou "constance" de choses et de propriétés, s'enracine dans cet acte premier de retrouver. Ainsi, seule une fonction commune rend possible d'un côté le langage et de l'autre l'organisation spécifique du monde intuitif.» (Cassirer [1929] 1972 : 134-35).

5. LE MÉTASCHÉMATISME SONORE

Dans la *Métacritique*, les racines sensitives et la nature sémiotique de la *Besonnenheit* sont encore plus clairement exposées. L'utilisation généralisée du terme "sens intérieur" (*innerer Sinn*) dans la terminologie philosophique témoigne selon Herder d'une analogie avec les sens extérieurs : ou mieux, elle témoigne d'une unité de cette «échelle universelle» que constitue l'ensemble de la vie psychique de l'homme. Le sens intérieur ne peut, en raison de cette unité avec les sens extérieurs, être considéré comme «un *a priori* inconnu, une partie de l'univers abstraite et séparée de tout objet» (1799 : I. 197) ; l'usage linguistique courant en révèle d'ailleurs et en souligne les racines sensitives. Herder illustre son affirmation par une liste de termes appartenant au champ sémantique de *Sinn*, afin de montrer la double valeur de ce terme, qui se réfère en allemand au *sens* mais aussi à l'*esprit*, à l'*âme*. Sur «l'échelle universelle» du principe de l'unification de la multiplicité, le sens intérieur marque l'avènement de la réflexion (*Besinnung*) et avec elle le passage de la première à la deuxième acception de *Sinn*, celle qui résume les activités intellectuelles à différents niveaux jusqu'à celui de «la pensée libre» (*Besonnenheit*), c'est-à-dire la pensée elle-même accompagnée de «discernement». L'activité du sens intérieur est une activité sémiotique dans toutes ses opérations : penser (*nachsinnen*) signifie aller à la recherche des signes ; avoir un esprit perçant (*scharfsinnig*) signifie être capable de suivre les traces d'un signe, un esprit pénétrant (*tiefsinnig*) est capable d'enquêter en profondeur sur le sens des signes, un esprit léger (*leichtsinnig*) les survole, un esprit sombre et mélancolique (*Schwersinn*) se concentre sur un seul sens en ignorant les autres (1799 : I. 198-199).

De même que les sens, dont elle est pour ainsi dire une forme mieux organisée, plus achevée, la *Besonnenheit* «épure et distingue», crée une unité à partir d'éléments hétérogènes : et ceci grâce à «son pouvoir inhérent de saisir les objets par l'intermédiaire des signes» (1799 : I. 199). Penser c'est «exprimer pour soi-même les signes que l'on a acquis» : et si l'on pense vraiment un objet, cela ne se fait jamais sans un signe (1799 : I. 201).

C'est précisément sur la base de ce conditionnement sémiotique de l'acte de connaissance que Herder critique la thèse de Kant qui présente l'unification de la multiplicité comme un acte spontané des facultés représentatives : «la seule synthèse», écrit-il, «ne suffit pas à constituer l'acte de l'esprit qui reconnaît. Cet acte est toujours précédé par l'analyse des caractéristiques, sans laquelle il n'y a pas de récognition» (1799 : I. 211-212). Connaître est donc encore une fois défini comme l'acte de re-connaître par l'intermédiaire de signes. Ce que les sens ont pré-formé est ensuite reconnu par l'intellect comme une unité (1799 : I. 214-216). C'est aussi ce en quoi consiste le processus de dénomination :

> «L'esprit, quand il dénomme, a toujours œuvré en suivant une seule loi : "désigne la multiplicité par l'un, par ce qu'il a de plus frappant, de sorte que non seulement l'objet soit reconnu comme étant le même quand il se présente de nouveau, mais que tu puisses noter, dans le nom, la caractéristique qui te convient le mieux"» (1799 : I. 241-242).

C'est sur la base de cette caractérisation par type qui fonde le langage, que la parole exprimée, la langue articulée, devient «un nouveau métaschématisme d'images sonores. Là où les gestes n'arrivent point, un son exprime les empreintes les plus subtiles que l'âme avait produites» (1799 : I. 287).

L'utilisation du terme de métaschématisme fait allusion à la médiation, à la caractérisation qu'on pourrait appeler au second degré, qui se constitue par la parole, par opposition à l'unification de la multiplicité qui a déjà été effectuée par la pensée pré-verbale : si l'on considère le rôle actif que Herder attribue déjà aux sens, il apparaît clairement que dans la psychologie herderienne on peut et même on doit, parler de pensée pré-verbale (mais pas pour autant pré-sémiotique). Si l'on envisage le langage, comme le fait Herder, comme un continuum qui se forme à partir des niveaux les plus simples d'organisation cognitive, on doit alors nécessairement supposer une élaboration et manipulation de l'expérience qui précède l'apparition du langage articulé.

Supposer l'existence d'une pensée pré-verbale n'est d'ailleurs pas en contradiction avec la description de la nature sémiotique de toutes les fonctions psychiques que l'on peut identifier dans les œuvres de Herder prises ici en considération, ni avec son insistance sur l'importance de la récognition comme caractéristique fondamentale des fonctions psychiques. Les processus sémiotiques en action dès les premières formes d'organisation de l'expérience forment certainement aussi la base de la pensée verbale conçue comme ensemble de procédés d'abstraction et de combinaison. Mais la pensée verbale n'a pas pour autant épuisé toute la gamme des modalités de la pensée humaine. Ici encore la psychologie de Herder apporte des éléments nouveaux à la tradition empiriste "classique" qui tendait à identifier définitivement la pensée à la pensée discursive, et le contenu de la pensée à un ensemble de représentations présentant les traits syntaxiques et sémantiques des langues naturelles (structure propositionnelle, propriétés sémantiques comme vérité et référence, etc.). C'est de cette définition réductrice de la pensée que dérivait l'identification, jamais véritablement remise en question, entre langue et pensée. Herder ne doute naturellement pas de la nécessité de l'usage des langues naturelles pour l'articulation de la pensée, c'est au contraire l'une des thèses fondamentales de son anthropologie. Il reprend dès les premières pages de la *Métacritique* les thèses traditionnelles de la linguistique des dix-septième et dix-huitième siècles, en appelant à Leibniz, Sulzer et Lambert. Mais selon lui, cela ne signifie pas que la pensée discursive recouvre entièrement l'espace de la conscience, puisque cette dernière opère déjà de façon sémiotique dans ses diverses fonctions non-verbales.

L'utilisation du terme de métaschématisme est aussi une allusion à la fonction de la parole en ce qu'elle est *représentative* mais non *figurative*. L'expression linguistique du vécu s'accompagne toujours d'une perte au niveau de la reproduction figurative immédiate, mais il s'agit d'un phénomène fonctionnel de l'activité de l'intellect : la langue

> «peut, tout au plus, reproduire le mouvement et le bruit, le son, la lenteur ou la rapidité, la douceur ou l'âpreté d'une chose : mais pour ce qui est des concepts et des sensations elle ne les reproduit pas et ne doit pas les reproduire. Les concepts doivent être pensés, tandis que les sensations doivent être senties : la langue n'a qu'à réveiller les uns et les autres, de sorte que l'âme puisse les produire pour elle-même de ses propres forces, sans rester engluée dans les expressions figurées. C'est pour cela que la langue sonne et résonne comme éthérée.» (1799 : I. 289).

Cet éloignement progressif entre les mots et leur contenu figuratif est encore un exemple de la loi de l'unification de la multiplicité. L'efficacité des images en tant qu'outils pour l'expression indirecte des pensées est un fait établi; mais il est cependant naturel

« que plus un concept est abstrait, plus son expression réduit la part de l'élément figuré, au point qu'il semble disparaître totalement. Au fur et à mesure que l'on montait dans l'ordre des concepts on était en effet obligé d'en exclure des traits pertinents pour les ordres inférieurs, faisant ainsi en sorte qu'émerge d'autant plus clairement de ces nombreuses caractéristiques un trait prééminent : c'est ainsi que l'expression pouvait être dépouillée de ce qui relève de la multiplicité sensible. Mais en dépit de cela, puisque le concept le plus clair devait cependant continuer à représenter l'unité d'une multiplicité, et qu'il existe donc toujours une intuition d'un genre plus élevé, l'élément figuratif ne pouvait jamais en être exclu totalement. » (1799 : I. 291-292).

L'effacement progressif du sens figuré au profit de l'abstraction constitue donc le côté, pourrait-on dire, "sémantique" du processus d'unification progressive de la multiplicité. De même que les données sensibles, multiples et variées, sont unifiées en une représentation intellectuelle, sans que leur variété ne soit pourtant effacée, le contenu figuratif de l'expression est lui aussi peu à peu sacrifié au profit du processus d'abstraction, sans disparaître pour autant. L'obscurité du langage philosophique, pour prendre un exemple, dérive selon Herder du manque de liens entre les formes verbales abstraites et les contenus empiriques : c'est ainsi que naissent des concepts spéculatifs au moyen desquels nous ne réussissons pas à penser d'images empiriques, et que nous remplissons alors d'autres contenus, purement verbaux, avec des éléments tirés au hasard du contexte linguistique, avec de vagues associations parfois liées au son même du mot, etc. C'est ainsi que naissent des formes nébuleuses comme les schèmes de Kant, les fantasmes élevés à la dignité d'intuitions suprêmes, le conformisme verbal des écoles et les discussions qui divisent parfois des peuples entiers pour des raisons qui ne touchent qu'à leur langue. La critique contre l'abus linguistique qui fait naître la « pacotille verbale d'obscurs schèmes » (1799 : I. 296) croise continuellement, dans le texte de Herder, la critique de la théorie kantienne du schématisme en tant qu'exemple éminent de ce que le langage philosophique *ne doit pas* être.

« Le schématisme des concepts purs de l'intellect selon la *Critique*, est, de même que ses intuitions et ses catégories *a priori*, un poème éphémère. Les schèmes ou *schemata* constituent un trouble résidu des impressions passées qui se sont déposées sur le fond de la mémoire et de l'imagination, et dont on tire maintenant par sortilège ces figures et d'autres encore : des quadrupèdes qui n'ont pas quatre pieds, des triangles qui n'ont pas trois angles et ainsi de suite. On peut les tolérer dans les sédiments du discours quotidien, là où une véritable détermination n'est pas utile ; mais lorsque l'on doit exprimer proprement un concept intellectuel il faut les éliminer, ces obscurs schèmes. » (1799 : I. 300-301).

C'est la langue qui caractérise les pensées et les sentiments et les rend ainsi communicables. Elle transforme la pensée individuelle, isolée dans sa propre expérience sensible, en une pensée communicable. Or, la communicabilité d'une pensée générée à partir des sensations, et même précédemment par les stimuli organiques de l'individu, posait un indéniable problème. Herder s'était interrogé sur la question dans son essai de 1778, mais sa préoccupation était alors surtout d'affirmer l'unité de la vie psychique, la continuité entre ses diverses manifestations, le conditionnement de la pensée dû aux connections avec la sensation : le problème de la communication intersubjective était alors destiné à rester relativement dans l'ombre. Dans la lignée de la psychologie empiriste, Herder considère la pensée individuelle comme un langage essentiellement privé, en soi incommunicable. Chez les particuliers, affirme-t-il explicitement, la pensée est la conséquence et le résultat des expériences individuelles.

> «Quand on entre dans un asile on voit que les fous délirent chacun à sa manière, chacun dans un monde qui lui est propre. De même chacun de nous délire [...] en accord avec la nature intime de son mode de sentir. La substance profonde de nos sensations est individuelle : elle git à une telle profondeur qu'elle ne peut être communiquée; mais il n'est pas non plus nécessaire de la communiquer.» (1778 : 306).

Tout homme vit isolé dans l'élément de ses sensations. La différence entre l'homme normal et le fou réside justement dans la spécification de ce qu'est penser selon la raison (*vernünftig*) : c'est penser «en accord avec la nature intime de nos sensations». Le délire du fou est marqué par l'incongruence qu'il y a pour lui entre penser et sentir. Cependant le caractère raisonnable d'une pensée solidement ancrée dans l'expérience sensible ne résout pas à lui seul le problème de sa communicabilité.

Le problème auquel se heurte Herder n'est pas neuf à l'intérieur du courant empiriste : John Locke l'avait déjà abordé quand (1690 : III, 2/2) il affirmait que l'usage linguistique se réfère toujours aux idées du sujet et non pas à celles de l'interlocuteur, et que ce n'est que par convention tacite que nous parlons *comme si* l'interlocuteur avait les mêmes idées que nous. David Hume avait indiqué une solution possible. Le nom, expliquait-il dans l'Introduction au *Traité de la nature humaine* (1739), tire de l'habitude son pouvoir sémantique, il fonctionne lors de l'acte de réception linguistique non pas en tant qu'il présente ou représente les individus qui appartiennent à la classe désignée, ou l'idée qui est dans l'esprit du locuteur, mais en tant qu'il suscite chez l'auditeur une disposition (*readiness*) à se référer à n'importe lequel de ces mêmes individus selon la motivation pratique ou la nécessité de communiquer. En somme, le *custom* fonctionne comme une disposition à appliquer ce nom à n'importe lequel des individus que l'usage linguistique nous a habitués à y associer : cette disposition se réalise selon le besoin et les circonstances du moment. Herder, confronté à ce problème, propose dans la *Métacritique* une solution qui se base sur le rôle de la langue en tant que formation objective où viennent se déposer les données primaires de l'expérience corporelle, c'est-à-dire tout d'abord l'espace et le temps. Ce n'est qu'à l'intérieur de la langue, qu'à travers la langue, que ces *données* deviennent des *formes* de la pensée, et donc des conditions de la communicabilité, qu'elles deviennent en somme des *a priori* psychologiques. Dans la langue viennent aussi se déposer, en tant que mots, les marques à travers lesquelles se produit cet acte de récognition qui, comme nous l'avons vu, est le fondement de toute activité intellectuelle dès qu'elle atteint un certain niveau de complexité qui va de la formation des catégories sémantiques à ces actes de confrontation, d'analyse et d'enchaînement qui constituent la pensée articulée.

6. LE PROBLÈME DE L'*A PRIORI*

La critique de l'esthétique et de l'analytique transcendantales de Kant, et plus précisément la réfutation de la notion d'*a priori*, amène ainsi Herder à reconstruire la genèse empirique des principes formels de l'organisation de la pensée, c'est-à-dire le temps, l'espace et les catégories, qui apparaissent justement comme des *a priori* parce qu'ils se déposent peu à peu dans la langue pour y former un substrat historique, objectif, et qu'à travers la langue ils donnent forme à la pensée.

La prise de position de Herder sur la notion d'*a priori* constitue l'une des charnières théoriques de la *Metakritik* : face à une notion impliquant une indépendance des formes de la pensée vis-à-vis de l'expérience, Herder propose celle d'un *a priori* comme *prius* purement empirique, comme rapport de la condition envers le conditionné. C'est une chose, comme l'observe Herder, que de se demander avec Leibniz en quelle mesure les connaissances sont dues aux impressions sensibles et en quelle mesure elles sont dues à l'esprit. C'en est une autre que de supposer avec Kant qu'il y a des connaissances qui ne sont en rien empiriques et sont donc au sens fort des *a priori*. Cette notion doit être toujours et exclusivement comprise comme une notion relative : l'usage linguistique courant veut que le terme d'*a priori* n'apparaisse que «par référence à ce qui suit». Cette acception avait été proposée avec force et clarté par Johann Heinrich Lambert, qui insistait sur la nature relative des deux notions d'*a priori* et d'*a posteriori* : «elles se réfèrent surtout à l'ordre dans la cohérence de notre connaissance» (Lambert, 1764 : I. 636-37). Les deux notions sont si liées à la structure de l'argumentation, avait-il encore expliqué, que l'on peut chercher à établir par exemple si une chose est plus ou moins *a priori* dans un discours, c'est-à-dire si la conclusion est tirée de prémisses plus ou moins lointaines. Il s'agit de concepts exclusivement heuristiques, intrinsèques à l'argumentation et aux procédés argumentatifs de la science. La notion d'*a priori* n'est donc pas en soi à rejeter, au contraire elle naît tout à fait légitimement de la structure ordonnée de l'argumentation où un élément peut selon le cas servir de prémisse ou de conséquence. Ce qu'il faut éviter, ajoute Herder, c'est l'identification entre *a priori* et *transcendantal*, car «se rendre indépendant de soi-même, c'est-à-dire se poser comme extérieur à toute expérience originelle interne ou externe, est quelque chose que personne ne peut faire» (1799 : I. 21-22). Une connaissance *a priori* c'est une connaissance que je tire de concepts préexistants par rapport à *une* expérience (à une expérience déterminée et non pas à *toute* expérience). Quelques pages plus loin (1799 : I. 70) la notion absolue d'*a priori* est condamnée en tant qu'abus de langage.

Herder examine aussi les applications de l'une et de l'autre des deux notions d'*a priori* dans le cadre de la théorie du langage. Dans la *Abhandlung* (1772 : 92) il avait déjà réfuté la thèse selon laquelle les éléments de la langue seraient des formes gnoséologiques fondamentales, des «notions qui devraient occuper la première place dans l'ordre de notre esprit pensant», et qui seraient «les germes de notre connaissance, les points d'où tout part et à quoi tout revient». Il réfute cette interprétation avec des arguments de type génétique, appliquant ainsi une règle fondamentale de sa philosophie de l'histoire : rien n'atteste dans la naissance des catégories verbales que ces hiérarchies aient été respectées. Au contraire, l'architecture des langues révèle partout l'histoire d' «une créature qui entend et écoute» et non pas celle d'un pur esprit, c'est-à-dire l'histoire d'une créature réceptive face à l'expérience et non pas celle d'une créature constituée avant même l'expérience.

Les formes de la connaissance, avait-il affirmé ensuite dans son œuvre de 1778, ne précèdent pas la langue, ne sont pas du domaine de pertinence d'un pur esprit. C'est au contraire la langue qui les construit grâce à son aptitude réceptive, c'est-à-dire en les tirant de l'expérience et en les incorporant. C'est là la thèse développée dans la *Métacritique* sous l'effet de la critique antikantienne. Herder définit la doctrine de Kant sur les catégories comme conditions de la pensée «un singulier *hysteron proteron*». Il achève ainsi cette entreprise de *Dekategorisierung* qui constitue le noyau de toute sa psychologie (cf. Pénisson, 1990 : 292).

> «Les catégories sont un treillage, constitué dans le domaine de notre intellect à partir des nos connaissances humaines, qui atteint son objectif lorsque chaque concept y trouve sa place ; mais de quelle façon pourraient-elles servir à expliquer le pouvoir de l'intellect "en tant que conditions où la multiplicité [des intuitions] peut se recueillir en

une conscience" [Kant]? Notre intellect se serait-il donc constitué tout autour de notre conscience en suivant ces compartiments? Et dans une conscience vivante comment la multiplicité pourrait-elle bien se composer sous la condition d'une catégorie verbale?» (Herder, 1799 : I. 219-220)

S'il y a des éléments *a priori* dans la conduite intellectuelle de l'homme, il ne faut jamais les interpréter de façon formelle : tout *prius*, répète Herder, suppose un *posterius*, et il s'agit de déterminer au cas par cas ce qui vient avant et ce qui vient après dans la pratique de la pensée et de l'argumentation. Et c'est justement parce que la raison et la langue sont inséparables (comme il l'explique dès les premières pages de la *Métacritique* en résumant les canons de la linguistique des Lumières et en faisant appel à Leibniz, Sulzer et Lambert), que la recherche des éléments *a priori* de la connaissance (selon le sens du terme *a priori* que nous avons précisé), ne peut être la tâche que de l'analyse des idées et des signes.

«Nous apprenons, grâce à la langue, à penser, à décomposer et à relier des concepts en nombre souvent élevé. Nous devons donc, quand il s'agit des choses de la raison pure ou impure, écouter cet antique témoin, d'une validité universelle, et quand nous traitons d'un concept nous ne devons pas avoir honte de son représentant et messager : le mot qui le désigne. C'est souvent lui qui nous montre comment nous sommes arrivés au concept, qui nous indique ce que ce dernier signifie et ce qui lui fait défaut [...]. Le juge de la raison pourrait-il ignorer justement l'instrument avec lequel la raison produit, fixe et accomplit son œuvre?» (1799 : I. 9-10).

Il s'agit d'examiner nos connaissances, mais aussi de les distinguer et de les ordonner avec des symboles pour comprendre ce qui, en elles, est *prius* et ce qui est *posterius*. Le fait que la pensée se présente toujours comme incarnée dans la langue complique évidemment cette analyse, qui doit, pour sa part, tenir compte des propriétés des langues historiques particulières, du jeu entre le sens principal et les significations marginales. En un mot : non seulement il n'y a pas d'analyse de la raison qui ne soit à la fois analyse de la langue, mais cette analyse doit aussi, lorsqu'elle étudie la formation des idées, tenir compte des facteurs diachroniques.

La dissension entre Herder et son ancien maître Kant se résume donc clairement en une opposition entre deux types d'analyse incompatibles : l'analyse transcendantale de Kant, qui selon Herder isole l'âme de toute expérience, et de la langue conçue ici comme le procédé historique et empirique par excellence, et — de l'autre côté — l'analyse de l'esprit à travers l'analyse de la langue.

Au début de la *Métacritique* Herder ironise avec âpreté sur la conception de critique de la raison chez Kant. Mais ce n'est pas l'idée de la philosophie comme réflexion sur les limites de l'intellect qui heurtait Herder, au contraire cette idée ne lui était pas étrangère et il l'avait même formulée dès les années 1760 dans la première série des *Fragments sur la littérature allemande moderne*. Toute la divergence tenait dans le rôle à attribuer à l'analyse linguistique. Dans les *Fragments* Herder présentait le programme d'une *philosophie négative* (exactement dans le sens de la "critique" kantienne, c'est-à-dire une recherche sur les limites de la raison et une partition entre les connaissances réelles et les connaissances apparentes); ce programme devait être mis en œuvre grâce à l'analyse du langage. Critique de la raison, cela signifiait donc pour Herder, dès les années 1760, étude des limites du langage et examen général des connaissances humaines du point de vue du langage. Ce

> «traitement général de la connaissance humaine à travers et au moyen du langage doit nous ouvrir la voie vers une philosophie négative : c'est-à-dire nous permettre de juger si la nature humaine n'est pas destinée à ne s'élever que jusqu'à un certain niveau d'idéation parce que les niveaux supérieurs lui sont inaccessibles, et s'il n'est permis à l'homme de s'exprimer et de s'expliquer que dans une mesure bien déterminée au-delà de laquelle ses capacités viennent à manquer» (Herder, 1768 : 17).

Dans les *Ideen* on trouve en particulier un passage où Herder décrit l'ensemble de la métaphysique comme «un registre de noms tirés d'observations de la nature et rangés d'après celles-ci», et où dans le même temps il déclare la nature sémiotique de la pensée en général (Herder, 1784-85 : 358). Aucune langue n'exprime les choses, mais seulement des noms; aucune raison humaine ne connaît les choses, mais seulement des caractères extérieurs désignés par des mots. Herder met en garde contre l'enthousiasme métaphysique qui «renvoie à une raison privée de la parole et pleine d'intuitions» (*ibid.*, 360). Le langage est tout à la fois la limite et le guide de l'intellect, ce grâce à quoi

> «nous acquérons uniquement les idées [...] suffisantes pour jouir de la nature, appliquer nos forces, pour un usage sain de notre vie, bref pour la formation de l'humanité. Nous n'avons pas à respirer dans l'éther, notre organisme n'est pas fait pour cela, mais pour l'air salubre de la terre.» (*ibid.*, 360-61).

Une raison pure est, et reste, du moins sur cette terre, une province de l'utopie (*ibid.*, 357). Dans la *Métacritique*, comme nous l'avons vu, Herder se demande comment il est possible que «le juge de la raison» s'abstienne de l'examen des fonctions et des abus du langage :

> «La plupart des malentendus, des contradictions et des absurdités qui sont attribués à la raison ne dépendent probablement pas de cette dernière, mais plutôt de l'imperfection de l'instrument linguistique ou du mauvais usage que la raison en fait» (1799 : I. 10-11).

Loin de dégrader «la sublime critique de la raison pure», cette procédure tendrait plutôt à réaliser un idéal leibnizien : confier à la «philosophie ultime et suprême» la tâche de désigner nos concepts tant dans leurs dérivations que dans leurs combinaisons. Cela serait en conformité avec l'orientation indiquée par Locke lorsqu'il montrait que l'organe de la raison est la langue, et si l'on veut remonter à des origines plus lointaines, avec la notion d'implication réciproque entre langue et raison telle qu'on la trouve chez Platon et Aristote (1799 : I. 13-15).

Une connexion essentielle relie la langue et la raison : tel est le thème de la seconde partie de la *Métacritique* et le cœur de la critique contre la conception de la raison proposée par Kant. S'opposant à la dialectique transcendantale kantienne, Herder nie qu'il appartiendrait à la raison de rechercher l'inconditionné. La tâche de la raison consiste au contraire à déterminer ce qui dans l'immédiat de l'expérience nous est donné comme indéterminé. Il s'agit encore une fois d'une opération linguistique. La raison, la sensibilité et l'intellect sont régis par une seule et même loi, la loi de l'unification de la multiplicité qui permet de créer «à partir d'une obscure nuée d'universaux» la claire image d'une particularité (Herder, 1799 : II. 35), de transformer la totalité indifférenciée (*All, omne*) en une totalité déterminée (*Ganze, totum*) (*ibid.*, 169). Les procédures de généralisation continuellement mises en œuvre par le langage n'ont donc pas seulement un objectif pratique, la brièveté assurée par l'usage des noms communs ; ils répondent à une loi universelle de la vie psychique. L'incontournable réciprocité d'implication entre le particulier et l'universel se manifeste à travers le langage : on généralise toujours dans l'objectif de particulariser, et les deux opérations sont «intimement liées comme un *prius* et un *posterius*» (*ibid.*, 161). Seul ce qui peut être fixé et rendu compréhensible au moyen de signes «peut oser se présenter devant le tribunal de la raison». La raison elle-même «est et s'appelle langage», ses limites sont celles du langage (*ibid.*, 274). La critique de la raison est la critique du langage.

Relevons en passant un exemple significatif de la méthode linguistique que Herder propose comme méthode de la philosophie. On note que dans la *Métacritique*, nombre des arguments que Herder oppose à Kant sont des remarques de nature terminologique. Face à ce procédé, un critique de Herder avait senti le besoin de défendre, pour soutenir Kant, la légitimité de l'innovation linguistique en philosophie, et de mettre en garde contre les excès d'analyse linguistique chez son adversaire (Kiesewetter, 1799 : 12-15, 22-257 ; cf. Cramer, 1800 : 62-66). Il était d'ailleurs facile de retourner contre Herder l'accusation d'utiliser de façon non-canonique la terminologie philosophique. Les exemples ne manquaient pas. Rappelons-en un qui n'échappa pas à ses détracteurs : contestant l'usage kantien d' "intuition" (*Anschauung*), Herder appliqua en effet le terme aux concepts généraux abstraits, enfreignant ainsi l'usage traditionnel (Herder, 1799 : I. 78 et sv.; cf. Kiesewetter, 1799 : 55 et sv.). Mais comme le comprend Kiesewetter lui-même, la question n'est pas purement terminologique. On le saisit bien à la lecture de cette synthèse de Herder sur la méthode de la philosophie :

> « Que la raison, au lieu de transcender, retourne à l'origine de ce qui lui est propre, opère donc un revirement sur elle-même en se posant la question : comment es-tu parvenue à toi-même et à tes concepts ? Comment les as-tu exprimés et appliqués, reliés et connectés entre eux ? Comment réussis-tu à leur donner la certitude universelle et nécessaire ? Si elle élude cette question et qu'elle s'isole de toute expérience, il vaudrait mieux qu'elle s'isole aussi de la langue, qu'elle ne possède certainement que grâce à l'expérience. » (1799 : I. 68-69).

Herder oppose donc continuellement à la déduction transcendantale de Kant une exposition des formes de la connaissance qui soit « conforme à l'expérience et à la langue » (1799 : I. 90). Car c'est en particulier cette exposition qui révèle la genèse empirique et l'incorporation successive dans la langue des formes supposées *a priori* : l'espace, le temps et les catégories.

La première forme, l'espace, naît en effet par abstraction à partir de l'expérience perceptive du *"lieu où* se trouve ma propre personne" et du *"lieu où* se trouve tout ce qui n'est pas ma propre personne" : une expérience vécue avant même de devenir une expérience pensée, et en ce sens sans doute « inhérente à notre existence », non seulement pour l'individu adulte mais aussi pour le fœtus ; non seulement pour l'individu jouissant de toutes ses facultés mais aussi pour les aveugles de naissance (1799 : I. 92).

Ce concept empirique de la spatialité comme limite (un concept négatif, donc, ou, comme le dirait Herder, privatif) se construit aussi à partir du mouvement, cet acte qui permet de dépasser la limite, et grâce auquel « nous apprenons à mesurer l'espace, à le changer, à le contrôler, à trouver enfin notre lieu » (*ibid.*). La vue contribue elle aussi, et mieux que l'obscure sensation corporelle, à la constitution d'une image nette de l'espace ; et puisque les sens agissent en synergie, aidés par ailleurs par l'imagination qui opère librement sur ces sensations,

> « ce que l'œil a découvert et que l'intellect a déterminé à travers la perception vient alors en aide aux autres sens, et les actions de l'intellect et de la raison elle-même déduisent leur désignation de cette mesure de l'espace. Notre langue pullule en expressions spatiales pour tous les types d'être, de faire et de pâtir ; elles s'ajoutent aux mots comme préfixes ou suffixes, en déterminant, en amplifiant ou en restreignant la signification. Avec un art surprenant, avec parcimonie ou surabondance, ces désignations s'insèrent dans le discours, conférant ordre et disposition aux perceptions de l'univers. » (1799 : I. 93-94).

C'est à partir de cette expérience globale d'abord vécue puis élaborée du point de vue de l'intelligence et de la langue, que le concept d'espace devient une «grille pour ordonner les objets» (1799 : I. 95-96). Le concept d'espace ne peut être absolu : un concept absolu ne serait qu'un *phantasme* produit par l'imagination. Vouloir en faire un concept pur, strictement non-sensoriel, ou même une forme de la multiplicité de toutes les figures du sens, n'est qu'une obscure chimère (*ibid.*, 103).

Le processus à travers lequel naît la notion de temps est analogue. Le temps est d'abord vécu comme une durée (si bien que Gaier [1988 : 190], a pu qualifier de "bergsonienne" la notion du temps de Herder). Comment se forme-t-elle ? On jouit d'abord du temps sans lui donner de mesure, puis sous la pression de la pratique on commence à observer les rythmes de la nature et enfin à mesurer et à compter.

> «Le calendrier de la nature fut donc la première règle pour les hommes : les rythmes du temps qu'ils devaient observer s'ils ne voulaient pas succomber, devinrent, selon une norme non écrite, leurs rythmes de vie, leur mesure du temps. La première loi que la nature leur suggéra, que le père de famille imposait, que les muses enseignaient par leurs chants fut : *Les travaux et les jours.*» (1799 : I. 111).

L'observation de la nature extérieure, mais aussi la perception des rythmes corporels suggère la mesure du temps : c'est le corps féminin qui en manifeste les rythmes les plus immédiats, tandis que la mythologie réservait aux figures masculines (Chronos, Saturne, Janus, etc.) la fonction d'exprimer symboliquement les périodisations plus longues (1799 : I. 112-13). La notion du temps naît donc elle aussi de l'expérience, de la perception que l'homme a de lui-même comme d'un être temporel qui vit en suivant et en anticipant les rythmes temporels de sa propre nature et de la nature extérieure. Et cette perception, tout comme celle de l'espace, se stratifie dans les langues pour devenir alors un critère d'ordre des pensées.

> «Le temps s'est ainsi peu à peu emparé de toute la syntaxe de la langue : le temps qui gouverne tout, règle aussi les pensées des hommes. Puisque faire et pâtir se produisent à l'intérieur du temps et qu'il n'est jamais indifférent à une chose de savoir *quand* elle se produit, s'est produite ou se produira, le temps s'ajoute à tous les mots qui indiquent l'action ou la passion [...]. Au début [les distinctions de temps] étaient peu nombreuses; celles du passé et du futur n'étaient indiquées que grossièrement, puis peu à peu on en introduisit de plus précises pour ces deux temps; les distinctions de la langue grecque étaient fort précises. Par ailleurs des déterminations de lieu comme de temps s'ajoutèrent aux verbes au moyen de particules [...]; des adverbes et des prépositions se mêlèrent au discours, et enfin, grâce aux conjugaisons, le flux de ce dernier fut conduit et mené à terme sous la mesure du temps.» (1799 : I. 114-115).

Puisque les représentations dérivées des sens tout comme les sens eux-mêmes opèrent en synergie, la langue tend à spatialiser les représentations temporelles : la prépondérance dans toutes les langues de caractérisations de temps tirées de caractérisations de lieu en témoigne. Il faut par ailleurs relever un autre aspect de l'inhérence du temps au langage qui consiste dans le fait que le discours est en lui-même un événement temporel, une succession. La langue est même « la succession la plus noble [...] qui adhère à nos pensées » (1799 : I. 139).

Mais il y avait encore un pas à faire pour passer de l'expérience temporelle vécue à une perception du temps comme quantité discrète et mesurable, et ce passage était considérable, les difficultés éprouvées par les hommes pour apprendre à compter en attestent. Ces derniers ont d'abord enregistré sous forme de signes la série toujours réitérée des jours et des nuits ; plus tard ils ont appris à mesurer les heures en écoutant l'eau s'écouler goutte à goutte ; enfin ils ont utilisé le nombre des doigts pour mettre en place le cycle numérique basé sur la dizaine. Le caractère sacré que les peuples de l'antiquité attribuaient souvent à la détermination du temps au moyen du nombre témoigne de la nature non pas spontanée mais bien laborieusement acquise de la quantification de la durée. La notion d'un temps "de tous les temps" est donc une abstraction, tout comme la notion d'un espace infini. En réalité chaque chose porte en soi, au rythme de sa mutation, la mesure de son propre temps.

> « Le battement de mon pouls, le cours lent ou pressé de mes pensées, ne sont pas une mesure du temps qui vaille pour les autres ; l'écoulement d'un fleuve, la croissance d'un arbre, ne servent pas de mesure du temps pour tous les fleuves, arbres et plantes. La vie de l'éléphant et celle de l'éphémère ont une durée bien différente, et combien est inégale la mesure du temps sur les diverses planètes! On peut donc se risquer à dire qu'il y a dans l'univers en un temps déterminé d'innombrables autres temps : le temps que nous nous représentons comme la mesure de tous les autres n'est qu'une mesure relative pour nos pensées ; de même que l'espace infini l'est pour l'ensemble de tous les lieux particuliers de l'univers. Le temps infini, comme son compagnon l'espace, devenu mesure et cadre de tous les temps est une image illusoire. » (1799 : I. 120-121).

Les formes *a priori* de l'espace et du temps sont en réalité un produit de l'expérience déposé dans la langue. La pratique linguistique condense les expériences corporelles primaires et les cristallise comme "formes".

Quant aux formes de la pensée que Kant appelle catégories, elles naissent d'un abus linguistique : celui que l'on commet si l'on prend les formes des énoncés pour les formes de la pensée. Les remarques de Herder sur la déduction transcendantale des catégories se situent elles aussi dans le cadre de la critique de la notion d'*a priori* avec maintenant comme base de référence le premier livre de l'analytique transcendantale de Kant. Ce que nous en retiendrons ici ce ne sont pas tant les observations particulières sur certains points de la table des catégories, que la critique de l'idée même des catégories en tant que « compartiments » de l'âme à travers lesquels se produirait nécessairement l'expérience et qui correspondraient membre à membre à autant de formes du jugement. En réalité la forme des jugements (universalité, particularité, singularité, catégoricité etc.) « dépend de la configuration du discours, du caractère que prend le jugement selon la nature du contenu ou du contexte ; des circonstances, en somme » (1799 : I. 169-70). L'énumération des différents types d'énoncés (puisque c'est de cela qu'il s'agit selon Herder) n'est donc jamais possible *a priori* (c'est-à-dire qu'aucune déduction transcendantale des catégories n'est possible), car la configuration des énoncés « se réfère de toute évidence à des objets *a posteriori* et c'est bien par référence à ces derniers que [la table des catégories] avait été formulée du point de vue logique et rhétorique ». Que ce soit dans l'optique de la logique (formelle, ou selon la terminologie kantienne, générale), ou dans l'optique de la rhétorique, la classification a toujours lieu à des fins spécifiques. Dans le cas d'Aristote l'ordre des catégories était construit en fonction de la dialectique, dans le cas de Leibniz en fonction de l'art combinatoire (1799 : I. 179 et note). Bref la classification des catégories ne concerne pas l'origine des concepts mais leur usage dans l'énonciation et dans l'argumentation, c'est pourquoi elle est liée aux facteurs empiriques (« les circonstances ») de l'énonciation même ; elle n'est jamais complète, nécessaire, ni donnée une fois pour toutes indépendamment des motivations en vue desquelles elle a été pensée. Les catégories qui sont en effet exprimées par la trame même de la langue, ne sont rien d'autre que les modes d'opérer de l'intellect lors de l'activité sémiotique de récognition qui constitue le fondement de la connaissance et qui se manifeste dans la classification des représentations selon leurs ressemblances ou différences :

> « non seulement dans les classes et les espèces dans lesquelles se disposent les concepts, mais dans la formation même des concepts, la langue tout entière doit être l'expression de l'esprit qui reconnaît, et elle doit, en tant que telle, en attester la forme vivante » (1799 : I. 305-306).

La fonction intellectuelle de la récognition est donc le fondement non seulement de l'activité syntaxique qui constitue les jugements, mais aussi de l'activité sémantique elle-même, de l'activité de formation des concepts.

La logique transcendantale ne contribue donc en rien à la compréhension du fonctionnement de la langue. La forme des énoncés dépend de la configuration du discours, de la nature de son contenu, des objectifs qu'il se fixe, etc., et ne constituera jamais un « schème magique » de catégories en tant que formes de toute expérience possible (1799 : I. 305).

Les différents types d'organisation de la pensée se manifestent par les différents niveaux d'expression que Herder décrit, à partir de ce qu'il appelle le *langage du sens commun*. Le caractère fondamental de ce premier langage, sur lequel s'appuient tous les autres, réside dans le fait que c'est en lui que se réalise la première compréhension des concepts fondamentaux de l'intellect : l'être, qui se manifeste comme force, l'espace et le temps. L'être, la force, l'espace et le temps sont les quatre notions fondamentales que Herder avait précédemment opposées à la liste proposée par Kant, comme constituant la seule véritable table des catégories. L'être, avait-il dit, est « le concept fondamental de la raison et de son empreinte, la langue humaine » (1799 : I. 131). Dans la langue, aucune perception, aucun concept, ne peuvent être pensés sans présupposer un être qui en soit le fondement. L'être relie tout jugement de l'intellect; sans être, aucune loi de la raison ne peut être pensée. L'être se manifeste comme force : force d'agir et de ressentir, d'exister c'est-à-dire d'*être-là* (*Dasein*), être dans un lieu, l'occuper, être donc dans la dimension de l'espace; persister dans un lieu, c'est-à-dire durer, donc être dans la temporalité. L'être, la force, l'espace et le temps sont les concepts élémentaires dont la compréhension immédiate se manifeste à travers l'usage et la structure du langage du sens commun, cette première organisation discursive des représentations sensibles et constituent la trame même de toutes les langues.

C'est à partir de ce premier niveau d'expression que se forme le second : le *langage de l'intellect*. Le lexique intellectuel s'enrichit et se clarifie « à mesure qu'augmente le nombre de choses et de propriétés de choses enregistrées par l'esprit de l'homme, selon leurs ressemblances et différences, leurs genre, classe et espèce » (1799 : I. 303).

Ces deux premiers langages correspondent à deux attitudes du sujet lors de l'utilisation ordinaire de la parole, attitudes différentes mais inséparables l'une de l'autre. Dans le premier cas, le sujet est réceptif car il déduit de la langue les concepts fondamentaux qui y sont inclus; dans le second, le sujet est actif car le classement des représentations implique le travail préalable de récognition qui permet de classer et d'unifier selon des « types » la multiplicité des données sensibles. Lorsqu'il est réceptif, le sujet place les données sensibles sur la trame des concepts intellectuels fondamentaux déposée dans la structure élémentaire des langues; au contraire, l'intervention active organise les représentations sensibles selon les ressemblances et les différences, et les classe sur cette base.

Les deux modes d'organisation que décrit ensuite Herder, relèvent de l'utilisation scientifique de la parole : il s'agit du langage de la physique ou *langage de la raison* qui exprime les liens de cause à effet entre les choses, et de langage des mathématiques, qui s'exprime au moyen des symboles et utilise aussi les mots comme des symboles.

Le manque de distinction entre ces niveaux de langage — ou, pour être plus précis, entre les façons dont l'organisation des représentations s'imprime dans la langue — peut, selon Herder, être à l'origine de nombreux abus linguistiques. Kant en fournit un exemple remarquable quand il ne se limite pas à décrire les comportements de l'esprit, mais en fait des classes métaphysiques. Au-delà de la polémique contre Kant, l'abus qui est dénoncé ici concerne directement le rapport entre la logique et le langage. On a vu précédemment que Herder avait critiqué l'idée qui consiste à considérer les catégories comme des formes de l'expérience, et qu'il les avait réduites au rang de simples "formes des énoncés".

Dans un passage de la *Métacritique* dans lequel il décrit la formation des différentes parties du discours, Herder montre l'inhérence des concepts fondamentaux — ceux de sa propre métaphysique : l'être, la force, l'espace et le temps — à la constitution de toute langue.

> « Les premiers concepts, l'être, l'être-là, la durée et la force, donnèrent lieu à des mots indépendants (*nomina* et *pronomina substantiva*), auxquels on ajoutait, au début ou à la fin, les indications de lieu et de temps qui constituaient ainsi leurs déterminations (prépositions) et modifications (cas). Les propriétés observées donnèrent lieu à des mots dépendants (*nomina* et *pronomina adjectiva*) qui désignaient ce qui est identique ou différent par rapport au genre, à la classe et enfin à l'espèce, et ces ressemblances et différences, pensées comme des concepts indépendants, devinrent à leur tour de nouveaux mots autonomes avec leurs articles, déterminants et désinences. La force, observée dans les choses, se créa de même une expression propre : le verbe. Les *verba substantiva* (être, devenir, etc.) désignent cette force d'une manière absolue; les verbes actifs et passifs la réfèrent à leur objet : c'est ainsi que l'on désigna le monde de la raison, c'est-à-dire des causes et des effets. Enfin les numéraux, les grades et diverses autres particules donnèrent leur expression à la mesure des choses. A la base du discours on trouve, dans toutes les langues, le modèle d'un acte de connexion de l'intellect opérant. » (1799 : I. 306-307).

Mais sous ces mots qui semblent n'être que l'écho d'un modèle récurrent de l'époque (les auteurs cités ici par Herder sont en effet Meiners et Harris), se dessine ce qu'on appellerait aujourd'hui une phénoménologie du langage. Non seulement Herder adapte ce modèle à sa thèse des quatre concepts primaires comme fondement de toute représentation, mais, à travers la constitution même des catégories grammaticales, il retrouve implicitement la distinction entre les quatre langages.

Il est évident que Herder n'entendait pas, dans ce passage, désigner certaines catégories grammaticales (plus précisément quatre d'entre elles) comme propres et pertinentes à certains niveaux du discours et à eux seuls (les substantifs au langage commun, les adjectifs au langage intellectuel, les verbes au langage de la raison, et les numéraux au langage mathématique). Il me semble que les derniers mots de la citation («A la base du discours on trouve, dans toutes les langues, le modèle d'un acte de connexion de l'intellect opérant») nous offrent une clef pour comprendre le sens de la "grammaire générale" de Herder : chaque partie du discours est l'instrument d'un mode d'organisation spécifique des représentations. Et de même que ces quatre grandes catégories grammaticales coexistent dans la structure d'une langue, les quatre caractérisations du langage coexistent dans la pratique langagière. C'est dans ce sens que l'on peut, me semble-t-il, parler d'une phénoménologie du langage.

7. UNE PHYSIOLOGIE COGNITIVE

En guise de conclusion, on peut dire que Herder oppose à la déduction transcendantale kantienne une déduction empirique, qui ramène les catégories au statut de modes opératoires de l'intellect mis en œuvre lors de l'activité sémiotique de la récognition, cette approche fondamentale du sujet envers la réalité, qui marque la naissance de toute représentation. Les conditions de la pensée sont présentes dans la langue, non pas comme formes transcendantales mais comme traces et témoignages de l'expérience corporelle immédiate.

La logique du langage ne s'inscrit que dans les modalités d'articulation des représentations de la part du sujet, c'est-à-dire dans le comportement de l'intellect qui connecte les représentations; la langue est le modèle (*Typus*) de cette activité du sujet. Cela apparaît clairement à la lecture des quelques pages de la *Métacritique* qui viennent en conclusion de la critique de la doctrine kantienne du schématisme.

En effet, avec la structure des catégories, c'est aussi la nécessité du schématisme qui vient à tomber. Le schème représentait pour Kant la charnière entre deux ordres d'opérations (esthétiques et analytiques) totalement hétérogènes et irréductibles, puisqu'elles dérivaient de sources tout aussi hétérogènes; d'où le problème de l'application des catégories aux phénomènes. Ce problème n'a selon Herder aucune raison de subsister. La perception, l'image et le concept sont d'après lui autant de sous-classes d'une même activité psychologique de nature cognitive et mnésique que l'on peut distinguer uniquement selon leur degré de généralité, c'est-à-dire selon la quantité d'informations qu'elles contiennent. En ce sens la continuité entre les opérations de l'esprit est totale, et la distinction entre les facultés, bien qu'elle soit présente, n'implique jamais une hétérogénéité des sources de l'acte de connaître. Cela permet à Herder de dépasser non seulement la distinction kantienne entre l'Analytique et l'Esthétique, mais aussi cette autre distinction, courante dans la psychologie empiriste, entre les représentations de premier et de second niveau (les perceptions et les idées), les secondes étant présumées actives et les premières passives. D'une part la réceptivité est une condition de la vie de l'homme à tous les niveaux, même les plus hauts car il n'existe pas de pure pensée, et d'autre part il n'y a pas d'opération élémentaire, pas même le plus obscur des stimuli, qui ne mette en œuvre l'activité du sujet.

Le langage est le «modèle» de tous ces processus en ce qu'il porte l'empreinte des opérations à travers lesquelles le sujet se rapporte au monde et se le représente. Loin de «schématiser obscurément» (1799 : I. 302), l'intellect peut exprimer les caractéristiques des choses qu'il a saisies, c'est-à-dire qu'il peut parler : parler des choses et de soi-même. La critique de l'analytique kantienne débouche ainsi sur une philosophie de la langue en tant que lieu de définition des conditions de la pensée, non pas en termes de structures formelles de la pensée mais comme le produit d'une interaction naturelle entre l'homme et le monde.

Si Kant avait répondu à Herder, il lui aurait certes reproché (en s'appuyant pour cela sur la fameuse distinction du paragraphe 13 de la *Critique de la raison pure*), de ne pas s'être occupé de la question *quid iuris* mais de la question *quid facti*. Dans ce paragraphe, Kant désigne le «célèbre Locke» comme le premier qui a ouvert la voie de la déduction empirique en décrivant les causes occasionnelles de la naissance des concepts fondamentaux ; ce qui est tout à fait légitime du point de vue de Kant, mais évidemment insuffisant. Au-delà de la voie indiquée par Locke, il ne restait que deux autres possibilités : celle de la déduction transcendantale (c'est-à-dire la voie prise par Kant), et celle que Kant lui-même définissait comme la voie de la «dérivation physiologique». Herder a clairement opté pour cette dernière dès 1778 lorsque dans son essai *Vom Erkennen und Empfinden* il pose les fondements de sa physiologie de l'esprit. «A mon humble avis», écrivait-il, «aucune psychologie n'est possible, qui ne soit, à chaque pas, une véritable physiologie» (1778 : 180). Cette option s'exprime en toutes lettres dans la *Métacritique*, où il ramène le principe même de la déduction transcendantale à un abus linguistique.

> « Il n'y a peut-être pas d'abus de langue plus grave que celui qui emploie des phantasmes verbaux pour créer une hyper-raison qui étouffe toute philosophie et ne nous laisse que des fictions : des fictions *ex nullis ad nulla*; un *a priori* qui, isolé et sans aucun rapport avec quelque expérience que ce soit, devient, avant même d'exister, le créateur de soi-même.
>
> Traduite en des termes compréhensibles, la question n'est donc pas d'examiner comment l'esprit et la raison de l'homme sont possibles, comme si leur tâche était tout d'abord de poser leurs propres fondements, de se construire. Puisqu'ils sont déjà posés, [...] l'expression inexacte de "critique de la raison" doit [...] être remplacée par celle plus véridique et plus appropriée de "physiologie des pouvoirs de connaissance de l'homme". » (1799 : I. 70-71).

C'est dans le cadre de cette physiologie de l'esprit que le langage — ou plutôt la langue, comme formation historique et comme pratique naturelle — se révèle être un *a priori* dans le sens que Herder donne à ce terme : c'est-à-dire, un *prius* par rapport à la pensée, mais un *posterius* par rapport à la constitution de l'homme.

DEUXIÈME PARTIE

LA COMÉDIE DES MÉNECHMES PENSÉE ET LANGAGE DANS LA PHILOSOPHIE ALLEMANDE 1750 - 1850

Chapitre 3
Epistémologie et langage sous *l'Aufklärung*
L'analyse des signes comme fondement des procédures scientifiques dans la *Sémiotique* de Johann Heinrich Lambert

1. ÉCLECTISME ET PHILOSOPHIE

Le titre du chapitre précédent, qui définit Johann Gottfried Herder comme le dernier *Popularphilosoph*, mérite quelques explications. Il implique que l'on se propose de lire l'œuvre de Herder en la replaçant dans le cadre de cette riche tradition, trop longtemps ignorée, que l'on désigne sous le terme de Philosophie populaire, et qui marque d'une manière spécifique l'*Aufklärung* par rapport aux autres philosophies nationales contemporaines.

La *Popularphilosophie* a longtemps été tenue à l'écart, le dédain envers les philosophies de l'*Aufklärung* s'étant largement diffusé suivant l'opinion négative propagée par l'historiographie romantique, et le jugement définitif émis par Hegel qui n'y voyait qu'une vulgaire imitation de la philosophie française. L'histoire de la philosophie de ces dernières années a amplement contribué à battre en brèche cette opinion (Merker, 1982; Beiser, 1987), mais on ne peut en dire autant de l'histoire de la linguistique, qui commence seulement à s'occuper de ce secteur important de la tradition philosophique allemande; que l'on se réfère aux études novatrices de Joachim Gessinger et Wolfert von Rahden que j'ai déjà mentionnées dans la Préface de ce livre.

L'éclectisme est la caractéristique dominante de la philosophie populaire. Passant en revue l'histoire des théories de la langue, Platner, l'un des représentants les plus connus de ce mouvement, déclarait qu'il ne pouvait s'identifier à aucune des écoles du passé : celles-ci, disait-il, ont tout expliqué par la genèse sociale du langage sans s'occuper des mécanismes cognitifs sous-jacents (Epicure, Hobbes, Rousseau), ou bien ont tout ramené à la sensibilité (Lucrèce et Condillac), ou encore ont résolu le problème en postulant une faculté humaine spécifique de réflexion. Platner, s'opposant à ce type de choix unilatéral, propose une approche globale intégrant la physiologie de l'ouïe, la sensibilité, la capacité à saisir les analogies (*analogische Witz*), les rapports interpersonnels, la perfectibilité humaine, «le tout guidé par quelque influence de la faculté abstractive (*Absonderungsvermögen*) et de la raison en général» (Platner, 1793-1800 : I. 182). Réfléchissant sur son propre itinéraire théorique, Johann Georg Heinrich Feder, un autre philosophe populaire, écrivait : «j'ai été aussi peu partisan de Locke que de Wolff, aussi peu de Crusius que de Kant» (Feder, 1825 : 88).

Cet éclectisme professé par les philosophes populaires ne pouvait certes pas trouver faveur auprès des grands interprètes de la philosophie de l'identité. L'éclectisme est en effet par définition la méthode de la philosophie de la multiplicité; c'est — s'il est cohérent et rigoureux — le recours à des principes et à des méthodes compatibles mais différentes dans le but d'expliquer des phénomènes coexistants mais hétérogènes. L'éclectisme de la philosophie populaire représentait, entre autres, une tentative de réponse face à la transformation interne que le développement des sciences biologiques imposait à l'épistémologie empiriste.

A l'encontre des interprétations traditionnelles qui nous ont habitués à une stricte opposition binaire entre rationalisme et empirisme, on peut affirmer que le modèle gnoséologique bâti par les grands auteurs de la philosophie britannique, et transmis à la philosophie continentale, était parfaitement compatible avec les théories physiologiques de tradition cartésienne : l'image de la table rase, de l'esprit comme pure disponibilité à la réception des stimuli, l'image d'une sensibilité comme simple moyen de jonction entre le sujet et le monde, tout cela était parfaitement cohérent avec la conception mécaniste du corps. Mais entre 1680, date où Charles Perrault critiquait «la nouvelle secte [...] où l'on croit que par les moyens de la mécanique on peut connaître et expliquer tout ce qui appartient aux animaux» (cité par Moravia, 1982 : 30-31), et 1802, date où Cabanis formulait dans ses *Rapports du physique et du moral de l'homme* la thèse philosophico-médicale du corps comme organisme dynamique et sensitif et en tirait toutes les conséquences pour la méthode de la psychologie, on avait été amené à redéfinir totalement la notion de sensibilité. D'instrument inerte et mécanique de liaison entre le monde et l'âme, on la concevait alors comme un processus intelligent et orienté, une force active capable d'autorégulation. L'histoire de cette transition a été retracée dans plusieurs ouvrages qui sont devenus des textes de référence : Roger (1963), Callot (1965), et plus récemment Moravia (cf. principalement 1982) et Fabbri Bertoletti (1990). Il s'agit d'un processus qui comprend des épisodes très hétéroclites, de la reprise de la tradition alchimique et paracelsienne chez des auteurs comme Georg Ernst Stahl, professeur à l'université de Halle au début du siècle, aux études de Haller sur l'irritabilité diffusées en Europe dans leur traduction française, en passant par l'expérimentalisme des médecins de l'école de Montpellier. Ces derniers bénéficièrent pour la diffusion de leurs thèses vitalistes d'une extraordinaire caisse de résonnance : l'*Encyclopédie*, à laquelle Diderot les invita à collaborer. Rien d'étonnant dès lors à ce que les philosophes allemands en appellent à la notion leibnizienne de force immanente à la matière. Il faut tenir compte de cet aspect de l'éclectisme de l'*Aufklärung* si l'on veut comprendre le vitalisme de Herder.

Cependant, comme le reconnaît Frederick Beiser dans le chapitre qu'il a consacré à la *Popularphilosophie* dans son livre sur la philosophie allemande à l'époque de Kant, l'éclectisme des philosophes populaires fait «qu'il est particulièrement difficile de les regrouper ou de les classer» (Beiser, 1987 : 168). C'est en raison de ce manque de cohésion (théorique mais aussi institutionnelle) que les philosophes populaires ne sont pas aussi aisément identifiables que les Idéologues, dont on peut néanmoins considérer qu'ils sont les pendants (Humboldt fut le premier à instituer ce parallèle, dans une lettre à Schiller datée du 23 juin 1798 : «En Allemagne, cette manière de raisonner», écrivait-il à propos des Idéologues, «est tout à fait celle des philosophes populaires...»).

On peut certes distinguer, comme le fait Beiser, les philosophes populaires de tendance plus lockienne, comme Johann Georg Heinrich Feder, coéditeur à Göttingen de l'importante revue intitulée *Philosophische Bibliothek*, de ceux dont les tendances sont plus leibniziennes, comme Johann August Eberhard, éditeur d'une autre revue de renom, le *Philosophisches Magazin*. Les critiques contre Kant contribuent elles aussi à différencier les positions, puisque les contestations des lockiens visent la possibilité de la connaissance *a priori* et la séparation entre les sens et l'intellect, c'est-à-dire entre phénomène et noumène (cf. Feder, 1787). Les critiques les plus sévères se concentrent sur le premier point. «Vous, premier philosophe d'Allemagne», écrit Christian Gottlieb Selle à Kant le 29 décembre 1787, «portez, à mon sens, un coup fatal au problème de l'expérience qui, sans cela, était loin encore d'occuper la place qui lui revient. Et vous ne faites que donner un nouvel espace au bavardage [...]. Et ce sont là les motifs qui m'ont poussé à agir». L'action à laquelle il se réfère est la publication dans les Mémoires de l'Académie de Berlin dont il était membre, d'un texte intitulé *De la réalité et de l'idéalité des objets de nos connaissances* (réédité ensuite partiellement dans une traduction en allemand pour l'*Archiv für Philosophie* en 1792). Dans ce texte, après avoir montré que Kant était resté enfermé dans la tradition rationaliste, il définissait le système kantien de «chef d'œuvre de l'art qui, comme les pyramides d'Egypte, sera dans tous les siècles l'objet de l'admiration générale, mais qui, comme elles, amènera toujours la question : pourquoi et pour quel effet cette grande dépense de forces extraordinaires?» (cité par Azouvi et Bourel, 1991 : 40, 34).

Par ailleurs l'objet du débat n'était pas tant la notion d'*a priori* : aucun des empiristes n'aurait jamais nié l'existence de conditions qui rendent possible l'expérience (les facultés et leurs fonctions, la constitution organique de l'homme, l'ensemble de l'expérience collective de l'humanité, la langue elle-même, en somme l'ensemble des facteurs biologiques et historiques qui conditionnent l'activité intellectuelle de chacun). Le désaccord touchait plutôt la méthode. La question était : l'étude des éléments *a priori* de la connaissance exige-t-elle ou non une méthode différente de celle des sciences empiriques?

Les critères de distinction entre "empiristes" et "rationalistes" à l'intérieur de la philosophie populaire résultent ainsi n'être souvent que des nuances. Les rationalistes sont par exemple d'accord avec les empiristes pour imputer à Kant une séparation injustifiée entre les sens et l'intellect. Mais les premiers en appellent à la notion leibnizienne de connaissance sensible comme première forme de connaissance intellectuelle en la réinterprétant dans le cadre de cette vision synergique des forces de l'esprit qui était au cœur du débat biologique de cette époque. Les contestations des "lockiens" visent aussi la doctrine selon laquelle l'espace et le temps seraient des intuitions *a priori*, ainsi que la possibilité même d'une table complète des catégories et de leur application à l'expérience (rappelons que nous avons déjà rencontré ces deux thèmes ainsi que la critique contre la séparation entre sens et intellect dans la *Métacritique* de Herder); cette approche psychologiste est sans doute étrangère aux "rationalistes". Mais cette distinction (empirisme/rationalisme) semble en définitive difficile à maintenir rigoureusement, et ce dans de nombreux cas : c'est là la rançon de cet éclectisme que les adversaires des philosophes populaires leur reprochaient.

Une lecture mieux intentionnée permet au contraire de mettre en relief les aspects positifs de la synthèse éclectique mise en œuvre dans l'objectif d'élaborer une méthodologie commune valable pour toute l'encyclopédie des sciences. C'est dans le cadre de cette recherche que les philosophes populaires reconnurent souvent le *Neues Organon* de Johann Heinrich Lambert comme modèle théorique. En effet dans cette œuvre les incompatibilités entre rationalisme et empirisme, même du point de vue des théories linguistiques, s'avèrent beaucoup moins radicales que ne l'avaient souligné plus ou moins artificieusement les historiens traditionnels : la théorie "rationaliste" de la langue se conciliait facilement avec l'observation "empiriste" des pratiques linguistiques.

2. LES FONDEMENTS DE LA SÉMIOTIQUE

Lambert est un auteur que l'histoire des idées linguistiques ne mentionne généralement pas (à l'exception de Hassler, 1991 : 59-65). Et pourtant, il consacre à la sémiotique et à l'analyse des langues naturelles tout le troisième livre du *Neues Organon*, la principale de ses œuvres philosophiques (1764).

Avant d'examiner ce texte, il est intéressant de se pencher sur le premier livre, la *Dianoiologie*, où sont exposés les fondements de sa théorie cognitive, et où l'on voit se dessiner les principes d'une théorie sémiotique, à l'intérieur même de la théorie du concept exposée dans les premiers paragraphes du texte, lorsque Lambert fait de l'acte de reconnaître (*wieder erkennen*) l'élément central de la formation des concepts. En effet, dit-il, nous ne possédons un concept que lorsque nous sommes capables, à toute occasion, de reconnaître un objet et de le distinguer des autres objets grâce à des marques. Lambert revient sur ce thème dans l'*Architektonic* (Lambert, 1771 : 652), un texte rédigé tout de suite après le *Neues Organon*, et que l'on peut sous plusieurs aspects considérer comme un prolongement de celui-ci, et il y revient encore dans quelques écrits mineurs (Lambert, 1781-87 : VI. 3-4, 15-17, 193 et sv.).

Les marques (*Merkmale*, ou *Kennzeichen*) — contrairement aux signes proprement dits (*Zeichen*) — sont des éléments de récognition internes à l'objet : ceux qui apparaissent dans les définitions. La clarté du concept réside donc dans la capacité que nous avons de «représenter celles-ci [les marques] chacune en particulier ainsi que dans leurs connexions, ou de les énumérer à autrui au moyen des mots» (Lambert, 1764 : I. 9). Le concept est plus ou moins adéquat selon que les marques représentables suffisent plus ou moins à la reconnaissance de l'objet.

Toute l'activité mentale fonctionne donc sur la base de ces marques. Il s'agit de marques internes aux objets, mais aussi de marques externes, c'est-à-dire de rapports ou «titres» (*Titel*) : comme par exemple lorsque l'on caractérise un homme au moyen de ce qu'il fait ou a fait («l'inventeur de la pompe pneumatique» pour désigner Otto de Guericke, etc.). L'activité classificatoire de la pensée, c'est-à-dire la classification en genres et espèces qui est à la base de toute connaissance générale, est une activité sémiotique par excellence : une activité de décomposition et recomposition des marques individuelles et génériques de tout objet (*ibid.*, I. 13-14). La persistance des marques essentielles est ce qui permet de reconnaître l'individu en ce qu'il appartient à un genre déterminé. Ainsi, par exemple, l'homme qui passe par les divers stades de la vie, continue, malgré ses transformations, à être reconnu comme homme : comme *cet* homme en particulier qui répond à tel nom, tant et si bien que ce nom est parfois même attribué à ses cendres : de même qu'une ville comme Troie continue, au-delà des différentes phases de son destin, à être cette ville que justement nous appelons Troie. Au contraire, la mutation des marques ne permet plus, au-delà d'une certaine limite, une telle récognition : la chenille n'est plus reconnaissable en tant que telle si elle est devenue papillon, les aliments sont devenus chair, sang et os (*ibid.*, I. 18-21).

L'un des problèmes de la méthode scientifique est alors d' «observer, examiner et choisir» les marques pour discerner correctement entre celles qui sont essentielles et celles qui sont contingentes, alors que dans l'existence réelle elles sont entremêlées (*ibid.*, I. 25). La première partie de la *Dianoiologie* contient un véritable discours de la méthode d'une telle récognition, accompagné de considérations sur l'usage linguistique et sur sa capacité à modifier l'extension des classes et donc à influencer cette activité cognitive fondamentale. «L'unité de mesure est l'utilisation commune du vocable...» (*ibid.*, I. 45). Mais l'utilisation entraîne l'abus. La critique du langage fait donc partie de la méthodologie scientifique. L'extension de la signification des termes, qui constitue un principe de l'innovation scientifique, n'implique pas nécessairement la réalité des genres correspondants. L'histoire des langues est remplie de cas de distinction ou d'assimilation dus à un glissement sémantique, comme par exemple celui qu'a subi le mot latin *lex* en passant de la signification restreinte de norme émanant du peuple romain dans son ensemble (par opposition à *Senatusconsulta, edicta, plebiscita*, etc.), à la signification plus ample de législation à caractère obligatoire, puis de là par une extension ultérieure à tout ce qui implique des rapports immuables, ce qui fait que l'on parle de lois du mouvement, de lois de la pensée, de lois de l'imagination, etc. Il y a dans ce cas une assimilation analogique de phénomènes disparates. Mais cela ne signifie pas pour autant que le terme indique un *genre* : un genre qui comprenne en soi aussi bien les lois civiles et politiques que les lois de la mécanique (*ibid.*, I. 50).

La critique du langage ne se limite pas à cette analyse de la compréhension des termes et à la confrontation entre les termes et les genres correspondants. Plus qu'aux habitudes lexicales (l'«utilisation commune» des mots), l'analyse s'attache d'abord aux processus de sémiose pré-verbale qui, comme nous l'avons vu, se produisent à travers la reconnaissance des marques. Elle examine les mécanismes psychologiques de catégorisation, c'est-à-dire les mécanismes qui permettent de relier la représentation au concept : il n'y a pas, et il ne peut y avoir de correspondance terme à terme entre les marques de l'objet et celles qui sont inclues dans la représentation. Par rapport à la perception, la représentation est une synthèse de ces marques et plus l'objet nous est familier, plus la synthèse est elliptique; elle est cependant telle qu'«il reste dans son image assez pour permettre normalement de reconnaître de nouveau l'objet lui-même» (*ibid.*, I. 647). En raison de ce processus de réduction et d'ellipse,

> «on délaisse dans l'image la plupart de ce qui différencie totalement les *parties intégrantes* des espèces, ou bien on se représente, sans y penser, au lieu du genre, seulement une ou quelques espèces» (*ibid.*, I. 111).

Il s'agit d'un processus qu'on désignerait aujourd'hui sous le terme de typicalité, par lequel on emploie pour la représentation d'une catégorie une de ses sous-catégories en tant qu'elle représente au mieux la catégorie elle-même. Ceci vaut tant pour les objets matériels que pour les concepts abstraits eux-mêmes. En effet nous ne disposons pour ces derniers que d'une représentation confuse, somme des marques rencontrées dans tous les cas particuliers, sans toutefois pouvoir «les élucider et exprimer toutes avec les mots». Dans des concepts tels que *modestie, piété, équité, espoir, cause, fondement*, etc.,

> «les *parties intégrantes* sont de tout autre nature que dans les choses matérielles et elles ne se laissent pas si facilement énumérer, bien que nous en ayons d'une certaine façon une perception interne qui est même d'autant plus complète que le concept nous est plus connu et familier [...]. Si nous sommes parvenus à un concept général à travers de multiples expériences appropriées, il s'y trouve beaucoup plus que ce que nous exprimons avec des mots quand nous le définissons.» (*ibid.*, I. 112).

Ce décalage insurmontable entre le caractère sommaire de la représentation et la totalité de l'expérience correspondante explique la raison pour laquelle les exemples constituent un instrument irremplaçable pour l'argumentation : une définition ne pourra jamais *contenir* tout ce que les exemples réussissent à *montrer*.

L'exemple est donc une sorte de définition ostensive à laquelle l'argumentation doit continuellement recourir. A ce propos il est important de noter que pour Lambert l'une des caractéristiques intrinsèque et essentielle des signes pré-verbaux est l'iconicité : la formation des concepts est toujours une schématisation presque-visuelle de ce qui est perçu. Dans la sémiose pré-verbale l'image est en effet l'instrument premier, c'est le moyen par lequel l'information sensible est codifiée et rendue apte à être pensée. La prédominance de la catégorie de la vision lors des processus de codification primaire des données de la perception est soulignée presque à chaque page du *Neues Organon*. Et cela se confirme dès les premiers paragraphes de la quatrième et dernière partie de l'œuvre, la *Phénoménologie*, lorsque Lambert attribue à l'optique la suprématie par rapport aux autres sciences qui constituent la phénoménologie de la perception.

Le fait que nous fassions appel à des représentations indirectes chaque fois que la représentation directe n'est pas possible (dans le cas des concepts abstraits par exemple), démontre, selon Lambert, que l'image est un instrument sémiotique essentiel. Les exemples sont justement des représentations indirectes qui, comme nous l'avons vu, sont toujours plus riches que les définitions correspondantes; ceci vaut aussi pour les schématisations (tout comme les arbres généalogiques qui représentent les degrés de parenté). De nombreux systèmes de notation font partie de ces représentations indirectes, tel celui de la musique qui « rend figuratives les connaissances musicales, de sorte que l'œil juge pour ainsi dire ce qui était uniquement un objet de l'ouïe » (*ibid.*, I. 113). Lambert définit ces cas comme des métaphores, indiquant par là le fait que la représentation n'est pas la copie de l'objet ou de l'événement représenté, mais un dispositif sémiotique n'ayant avec lui qu'une analogie de structure. Cette analogie permet, comme par exemple dans le cas des notes de musique, la "traduction" d'un domaine sensoriel à un autre.

Le problème de la traduisibilité des représentations d'un sens à l'autre constituait, comme on le sait, l'une des questions ouvertes de la psychologie de l'époque (cf. Turbayne, 1955; Davis, 1960; Park, 1969; Markovits, 1984). George Berkeley, dans la *New Theory of Vision* (1709), avait expliqué par ce mécanisme de traduction la fonction cognitive des signes pré-verbaux. Le rapport de signification entre les signes linguistiques et leurs référents représente en effet, selon Berkeley, un cas particulier du pouvoir de traduction grâce auquel, dans ce cas, les mots suggèrent à l'imagination, par la médiation des sons, des objets non pertinents pour l'ouïe (Berkeley, 1709 : 9-10). Cette traduisibilité est selon Lambert un instrument important de contrôle sémiotique de l'expérience car il permet à chaque sens de juger les données fournies par les autres sens.

3. LE LANGAGE ENTRE CONNAISSANCE HISTORIQUE ET CONNAISSANCE SCIENTIFIQUE

La récognition par l'intermédiaire des marques comme fondement de l'activité de catégorisation, et la nature primordialement iconique de tous les processus cognitifs mêmes les plus élémentaires : tels sont les deux thèmes qui introduisent la problématique sémiotique au cœur même de la *Dianoiologie*. Dès lors, Lambert, comme tout théoricien qui décrit la vie mentale comme un *continuum* procédant à partir des niveaux les plus simples d'organisation cognitive et de manipulation de l'expérience, en vient inévitablement à se poser le problème du passage des formes iconiques aux formes non-iconiques d'activité mentale sans lesquelles le savoir et la communication scientifique seraient impossibles ; ce qui remet en cause l'utilisation des signes comme dispositifs essentiels de cette organisation et de cette manipulation.

L'un des problèmes qui émerge dans la *Dianoiologie* est en effet celui d'expliquer comment on passe de la connaissance « historique » (c'est-à-dire de la connaissance empirique) à la connaissance scientifique. La méthode adoptée pour la connaissance historique est celle de l' « anatomie des concepts », dont Locke a été le maître ; celui-ci « procède comme les anatomistes qui tentent de se faire une idée sur les parties internes les plus simples du corps et sur leur union » (Lambert, 1764 : II. 29). Dans cette méthode la définition (du triangle équilatéral par exemple) a une valeur purement hypothétique jusqu'au moment où l'on démontre la possibilité de l'objet défini (en partant, par exemple, des éléments spatiaux simples pour voir quelles figures on peut en obtenir et quelles sont les propriétés des figures ainsi obtenues). Comme l'écrit Lambert dans une lettre de 1765, cette méthode utilise les définitions

<blockquote>« uniquement pour désigner ce que le mot représente d'un objet et, dans les démonstrations, seulement comme hypothèse. Mais on s'en tient à la chose même pour voir quels ingrédients simples et distincts entre eux y apparaissent. » (Lambert, 1781-85 : I. 33).</blockquote>

L'universalité de la définition est donc une universalité concrète, c'est-à-dire qu'elle conserve les spécifications particulières de l'objet défini. C'est là l'un des thèmes traités dans la *Dianoiologie*, en particulier dans les paragraphes de conclusion où Lambert expose sa théorie de la « présentation de la connaissance scientifique» (Lambert, 1764 : I. 678 et sv.; cf. II. 29 et sv.).

La procédure scientifique commence souvent par l'énonciation de la pure et simple possibilité d'un concept «sans encore prévoir [...] dans quelle mesure les marques qui appartiennent au concept dans un cas déterminé peuvent lui appartenir dans tous les cas et avec quelles autres déterminations» (*ibid.*, I. 695; cf. 661). Par exemple, un triangle quelconque peut servir à représenter le concept de triangle; mais la possibilité des triangles (le discours scientifique sur les triangles), c'est-à-dire le passage de l'hypothèse à la théorie, requiert une analyse des propriétés inhérentes à l'objet (*ibid.*, I. 695). Ce procédé, dont on trouve le meilleur exemple dans les *Eléments* d'Euclide, n'est le propre que de quelques sciences, celles où «les concepts les plus simples sont définis en montrant l'objet lui-même, et puisque chacun apprend à les connaître de cette façon, il est impossible de confondre une chose avec une autre». Tout autre est le cas des sciences où «on se fie en grande partie au ouï-dire et où les concepts sont entremêlés de circonstances secondaires» (*ibid.*, I. 686). L'impact de l'usage linguistique sur la théorie est alors beaucoup plus fort (*ibid.*, I. 696; cf. I. 34, 103, 648). En effet, dans la plupart des sciences on ne choisit pas

> «les concepts les plus simples de façon assez déterminée pour qu'on puisse commencer par ceux-ci et démontrer, à partir de cette base, les concepts doctrinaux les uns après les autres. En effet, s'il en était ainsi, nous ne serions pas si liés aux mots et nous pourrions, comme en algèbre, employer à leur place des signes scientifiques et rendre figuratif de façon démonstrative tout l'ensemble de la connaissance.» (*ibid.*, I. 700).

Puisqu'il n'en est pas ainsi, un réexamen continu de l'extension des termes s'impose dans le cadre de la procédure scientifique, une confrontation continuelle entre la terminologie du passé et celle du présent. L'argumentation scientifique doit continuellement recourir aux auxiliaires ostensifs («un croquis, une coupe, un dessin, un tableau, une représentation en perspective, [...] etc.). Ainsi Comenius, dans l'*Orbis pictus*, tendait à rapporter toujours la connaissance scientifique à la connaissance oculaire; et il y voyait la base de toute efficacité de l'argumentation scientifique. Lambert cite encore à ce propos Francis Bacon (*ibid.*, III. 21) qui recommandait d'utiliser l'expérience comme base de comparaison pour la signification des mots et des concepts.

> «Une couleur obtenue par mélange de couleurs prismatiques ou de couleurs naturelles reconnues, dont est indiqué le rapport; un son déterminé, mesuré sur un tuyau d'orgue ou sur une corde musicale; un poids déterminé par rapport au poids spécifique de l'eau selon sa chaleur; [...] voilà des moyens à travers lesquels on met les autres en état de parvenir à une connaissance aussi déterminée que celle que nous possédons [...]. C'est pour la même raison que l'on note de façon détaillée et avec toutes les précautions

nécessaires les observations et les expériences, et ce afin que les lecteurs puissent non seulement en juger la procédure, mais qu'ils puissent exécuter et répéter l'observation et l'expérience elles-mêmes.» (*ibid.*, I. 698).

De même, dans la pratique linguistique, le retour à la source historique, à l'"autopsie", est un facteur essentiel. Les noms des concepts simples — qui ne peuvent être définis mais en même temps ne nécessitent pas de définition parce qu'en eux «sensation et terme procèdent d'un même pas» — sont les plus stables dans la langue, «[ils] conserve[nt] pour toujours une signification propre, tant que la langue ne subit pas de mutation; et ces termes sont, pour ainsi dire, le mètre du changement de la langue» (*ibid.*, II. 30; cf. II. 119-22). Leur source est non équivoque et ne donne pas lieu à confusion : personne ne pense entendre de couleurs ni voir de sons... Ce n'est que dans le cas d'idées qui admettent une gradation que la détermination du champ de signification peut être problématique : c'est le cas des degrés intermédiaires des couleurs. La signification des noms des objets naturels a, elle aussi, une relative stabilité : ces derniers ont en soi quelque chose de durable, ils peuvent chaque fois être montrés ou perçus physiquement et on les apprend comme des unités entières. Ces noms peuvent donc eux aussi être employés comme «mètre de l'évolution des langues» (*ibid.*, III. 196-97); ils constituent «la base pour la détermination de la signification de tous les autres mots» (*ibid.*, III. 338; cf. 336-37), c'est-à-dire de ceux «qui appartiennent directement au domaine le plus abstrait de la pensée». Ces derniers sont forgés par analogie avec les premiers et par extension métaphorique de leur signification (*ibid.*, III. 339-41).

Dans le langage scientifique c'est consciemment que l'on transfère la terminologie des concepts simples à un autre niveau, confrontant ainsi le monde visible et l'invisible, le monde physique et le monde intellectuel (*ibid.*, II. 45). Ce recours aux concepts transcendantaux, comme les appelle Lambert en raison de leur propriété de représenter des choses similaires dans le monde physique et dans le monde intellectuel (*ibid.*, II. 48), n'est qu'un cas particulier d'une opération mentale qui régit la langue tout entière. La métaphore est en effet un principe d'innovation des langues vivantes : celles-ci ne forgent que rarement de nouvelles racines, mais pourvoient à la création de nouveaux termes par la formation de mots composés ou le recours à l'usage métaphorique des termes déjà existants. Plus que la poésie, où les métaphores sont tout au plus des expédients utilisés pour renforcer l'effet esthétique, ce sont les sciences qui ont besoin de ce dispositif d'innovation linguistique, voué par excellence à la formation de concepts abstraits. Il faut cependant prendre en compte le fait que cela entraîne un risque bien réel pour toute communication scientifique : celui de voir le débat se retourner en discussions et disputes sur l'ampleur qui dans chaque cas particulier est donnée, ou doit être donnée, aux concepts ainsi formés (*ibid.*, III. 195). Lambert illustre cette opération continuelle de catégorisation et re-catégorisation que requiert la communication scientifique par une série de métaphores : comme celle du collectionneur de pièces de monnaie qui «divise, pour ainsi dire les concepts en faisant d'un tas confus des tas individualisés et distincts» (*ibid.*, II. 46); ou celle du marchand qui divise ses marchandises. «De telles opérations, dit-il, se présentent aussi dans l'image que nous nous représentons» (*ibid.*, II. 47).

Le thème des langues historico-naturelles s'introduit dans le cadre de la méthodologie scientifique : l'analyse sémantique devient le fondement des procédures scientifiques, ces dernières requièrent un examen de l'affinité réelle des concepts qui sont recueillis sous une représentation donnée et elles exigent la «confrontation entre les mots et leurs significations affines et diverses». L'analyse du langage est la clef qui permet le passage de la connaissance historique à la connaissance scientifique et inversement, de la connaissance abstraite à celle des individus, passages qui s'imposent continuellement tant à la recherche qu'à la communication scientifique.

4. SÉMIOTIQUE ET HERMÉNEUTIQUE

Lambert prend pour point de départ de sa réflexion sémiotique une sorte d'impératif herméneutique. L'éthique de la recherche et de la communication — le respect des critères de «rectitude herméneutique» et de la «rigueur herméneutique» (Lambert, 1764 : III. 307, 334 et sv.) — veut en effet que l'on évite les querelles dérivant de l'incertitude sur la portée respective de la signification et du concept; elle veut qu'on les confronte toutes deux continuellement «à l'expérience qu'on en a eue jusque là», c'est-à-dire que l'on confronte la signification lexicale des termes à leur signification encyclopédique. Il serait plus utile, nous explique Lambert,

> «au lieu de recourir tout de suite aux définitions et de les conformer à nos concepts souvent encore confus, que nous vérifiions d'abord plus précisément d'où nous tirons ces concepts, s'il n'y aurait pas à y opérer plus scrupuleusement des distinctions, et si les autres n'ont point, eux aussi, matière à sélectionner à l'intérieur du concept qu'ils se forment sur l'objet et sur les mots, avant de pouvoir être en accord avec nous» (*ibid.*, I. 632).

Il s'agit d'un critère de clarification de ce que Lambert, dans la *Phénoménologie*, appelle l'apparence herméneutique et sémiotique (*ein her-*

meneutischer und überhaupt ein semiotischer Schein), ceci en liaison avec l'interprétation des signes ou avec l'utilisation des signes en général (*ibid.*, IV. 32).

Mais par ailleurs, comme l'indique clairement le chapitre dédié à la syntaxe, préciser le sens des termes ne suffit pas. Un travail herméneutique achevé ne peut s'accomplir qu'au niveau de la phrase dont la signification se construit avec la contribution d'autres facteurs, outre les éléments lexicaux et référentiels. Appartiennent à ces facteurs : l'ordre des mots, la modification de ceux-ci en raison de la création de liens avec ce qui précède et ce qui suit, et même l'intonation lors de l'expression orale. Celle-ci relève d'un dispositif dont l'expression écrite doit se passer; il manque également à cette dernière la dimension du dialogue qui permet aux locuteurs de déterminer le cadre des concepts et donc la signification des termes (*ibid.*, III. 303-304). Ce cadre, cette signification, sont cependant déterminables dans une large mesure, et parfois même exclusivement, à l'intérieur du contexte. A cet égard, le travail herméneutique doit suppléer au manque d'éléments caractéristiques ou étymologiques, c'est-à-dire d'éléments de motivation des termes car ces éléments sont le plus souvent incomplets ou peu fiables dans les langues : son objectif doit être de chercher

> «les cas et les expressions dans lesquels le mot apparaît, et d'examiner le motif pour lequel il y est utilisé afin que l'on puisse récupérer et rendre reconnaissables les marques communes et propres du concept mais aussi souvent l'ambiguïté du mot» (*ibid.*, III. 311).

C'est là un thème qui revient aussi dans *l'Epistolaire.* Dans une lettre datée du 18 mars 1765 Lambert écrit à propos de la métaphysique :

> «ce qui est simple est plus difficile à comprendre du fait qu'il est caché dans des mots qui présentent des ambiguïtés, en partie manifestes et en partie encore cachées. Si on ne les explique pas avec soin (et à cet égard il faut posséder la langue de telle sorte qu'on soit en mesure d'en percevoir même les plus subtiles dissonances), il arrive facilement qu'on attribue à un mot ce qui ne vaut que pour une seule de ses significations, et que par conséquent se produisent des dissonances et des contradictions par rapport aux autres significations [...]. En outre il y a en métaphysique des définitions qui seraient plus utiles pour un dictionnaire, car il ne s'agit que de simples synonymes.» (Lambert, 1781-1785 : 8-9).

Et de même le 19 août de la même année :

> «C'est sans aucune difficulté que les concepts métaphysiques se présentent dans la vie quotidienne comme des prédicats. Mais si, en métaphysique, on veut en faire des sujets, on ne s'arrête plus de faire des distinctions en raison du caractère multiple et changeant de leur signification.» (Lambert, 1781-1785 : 79).

Dans la préface de l'*Architektonik*, une œuvre qui, comme nous l'avons déjà mentionné, constitue en quelque sorte la suite du *Neues*

Organon, Lambert énonce explicitement la fonction de l'analyse linguistique dans la méthode de la métaphysique, ou plus précisément la fonction de l'étymologie dans l'étude de la genèse et de la dérivation des concepts, dans l'analyse du processus de métaphorisation progressive qu'ils ont subi (Lambert, 1771 : VI). Dans le *Neues Organon*, le présupposé de «proportionnalité réciproque entre la signification de chaque mot, son extension et sa connexion» est d'une certaine façon un postulat éthique de l'herméneutique. Il est d'autant plus nécessaire du fait que chaque interlocuteur peut «parvenir à de nouvelles métaphores à travers des séries de pensées tout à fait individuelles» et que la multitude des circonstances «contribue à ce que chacun se représente tout de suite les choses selon des aspects particuliers et individuels»; il est nécessaire enfin comme antidote à la tendance assez répandue à faire de son propre mode de représentation l'étalon de référence pour l'interprétation et l'évaluation d'un texte et à juger que les choses ne peuvent être envisagées d'un autre point de vue (Lambert, 1764 : III. 307).

La détermination de la portée d'un mot est encore plus compliquée dans le cas de la traduction, car chaque langue a «un propre ressort (*Schwung*), de sorte que l'extension de la signification de ses mots ne se conforme pas nécessairement aux autres langues» (*ibid.*, III. 308; cf. 163). Ceci vaut également pour cette sorte de traduction que constitue le passage d'un paradigme scientifique à un autre (comme dans le cas de Kepler lorsqu'il conserve, mais avec une autre extension, les termes de l'astronomie de Ptolémée).

Le thème de l'extension des concepts telle qu'elle résulte de l'utilisation linguistique parcourt tout le *Neues Organon*. Face à la remarquable stabilité et univocité des termes qui dénotent les concepts simples (cf. à ce propos III. 121), et à la stabilité et l'univocité relatives des termes qui dénotent les objets naturels (et pour lesquels «nous devons toujours conformer le concept à l'objet que le vocable dénote» : *ibid.*, II. 138), apparaît d'autant mieux le caractère problématique des termes que nous composons arbitrairement et sous lesquels «il n'est pas si facile de délimiter ce que nous réunissons réellement» (*ibid.*, II. 139). Le cas se complique encore car les mots en question sont généralement déjà en usage et, les objets étant absents, nous ne les apprenons qu'à travers l'usage linguistique : ce qui porte à des conséquences d'autant plus graves lorsqu'il s'agit de domaines comme ceux de la philosophie et de la religion (*ibid.*, II. 140-41).

> «Ces concepts sont en quelque sorte des unités arbitraires et de ce point de vue ils ressemblent aux mesures qui sont différentes dans tous les pays et à chaque époque, ou bien à la division de la surface du globe en pays particuliers qui sont en mutation

continuelle quant à leur gouvernement et à leurs frontières et que l'on ne connaît même pas toujours avec exactitude. Le règne de la vérité, quelque immuable qu'il soit en soi, admet [...] de telles variations car chacun prétend en tirer des fragments pour les associer arbitrairement.» (*ibid.*, II. 142).

La variabilité de l'amplitude des concepts est par ailleurs une nécessité fonctionnelle du discours, car nous devrions sinon disposer d'une langue constituée d'autant de mots qu'il y a de concepts, auxquels s'ajouteraient toutes leurs potentielles modifications. Mais étant donné la nécessité de la variabilité, l'échange linguistique est dans une large mesure une œuvre d'interprétation.

«C'est pour cela que, non seulement nous avons des mots qui ont plusieurs significations, mais il arrive aussi que la signification de beaucoup de mots soit prise parfois au sens strict et parfois dans un sens plus large, et c'est pour cela qu'il faut la plupart du temps établir selon le contexte de tout le discours le sens dans lequel l'auteur a pris ou peut avoir pris chaque mot, mais aussi l'extension particulière que ce mot peut avoir dans chaque discours individuel.» (*ibid.*, II. 156).

Dans certains cas l'élargissement ou la restriction de la signification est tel qu'il faut faire appel aux philologues et aux étymologues pour l'étudier.

L'analyse des idées et des signes doit aussi tenir compte des habitudes lexicales de la communauté et de la congruité de ces dernières avec le cas particulier d'application. Le dictionnaire d'une langue confère en effet à l'activité intellectuelle des locuteurs une «forme et physionomie» qui lui est propre, mais aussi le cadre de ses propres limites qui sont aussi celles des connaissances que les usagers de cette langue se construisent sur le monde. L'analyse doit encore tenir compte de la configuration même des langues naturelles et de leurs lois. Celles-ci sont pour une large part conditionnées par des facteurs pratiques : l'usage linguistique est fondé sur un consensus dont l'autorité dérive en dernier recours de l'adoption de certaines innovations, adoption qui n'est pas toujours motivée mais qui est dans tous les cas coactive.

«Qu'on se représente donc la langue comme une démocratie où chacun peut apporter sa propre contribution, mais aussi où toute chose peut être acceptée ou repoussée pour ainsi dire à la majorité des voix, sans qu'on ne prête guère attention au vrai ou au faux, au juste ou à l'erroné, au pertinent ou à l'incohérent.» (*ibid.*, III. 1).

5. LA *SPRACHLEHRE*

Dans la *Dianoiologie*, la première partie de son œuvre qu'il consacre à la théorie cognitive, Lambert a en fait déjà défini les principes de sa sémiotique. Dans la troisième partie, la *Sémiotique*, il expose alors sa

Sprachlehre, ou doctrine de la langue. Ce glissement de la théorie cognitive vers la théorie sémiotique, et de là à l'observation des langues naturelles, s'explique facilement si l'on tient compte de la constance avec laquelle, tout au long du *Neues Organon*, la description des processus cognitifs tend à se convertir en une analyse du comportement ségnique. Celui-ci constituant pour ainsi dire le pivot entre la pensée pré-verbale et la pensée verbale, Lambert passe continuellement de cette analyse à celle des systèmes sémiotiques par excellence : les langues naturelles.

La *Sprachlehre* est une théorie générale des signes en fonction d'un système général des sciences. Sa fonction principale est de découvrir, sous le chaos apparent des langues d'usage, l'élément «métaphysique» et «caractéristique» qui leur est propre. Sous le terme de métaphysique Lambert désigne la nature ontologiquement motivée des formes linguistiques («l'élément métaphysique se réfère aux choses signifiées, à leur nature et à leurs rapports généraux» : Lambert, 1764 : III. 309). Le second terme, l'élément caractéristique, se réfère à la structure formelle sujette à des règles grâce auxquelles les langues peuvent s'acquitter de leur fonction («métaphysique») qui est de se rapporter au monde («l'élément caractéristique concerne ce qui, dans les signes, se laisse déterminer par l'élément métaphysique et ramener à des règles» : *ibid.*); c'est une régularité qui a pour fin de servir la fonction première du langage, la fonction métaphysique, c'est-à-dire son rapport avec le domaine de l'objectivité. En effet, la nature symbolique de la connaissance, et de la langue qui en constitue le système, ne se fonde pas uniquement sur la valeur représentative d'un signe isolé par rapport à un objet ou un concept tout aussi isolé, mais sur le fait que les signes non seulement représentent en général les concepts et les choses, mais indiquent aussi des rapports, de sorte que la théorie de l'objet et la théorie de ses signes peuvent être commutables (*ibid.*, III. 23 ; cf. 49, 277). Cette commutabilité devrait constituer la principale condition requise pour un langage scientifique, qui ainsi permettrait de «considérer toute liaison possible des mots selon les règles de la langue comme une liaison, possible en soi, des choses qu'ils représentent» (*ibid.*, III. 128).

Hans Werner Arndt (1982) a fort justement souligné que l'idée de caractéristique universelle élaborée par Leibniz, Wolff et leur école (à laquelle appartient certainement Lambert sous de nombreux aspects) n'a jamais véritablement été envisagée comme un instrument universel de domination du savoir, les exemples d'application n'allant jamais au-delà de certains domaines de connaissance scientifique très partiels. Arndt lui-même reconnaît toutefois la puissante influence que cet idéal d'isomorphisme a exercé sur la révision et la réforme du langage scientifique en Allemagne, sur l'analyse et la critique de l'usage linguistique naturel, sur la terminologie philosophique et sur la recherche lexicographique elle-même. Lambert représente un cas extrême de cette aspiration à un rapprochement idéal entre la langue naturelle, dans son usage scientifique, et une «théorie des objets». Le thème "rationaliste" d'un perfectionnement du langage scientifique visant à en faire une caractéristique universelle coïncidait parfaitement avec l'inspiration "baconienne" que l'on peut lire jusque dans le titre de l'œuvre de Lambert; d'ailleurs Lambert avait suffisamment suivi l'école de Locke pour avoir fait sienne l'idée d'une fonction constitutive des signes linguistiques dans la genèse des représentations, et pour être convaincu, par conséquent, que la congruence du langage scientifique — et en définitive la validité même des élaborations conceptuelles de la connaissance perceptive — passait nécessairement par un usage critique et une réforme de la langue naturelle.

Si on la lit à la lumière des analyses exposées ultérieurement dans la *Phénoménologie*, le quatrième livre du *Neues Organon*, la liaison entre la théorie des signes et la théorie des objets semble constituer un cas particulier de la liaison entre le domaine de l'apparence (*Schein*), de ce qui nous apparaît, et le domaine de la réalité. Dans la *Phénoménologie*, l'analyse de Lambert vise à constituer le système des sciences en examinant une par une ce qu'il appelle les différentes «perspectives transcendantes», c'est-à-dire les modes de représentation qui, dans chaque domaine perceptif et cognitif, lient l'apparence à l'objet correspondant. Dans ses exemples Lambert se réfère souvent au domaine de l'optique et au modèle explicatif de la théorie de la vision comme représentation de l'objet sur la rétine. Les théoriciens de l'optique ont «désigné la perspective comme le moyen de représenter l'apparence des choses visibles de manière à ce que les choses elles-mêmes et leur représentation [...] fournissent une même image sur la rétine» (1764 : IV. 4). Elargissant à tous les autres sens les notions d'apparence et de perspective empruntées à l'optique, Lambert définit la phénoménologie comme une «optique transcendante» et lui attribue la tâche d'étudier les rapports entre les représentations et leur origine selon les différentes perspectives liées aux différents types d'apparence (physique, pathologique, psychologique, morale, etc.), en d'autres termes, la tâche d'étudier les différentes médiations symboliques qui permettent la connaissance des objets.

Or le langage est un cas particulier de perspective transcendante et en tant que tel il requiert une analyse de l'adéquation de la théorie des signes par rapport à la théorie des objets. Cette exigence d'adéquation n'est satisfaite qu'en partie par ces formes particulières de connaissance symbolique que sont les langues naturelles. En effet, d'un côté elles remplissent les conditions en ce qu'elles ont «des mots et des locutions pour exprimer d'une façon claire et précise toute vérité pensée et perçue par nous»; mais de l'autre elles ne les remplissent pas intégralement car, dans le cadre de l'usage linguistique, rien ne garantit que «l'élément grammaticalement exact ou erroné le soit aussi métaphysiquement» (*ibid.*, III. 277-78; cf. 128).

Il faut encore ajouter à cela que les langues naturelles appréhendent le monde de façon très différenciée selon les divers types linguistiques. Cela se manifeste non seulement dans les formes externes (les modalités selon lesquelles une langue assimile les emprunts d'autres langues), mais en premier lieu à travers une série de facteurs internes, au nombre desquels Lambert inclut l'élément métaphysique, c'est-à-dire ontologico-sémantique «grâce auquel elle [la langue] est plus souple par rapport à un certain mode, à une certaine forme de connaissance que par rapport à d'autres»; l'élément grâce auquel «notre connaissance reçoit une certaine forme ou figure» plutôt qu'une autre; le mode spécifique selon lequel chaque langue façonne des mots nouveaux composés ou dérivés de radicaux existants, ou bien utilise des mots déjà existants dans un sens métaphorique pour étendre leur portée à des aspects des choses que l'usage au sens propre laissait dans l'ombre (*ibid.*, III. 317). «L'élément grammatical» lui-même, bien qu'apparemment arbitraire («fondé ni sur l'objet, ni sur les signes», c'est-à-dire ni métaphysique, ni caractéristique [*ibid.*, III. 309]), participe à cette détermination interne du type. En effet les «particules de dérivation» diffèrent d'une langue à l'autre non seulement en ce qui concerne leur forme extérieure mais aussi leur signification :

> «puisqu'elles représentent des concepts de relation et des déterminations métaphysiques, chaque langue, en tant qu'elle se distingue des autres, acquiert ainsi une impulsion qui lui est propre; et elle peut exprimer en un seul mot ce que l'on doit rendre dans d'autres par des périphrases ou des mots qui ont une origine absolument différente, qu'ils soient des radicaux ou des métaphores. La façon d'ajouter, de préfixer ou d'insérer les particules de dérivation ainsi que l'ordre de composition des mots ont eux-mêmes dans chaque langue quelque chose de particulier qui donne à l'élément caractéristique qui y est présent une forme qui lui est propre.» (*ibid.*, III. 323).

Ces considérations viennent enrichir la traditionnelle discussion sur le génie propre des langues et introduisent des thèmes de recherche qui connaîtront un grand développement quelques dizaines d'années plus tard : la formulation d'une typologie linguistique fondée précisément sur les différents procédés (agglutination, flexion) mis en œuvre dans chaque langue pour représenter les «déterminations métaphysiques», ainsi que le débat sur leurs mérites respectifs et rapports réciproques, débat auquel participeront pratiquement tous les représentants de la première génération des comparatistes.

Lambert ne disposait certes pas des instruments philologiques dont ceux-ci pourront se servir; cependant il n'est pas dénué d'intérêt de noter que, selon lui, le type linguistique n'est pas uniquement une notion diatopique, qui permet de distinguer une certaine langue des autres ou bien un dialecte par rapport à la langue à laquelle il se rattache, c'est aussi une notion diachronique, qui distingue différents stades d'une même langue. Il est vrai par ailleurs que rien n'est plus éloigné de la mentalité de Lambert que l'idée préférée du comparatisme romantique selon laquelle la langue est une entité autonome qui naît en portant déjà en soi le type et la forme qui lui sont propres. Des facteurs empiriques en tout genre contribuent en effet à la détermination du type linguistique et ce dernier devient le «mètre et gabarit de tout le reste», limitant ainsi le terrain des innovations possibles qui sont soumises au consensus général selon les règles de «ce règne démocratique du monde intellectuel» (*ibid.*, III. 321).

La *Sprachlehre* de Lambert est une théorie de la langue qui se situe dans la tradition de la grammaire générale; mais c'est aussi, et c'est là son aspect le plus intéressant, une description des dispositifs dont se servent les langues elles-mêmes tant pour transcender le caractère idiomatique lié à leur propre type, que pour instaurer une croissante motivation ontologique de leurs propres formes. Il y a en effet, même dans les pratiques linguistiques les plus spontanées, des dispositifs qui «d'une certaine façon et dans une certaine mesure, rendent les langues scientifiques».

Il s'agit d'abord des dispositifs internes qui sont à la base de leur structure morpho-syntaxique. Celle-ci leur permet d'exprimer, grâce à des règles fonctionnelles (de dérivation, composition, déclinaison, conjugaison, comparaison, etc.), les multiples variations des choses, les rapports entre elles, les modifications et déterminations des actions; les différentes catégories verbales permettent d'exprimer les diverses circonstances, les différents rapports, connexions, degrés, etc. (*ibid.*, III. 126). La structure morpho-syntaxique permet en somme d'introduire un ordre scientifique dans le chaos d'une symbolisation qui est à l'origine en quelque sorte spontanée.

C'est donc grâce à la morphologie que la langue est en mesure de s'adapter aux «déterminations et rapports métaphysiques» (*ibid.*, III. 131) des choses, et elle réussit ainsi à satisfaire en partie à la règle, que nous avons déjà mentionnée, de la permutabilité entre la théorie de l'objet et la théorie des signes. En partie seulement, bien sûr, car les déterminations métaphysiques du réel ne sauraient être représentées à travers la langue que d'une façon aléatoire. Les formes spatiales et temporelles en fournissent un exemple : en effet, les premières sont «d'une certaine manière, oubliées dans les langues réelles tant pour ce qui est des verbes que des substantifs». Cela peut s'expliquer dans le cas des substantifs puisque leurs propriétés sont présentées comme durables et indépendantes du temps comme de l'espace. Quant aux verbes, il est plus difficile d'expliquer pourquoi la détermination spatiale est secondaire par rapport à la détermination temporelle; on en trouve au mieux des indications sous forme de particules ou d'adjonction d'adverbes. Le verbe en soi ne prévoit absolument pas l'action à distance et «l'action se déroule toujours dans le même lieu avec celui qui la fait». Lambert propose comme explication le fait que la détermination de lieu ne vaut que pour les choses du monde matériel, et non pour celles du monde spirituel, si ce n'est dans un sens figuré, alors que la succession peut s'appliquer aux choses du monde intellectuel : la succession de nos pensées en est la preuve. «Dans cette perspective la détermination du temps a un domaine d'extension supérieur à celle du lieu, encore que, si l'on prend cette dernière au sens figuré, elle peut certainement s'étendre tout autant» (*ibid.*, III. 203-205).

Il existe encore un autre dispositif interne qui permet aux langues (et en particulier au grec et à l'allemand, affirme Lambert) de se rapprocher de la règle "scientifique" d'homologie avec l'objet et, par ailleurs, d'obéir au principe d'économie : c'est la capacité d'exprimer des signifiés au moyen de la dérivation et de la composition :

> «Une langue est [...] d'autant plus complète à mesure que croît l'importance des possibilités qu'elle offre de composer et dériver à partir de ses radicaux des mots d'une signification quelconque, en sorte qu'il soit possible de comprendre cette signification à partir de la structure du nouveau mot» (*ibid.*, III. 129).

Pour ce qui est des mots composés, Lambert note encore un autre moyen de se rapprocher des mots «totalement signifiants» du langage scientifique : l'exploitation de la linéarité du discours en disposant les différents composants du mot dans un ordre non arbitraire (par exemple *Bruchstein* par opposition à *Steinbruch*, *Holzbau* par opposition à *Bauholz*, etc. : *ibid.*, III. 135; cf. 159).

Dans le chapitre sur l'étymologie où il étudie les mécanismes de dérivation et de formation du lexique, Lambert note un dispositif ultérieur de contrôle rationnel de la langue qui naît de ce qui peut apparaître au premier abord comme un défaut : la redondance propre aux langues naturelles non seulement ne contredit pas le principe d'économie, mais bien au contraire constitue un élément positif car elle permet une sorte de contrôle métalinguistique sur les usages linguistiques. Il s'en explique ainsi : la dérivation, dit-il, confère un caractère complet, une plénitude, à la langue, ce qui ne signifie pas seulement une capacité à représenter tout contexte possible, mais aussi la capacité de représenter tout contexte par des locutions équivalentes qui se clarifient les unes les autres :

> «une langue complète ne se borne pas à représenter toutes les pensées d'une seule façon; cette représentation doit être possible de plusieurs manières car les expressions et les locutions équivalentes servent de preuve les unes pour les autres de sorte que le manque de clarté de la signification peut être en grande partie évité, et ce plus facilement que s'il avait fallu montrer de nouveau l'objet lui-même, comme il advenait peut-être en cas de doute à l'époque de l'origine des langues. A cet effet, une langue est donc beaucoup plus parfaite lorsqu'elle offre suffisamment de matière pour que l'on puisse échanger toute expression ou façon de parler par une locution équivalente. Définir les mots et les concepts en est aussi facilité, et ceci est particulièrement important pour ces mots dont la signification est, par nature, d'une extension indéterminée.» (*ibid.*, III. 248).

Ainsi, même l'apparente redondance de certaines formes grammaticales constitue en réalité un dispositif fonctionnel si on le rapporte à la nature adaptative du comportement sémiotique de l'homme qui requiert un ajustement continuel de l'extension des concepts et des expressions correspondantes (*ibid.*, III. 249).

Lambert consacre à l'étude d'un autre dispositif encore, l'étymologie, un chapitre important de la *Sémiotique*; il s'agit d'un dispositif externe qui a pour objectif de «faire connaître, conserver et amplifier autant que possible l'élément caractéristique des langues» (*ibid.*, III. 260), de garantir au mieux la congruence entre la théorie de l'objet et la théorie des signes. L'étymologie est la théorie des éléments primitifs de la langue (*ibid.*, III. 250) et de la dérivation à partir de ceux-ci des autres mots selon des lois qui gouvernent les différentes catégories verbales. L'étymologie en tant que science sert justement à remonter le plus possible vers la base «caractéristique» des langues, c'est-à-dire remonter à la motivation des mots, et cela à travers l'étude de la morphologie ainsi que la recherche philologique et critique sur la formation des radicaux et sur la signification des différents types de dérivation.

L'étymologie comprend en effet l'étude de la dérivation des mots «tant d'après les formes que d'après la signification», et dans les deux cas la tâche est difficile dans les langues naturelles en raison du fait que «l'élément métaphysique est trop enchevêtré avec l'élément arbitraire, et [...] de nombreux radicaux sont tombés dans l'oubli entraînant avec eux leur forme et leur signification originelle» (*ibid.*, III. 254).

Pour ce qui est de l'étymologie «selon la signification», Lambert donne quelques indications de méthode qui constituent une petite synthèse des procédés de l'herméneutique. Il convient tout d'abord de faire attention aux lois spécifiques de chaque langue, à son type que l'on peut reconnaître à la marque imprimée aux mots étrangers assimilés (*ibid.*, III. 260), et, à l'intérieur de chaque langue, aux usages «provinciaux» qui attestent un état de langue dans des zones «où l'on a encore peu pensé à l'amélioration [de la langue] et où l'arrivée de peuples étrangers n'a pas contribué à la variation de la langue» (*ibid.*, III. 256). Il faut ensuite analyser les glissements métaphoriques des mots, là où il est possible d'en suivre les traces, c'est-à-dire quand ils sont fondés sur la nature de l'objet et non sur des idiotismes ou des erreurs dont la reconstruction demanderait des analyses historiques irréalisables. Par ailleurs, face à des textes écrits, il faut se tenir à la règle herméneutique qui veut que l'on rapporte le mot à son contexte, ce qui veut dire aussi qu'on se réfère à l'intention de l'auteur et à l'usage lexical de son époque (1764 : III. 258).

Quant à l'étymologie «selon les formes» on peut dire que tous les chapitres qui, dans le *Neues Organon*, sont consacrés à l'étude des parties du discours, constituent un travail continu qui vise à discerner ce que leurs modifications morphologiques peuvent avoir de significatif (*bedeutend*) — c'est-à-dire dans quelle mesure elles sont capables de représenter des classes de choses et des rapports entre ces classes — ou à déterminer dans quelle mesure elles relèvent au contraire de l'arbitraire. Lambert lui-même se montre fort prudent sur l'opportunité de réduire artificiellement l'élément arbitraire au profit de l'élément significatif de la langue. Que l'on essaie, dit-il, de perfectionner la syntaxe d'une langue réelle ou possible en rendant significatives les conjugaisons, les déclinaisons, les désinences des cas et des genres des substantifs (qui dans les langues historiques sont ou sont devenues arbitraires), on aurait certes une syntaxe plus adaptée («les règles syntaxiques deviendraient plus caractéristiques»), mais ceci aux dépens de la productivité de la langue pour ce qui concerne les dérivations, car «la formation du mot déterminerait la classe des choses et des actions qu'elle pourrait signifier» et rendrait donc «plus difficile l'étymologie» (1764 : III. 279; cf. III. 156, 178 et sv.). En d'autres termes, c'est justement le caractère arbitraire des marques syntaxiques qui, certes, rend la syntaxe des langues historiques moins «caractéristique», mais qui leur permet cependant d'être utilisées librement dans des dérivations étymologiques «selon les formes» et qui contribue donc à la productivité de la langue.

Dans le cadre de l'étude des perspectives transcendantes offertes par le langage, la «théorie des formes» — c'est-à-dire la description des rapports syntaxiques qui lient le domaine des signes à celui des objets — en vient à toucher un problème de fond de la sémiotique de Lambert comme de toute théorie sémiotique issue des prémisses gnoséologiques de l'empirisme classique : alors que la sémantique, certes après être passée par de multiples médiations, réussit néanmoins, en fin de parcours, à trouver son «élément caractéristique» en renvoyant aux représentations primaires de la perception, comment transférer une telle garantie d'icônicité aux mécanismes de la morphologie et de la syntaxe? Le problème que Lambert se pose, et qu'il expose avec une remarquable finesse d'analyse sans pouvoir néanmoins le résoudre, est par conséquent celui des critères qui pourraient permettre de distinguer dans la syntaxe, en l'absence de termes de référence ostensifs, ce qui est arbitraire de ce qui est «métaphysique» ou gnoséologiquement motivé, et qui pourraient éventuellement être à la base d'une réforme de la syntaxe en vue d'une motivation maximale, c'est-à-dire d'une adéquation gnoséologique optimale par rapport au réel.

La théorie kantienne des formes transcendantales, née de tout autres exigences, devait cependant peu après proposer le même problème aux théoriciens de la linguistique : y a-t-il des formes transcendantales qui assurent la correspondance entre le langage et le monde? Comme nous l'avons vu, Herder relèvera ce défi en tentant de fonder sa théorie cognitive, et donc sa théorie de la langue, sur une conception biologique de la subjectivité.

Chapitre 4
Le laboratoire de l'âme.
Psychologie empirique
et théorie du langage

1. LA MÉTHODE DE LA PSYCHOLOGIE

Lambert écrivait que c'est dans le cerveau que réside le laboratoire de l'âme, ce lieu «où se concentrent tous les mouvements dérivant des nerfs sensoriels et se réunissent les fibres à travers lesquelles la volonté actionne et guide le corps et chacun de ses membres» (Lambert, 1764 : IV. 98). L'étude des pathologies, ajoute-t-il, permet de montrer que le système des pensées dépend de l'intégrité physique du cerveau, que même les pensées les plus élevées sont liées aux fibres et aux mouvements les plus imperceptibles du cerveau, «quoique nous ignorions encore tout de sa structure, de son mécanisme et de la communauté entre l'âme et le corps» (*ibid.*). Si nous possédions une connaissance anatomique du cerveau comparable à celle que nous avons de l'œil, nous aurions accès à une connaissance similaire dans le domaine des idées. «Cette connaissance permettrait d'analyser de façon plus détaillée la correspondance des impressions que les objets des divers sens et même les choses du monde intellectuel laissent en nous, et à travers laquelle nous atteignons les concepts les plus abstraits et transcendants, nous introduisons des métaphores dans la langue etc.» (*ibid.*, 99). A défaut de ces connaissances, il ne nous reste qu'à passer à l'étude des pensées elles-mêmes, en examinant «le domaine de la pensée selon ce que nous enseigne l'expérience» : en prenant donc en considération «les effets au lieu des causes» (*ibid.*, 101).

Dans l'attente des progrès de la physiologie qui permettront d'expliquer le fonctionnement de cette boîte noire qu'est le cerveau, l'observation de ce qui y entre et ce qui en sort peut nous fournir des indications partielles mais suffisamment fiables sur son mode de fonctionnement. Tel est le principe méthodologique qu'en France et ailleurs les Idéologues avaient tiré de l'enseignement de Condillac : étudier l'âme à travers ses opérations. C'est dans les mêmes termes que se présentent dans la culture allemande du dernier quart du siècle les prémisses pour une psychologie empirique qui par ailleurs se référera fréquemment aux doctrines de Lambert.

Johann Georg Sulzer, sur lequel nous reviendrons dans la section 2, pose comme condition préalable pour cette étude la constance des manifestations de l'âme; celle-ci doit donc être tout d'abord vérifiée. Etudier la phénoménologie des manifestations psychiques, recueillir et classer les données observées, sont les objectifs qui constituent le programme scientifique d'une importante initiative éditoriale : le *Magazin zur Erfahrungsseelenkunde* de Carl Philipp Moritz. La thèse selon laquelle la conscience ne peut être connue que par ses effets est alors assez répandue : la conscience *est* en elle-même l'ensemble de ses effets, comme par exemple la perception de l'autre à partir de soi-même, la capacité à distinguer entre la sensation et l'objet correspondant (cf. par exemple Selle, 1780 : I. 288; I. 291; II. 98). On retrouve là une orientation similaire à celle de la critique herderienne contre la conception atomiste des facultés : celles-ci ne peuvent être strictement isolées car en aucune des circonstances de la vie psychique que nous pouvons observer et contrôler on ne les voit agir séparément : elles fonctionnent au contraire toujours en synergie.

C'est là l'époque où à peu près tous les philosophes en Europe parlaient la langue de l'Idéologie, chacun dans la version de son pays bien sûr, chacun honorant ses propres pères fondateurs, de sorte que l'on a pu parler à juste titre d'une «unité de la république des lettres et [d'une] constitution semi-orale du savoir scientifique à cette époque-là» (Schlieben Lange & Weydt, 1988 : 92). La philosophie populaire en Allemagne partage le même esprit. Mais cette période voit aussi naître une spécificité allemande dans le domaine de la philosophie; nous y reviendrons lorsque nous évoquerons la description dressée par Friedrich Eduard Beneke de l'avènement des philosophies postkantiennes et de l'isolement qui en dérive pour la philosophie allemande dans le contexte européen.

L'enchevêtrement des rapports entre la psychologie empirique, la psychologie rationnelle et la déduction transcendantale constitue en effet l'un des chapitres les plus complexes de l'histoire de la culture allemande, qu'il ne sera certes pas possible d'exposer ici de façon complète. Les études de Leary citées dans la bibliographie ont apporté une contribution importante au travail de reconstruction de ce phénomène spécifiquement allemand. La séparation entre les deux types de psychologie avait sans doute été encouragée par la distinction établie par Leibniz entre les aspects matériels et les aspects formels de la vie psychique. On sait qu'elle avait ensuite été consacrée par Wolff, qui distinguait la psychologie comme science inductive qui permet de formuler des généralisations empiriques sur l'âme et ses activités, de la psychologie comme branche de la métaphysique qui fournit des affirmations nécessairement vraies sur la nature et l'essence de l'âme. Mais la philosophie européenne de tradition française ne reconnaît plus vers la fin du siècle que la psychologie sous la première acception : quand les Idéologues affirment qu'on ne peut connaître l'âme que sur la base de ses opérations ils optent sans aucune hésitation pour la psychologie comme science d'observation. De même dans la culture britannique l'*analysis of mind* se présente elle aussi comme une science d'observation des processus représentatifs et cognitifs et de la phénoménologie des sentiments. La psychologie rationnelle, si tant est qu'il y en ait une, y reste du domaine de la réflexion théologique. Tel n'est pas le cas en Allemagne, où non seulement la distinction entre les deux disciplines subsiste de façon explicite et est amplement acceptée, mais où les philosophes d'obédience kantienne assignent pour mission à la psychologie de rechercher les conditions *transcendantales* de la vie psychique (contre les intentions de Kant, qui avait pour sa part nié toute légitimité à la psychologie rationnelle). Comme le relèvera Reinhold dans ses commentaires sur le développement de la psychologie en Allemagne, en particulier à travers son analyse de la terminologie technique de cette science (1816 : 95-112), Kant lui-même avait produit sous le nom de philosophie transcendantale un succédané de la métaphysique, une ontologie psychologisée, une psychologie transcendantale.

La distinction entre les deux méthodes de la psychologie devient ainsi en quelque sorte l'un des antécédents de la dichotomie idéaliste entre explication empirique et explication transcendantale des phénomènes : c'est en effet cette dernière qui, tout comme la psychologie rationnelle, doit fournir l'explication *nécessaire* des phénomènes observés. S'il est vrai que Wolff a marqué la genèse de deux lignées séparées, c'est du moins ce que l'on affirme le plus souvent, on peut cependant dire que cette concurrence a stimulé en Allemagne le rapprochement entre deux secteurs d'études (la psychologie empirique et la psychologie rationnelle) qui, à partir de la seconde moitié du XVIIIe siècle, relevaient déjà dans d'autres pays de la compétence de deux branches distinctes : la philosophie et la théologie. Il est rare dans l'immense production écrite de la psychologie allemande de cette époque qu'un psychologue empirique ne sente pas le besoin de se référer à l'autre branche de la psychologie comme à un complément nécessaire de toute méthodologie inductive.

Si d'un côté le modèle transcendantal donnait naissance à des formes travesties de la psychologie rationnelle, la psychologie empirique trouvait par ailleurs un appui dans l'autorité de Kant. Celui-ci, comme nous venons de le rappeler, avait qualifié la psychologie rationnelle de prétendue science dans le chapitre de la première *Critique* consacré aux paralogismes de la raison pure ; il avait de façon générale relégué la psychologie dans le domaine des sciences historiques (c'est-à-dire d'observation et de description, privées de tout caractère apodictique) ; il avait même suggéré, dans l'*Anthropologie* de 1798, que la psychologie s'étende de l'introspection à l'observation des comportements interpersonnels, qu'elle tire son matériel des comptes-rendus de voyage, des biographies, de l'histoire universelle, et des romans et même des jeux. Tout cela devait servir à extraire des lois de l'expérience, c'est-à-dire des normes statistiques de comportement. Il faudra attendre environ soixante ans pour que les suggestions de Kant soient recueillies et organisées en un programme de recherche ethno-psychologique, mais les racines kantiennes du projet ne seront plus alors présentes à l'esprit des promoteurs de ce mouvement : la *Völkerpsychologie* se développera sous l'égide de la doctrine hégélienne de l'esprit objectif tout en utilisant de fait une méthode d'accumulation et de description de données empiriques plus positiviste que hégélienne. Dans les années qui suivent immédiatement la publication des observations de Kant, donc dans les années qui marquent le grand tournant idéaliste dans la philosophie allemande, la psychologie en est peu à peu réduite à n'être qu'un sous-produit de la philosophie de l'esprit. Son destin est désormais marqué par le jugement prononcé par les maîtres de la philosophie classique allemande : l'étude empirique n'est tout au plus qu'un moment qui sera dépassé par l'avènement de la philosophie. Mais des dissensions subsistent et des dissidents se détachent de cette orientation ; ils feront l'objet de notre étude dans les pages qui suivent.

Le choix des philosophes populaires pour une psychologie empirique était souvent motivé par des raisons de nature sémiotique. Dans la mesure où on s'éloignait de la conception du signe comme copie de l'objet, qui était encore celle de Wolff par exemple (cf. Wellbery, 1984 : 9-42), l'attention se déplaçait progressivement sur les modes de production de la représentation. Moins le signe était conçu comme immédiatement adhérent à la chose, plus il devenait essentiel d'étudier la genèse et la dynamique des représentations. La sémiotique devient alors un instrument essentiel pour comprendre comment fonctionne l'esprit : elle implique et souvent s'identifie avec une analyse de la manière dont, à partir des données individuelles de la sensation et à travers les élaborations associatives, reproductives et imaginatives, se forment les représentations universellement pensables et communicables. Elle suppose aussi l'étude des troubles de ces processus : l'aliénation mentale, les pathologies perceptives, les états d'hallucination, le rêve, la perte de conscience, etc., deviennent en effet les objets d'observation les plus fréquents du «laboratoire de l'âme».

Le principe selon lequel l'analyse doit se baser sur un corpus de données expérimentales scrupuleusement recueillies explique le nombre extrêmement élevé de textes et de publications périodiques consacrés à ce thème de recherche dans l'Allemagne de la dernière période de l'*Aufklärung*. C'est aussi la période où on tentait la voie de la déduction transcendantale pour déterminer les conditions de possibilité de l'expérience.

Certains termes, distinctions et définitions tirés de la scolastique leibnizienne et surtout de la grande systématisation réalisée par Wolff, servent souvent de fondement aux analyses empiriques : témoin le cas de Sulzer qui en plusieurs occasions reprend les définitions de Wolff pour fonder ses analyses. Comme le remarque Bezold (1984 : 141) à propos de l'anthropologie de cette époque (qui confine à la psychologie empirique et même se confond souvent avec elle), cette science «extrait des fragments de la *Schulphilosophie* et les insère dans un nouveau contexte». Toutefois, opter pour la psychologie empirique n'était pas simplement une question de méthode (observation contre déduction) mais bien une question de principe. Cela signifiait qu'on n'envisageait plus les facultés comme des substances, mais qu'on les réduisait au rang de simples opérations. En ce sens, la critique de Herder contre la séparation des facultés et son insistance sur la synergie des opérations sont dans la lignée de cette option "empiriste". La philosophie de Sulzer constitue une étape fondamentale de ce courant.

2. PSYCHOLOGIE ET LANGAGE CHEZ JOHANN GEORG SULZER

Les écrits publiés par Sulzer à partir du début des années 1750 dans les annales de l'Académie des Sciences de Berlin (et qui seront ensuite traduits du français et publiés dans les deux volumes de l'édition allemande : cf. Sulzer, 1782) sont de véritables chefs-d'œuvre d'observation et d'analyse scientifique qui abordent tous les domaines de la vie psychique. On y remarque une prépondérance des thèmes de morale et d'esthétique (le nom de Sulzer est en effet traditionnellement lié à cette thématique) mais leur traitement amène à une analyse continuelle des fondements gnoséologiques.

On relève tout d'abord une prise de position très nette quant à l'étude de la psychologie : il ne sert à rien de se demander si l'âme est une substance simple ou une substance matérielle, répète Sulzer, il suffit que sa nature soit stable et donc qu'elle présente une récurrence constante dans ses opérations pour qu'on puisse en faire un objet de connaissance, pour qu'on puisse donc se demander en quoi consiste son activité spécifique et naturelle. Cela permet d'avancer une définition préliminaire : l'âme est une force (*Kraft*) qui produit les idées et les confronte les unes aux autres. Cette définition que l'on trouve dans les tout premiers essais de Sulzer (cf. Sulzer, 1751-1752 : 5-11), lui sert de base pour sa théorie de la raison dans son acception cognitive et argumentative, comme confrontation, organisation et coordination des idées, et pour sa théorie des passions comme ensemble des manifestations de cette tendance fondamentale à agir et réagir qui constitue l'âme. L'analyse des diverses opérations, c'est-à-dire des spécifications d'une même force organique, doit s'effectuer à l'intérieur de cette notion unitaire de l'activité psychique.

Sulzer débarrasse le terrain de la psychologie du problème relatif au rapport entre l'âme et le corps dans la genèse des représentations, en affirmant que, pour analyser ces dernières, il n'est pas nécessaire de savoir si les sensations sont des modifications naturelles que l'âme subit suite à des modifications du corps, ou si ce sont des dispositifs volontairement mis en œuvre par le Créateur de l'univers. Sulzer se libère ainsi de toute la problématique que Berkeley avait laissé en héritage à la spéculation métaphysique. Il fonde son analyse des opérations mentales sur quelques conditions minimales dont toute philosophie doit convenir : nous ne possédons des objets et des événements d'autre connaissance que celle que nous en avons à travers les sens; il y a une sorte de correspondance ou d'analogie entre le système nerveux et les stimuli qu'il reçoit; il y a dans le système nerveux une disponibilité à réagir de façon différenciée selon le type de stimulus reçu (acoustique, visuel, tactile, etc.), et selon son intensité et sa durée (*ibid.*, 55-60; cf. 1758 : 250-254). Ces prémisses méthodiques sous-tendent le traitement de thèmes plus spécifiques comme l'analyse du concept de raison (Sulzer, 1758) qui elle aussi tend à confirmer la vision syncrétique des opérations de l'âme grâce à une série d'observations empiriques où tiennent une place importante les recherches sur des états psychiques comme la veille et le sommeil, la folie, l'évanouissement, la stupeur, etc.

Un autre terrain d'observation important est celui de la comparaison avec l'intelligence des animaux : s'opposant ouvertement à Descartes et à sa conception de l'animal-machine (la plus grave erreur qui se soit jamais insinuée dans la philosophie, commente-t-il), Sulzer souligne au contraire la ressemblance entre l'intelligence animale et humaine, et va jusqu'à supposer, ce qui n'était pas du tout fréquent dans la psychologie de cette époque, que la différence entre les bêtes et les hommes ne réside en fin de compte que dans la diversité de structure corporelle (*ibid.*, 251, 269-270). Il avance même l'hypothèse d'une évolution des animaux vers des formes de plus en plus organisées, de plus en plus capables de raison (*ibid.*, 283). L'un des éléments que les hommes et les animaux ont en commun est justement le comportement symbolique : les animaux possèdent le principe du langage car ils sont capables de relier les représentations avec les signes (*ibid.*, 269). Etant donné que c'est l'usage des signes qui émancipe la raison des intuitions sensibles, des images mentales des choses (*ibid.*, 268-69), le problème n'est pas tant de comprendre comment les hommes sont arrivés au langage, mais pourquoi les animaux n'y sont pas encore. L'hypothèse avancée par Sulzer est purement anatomique, il la présente avec toutes les réserves que suscite l'insuffisance des connaissances en la matière. L'appareil auditif des animaux supérieurs est trop similaire à celui de l'homme pour qu'on puisse attribuer à son imperfection leur incapacité à atteindre le langage; on ne peut donc l'expliquer que sur la base de l'inadéquation des organes de la phonation. En situant dans le système phonatoire la cause de la diversité animale, Sulzer fait du langage verbal la seule cause du développement des facultés supérieures : le langage verbal n'est pas seulement l'un des dispositifs sémiotiques possibles, il n'est pas adopté par les hommes uniquement parce que rapide et pratique, c'est parce qu'il est le seul qui puisse véritablement mettre en œuvre les dispositifs de la pensée abstraite. La thèse de la priorité du langage par rapport à la raison est si forte pour Sulzer, que le problème est selon lui d'expliquer pourquoi il manque aux animaux le développement adéquat de la faculté de parole, et *donc* pourquoi il leur manque un développement des facultés intellectives supérieures. Supposer qu'il existe une différence dans la constitution même de l'âme des animaux n'aurait été qu'une *petitio principii*.

Sulzer accorde toute sa confiance à la méthode génétique : il croit, selon un modèle très diffusé dans la philosophie de cette époque, que reconstruire le mode selon lequel un phénomène s'est produit apporte une aide efficace à la compréhension du phénomène lui-même, et même qu'il s'agit là du seul moyen de le comprendre. Mais chez Sulzer, l'accent est toujours mis sur l'aspect synchronique de l'analyse, sur la façon dont le phénomène se produit actuellement, et il ne laisse que très peu d'espace aux hypothèses phylogénétiques si chères à l'anthropologie de ses contemporains. C'est ainsi qu'après avoir décrit la naissance des concepts abstraits à partir de la confrontation répétée entre les diverses expériences, il s'empresse de spécifier que dans la pratique effective ce n'est pas à travers ce lent procédé que nous nous formons nos abstractions. Nous les trouvons au contraire toutes prêtes dans les langues naturelles et nous les déduisons de l'usage linguistique (Sulzer, 1758 : 272-273). Il affirme de même, que si la reconstruction historique de l'origine du langage n'est pas possible, elle n'est d'ailleurs pas non plus nécessaire : le véritable objet de recherche doit être la façon dont se produit actuellement le langage. Et c'est à partir des résultats de cette étude que l'on trouvera peut-être de quoi expliquer la façon dont furent inventées les premières langues (Sulzer, 1767 : 169-170). Il ajoute encore : le procédé de distinction et d'analyse à l'intérieur de la masse indifférenciée des représentations (un procédé qui est à la base de tout acte de dénomination des objets) peut être compris par analogie avec le procédé mis en œuvre par celui qui écoute une langue étrangère et qui ne peut compter que sur l'écoute répétée pour apprendre à distinguer dans la chaîne parlée les unités des propositions et des mots (Sulzer, 1767 : 170-171).

Sulzer déclare explicitement qu'il prend pour point de départ la théorie wolffienne (Sulzer, 1758 : 247-249). Mais il tente de simplifier ce modèle en réduisant toutes les opérations mentales à deux opérations fondamentales : la sensation et la production de représentations. Bien qu'au début de son essai sur ce thème il ait affirmé que les deux activités sont nettement distinctes — au point que les philosophes ont pu parler de deux âmes différentes chez l'homme — il met ensuite plutôt l'accent sur la ressemblance et l'unité des deux processus. L'activité représentative est définie surtout à travers son analogie avec la vision, avec laquelle elle a en commun les qualités de plus ou moins grande netteté, les techniques de mise au point, les actes d'illumination soudaine (Sulzer, 1763 : 228-230, 237-238). La sensation est elle-même définie comme représentation qui se différencie toutefois des représentations réflexives, par sa subjectivité et par le fait qu'elle ne se dirige pas vers les objets mais vers les états et les modifications du sujet. Ce n'est que lors de la réflexion que l'âme se détache de la conscience de ses états et modifications et se dirige vers les objets (*ibid.*, 231-33). La différence entre la représentation sensible et la représentation réfléchie réside donc dans la nature subjective de la première et dans la nature objective de la seconde.

Sulzer a tendance à substituer le terme *états de l'âme* (*Zustände*) à celui de *facultés* (*Vermögen*). C'est le signe d'une désubstantialisation progressive de la notion de faculté, et d'un passage à une analyse de l'esprit comme entité synergique. Cela dut trouver l'agrément de Herder qui mentionne plusieurs fois de façon positive l'essai de Sulzer sur le thème de la sensation et de la réflexion (Sulzer, 1763; cf. Herder, 1778 : 187, 270). En effet, les conceptions exposées par Herder dans son essai *Vom Erkennen und Empfinden* s'orientent bien dans cette même direction, ce qui, comme nous l'avons vu, lui permettra dans la *Métacritique* de réfuter la séparation kantienne entre esthétique et analytique, qui lui semblait réintroduire une vision dichotomique de l'âme.

Les deux aspects fondamentaux de l'activité cognitive, la représentation objective et son élaboration subjective, sont mis en relation par une opération spécifique : la contemplation. Dans ce qui était alors le grand modèle pour l'analyse des opérations de l'âme, l'*Essai sur l'origine des connaissances humaines* de Condillac, la contemplation n'était que rapidement mentionnée et son rôle apparaissait comme tout à fait secondaire. Sulzer en fait au contraire un état important, même s'il est dérivé des deux autres : c'est l'état intermédiaire où, lors d'une succession si rapide qu'elle est perçue comme simultanéité, l'attention se porte tant sur l'objet que sur l'action qu'il produit sur le sujet (Sulzer, 1763 : 238-240). Cette opération introduit dans la réceptivité de l'expérience sensible un élément d'activité qui reste cependant en-deçà du seuil de la conscience.

L'influence du langage sur les automatismes de la pensée, l'idée du langage comme force positive qui libère l'intelligence du conditionnement des images quasi-visuelles et qui donc ouvre la voie au raisonnement, ne remet aucunement en question la continuité entre les opérations psychiques élémentaires et supérieures. Bien au contraire : la production du langage suppose elle-même l'acquisition d'une maîtrise des représentations (Sulzer, 1767 : 174), et donc un certain niveau de contrôle de l'expérience. Cette continuité entre le contrôle pré-verbal et le contrôle verbal des représentations porte Sulzer à s'intéresser à la lexicologie, à l'étude des néologismes et à l'étymologie; cela explique aussi son insistance sur l'importance de la constitution d'une nomenclature technique pour les sciences, sur l'importance des procédés de formalisation, sur la capacité des mots à mettre en évidence des éléments qui échapperaient sans doute à l'attention et à la conscience du chercheur, sur la valeur heuristique des métaphores, et sur la nécessité d'un haut niveau de développement morpho-syntaxique de la langue pour la constitution des sciences (1767 : 174-200).

3. LA SCIENCE EXPÉRIMENTALE DE L'ÂME : PRÉMISSES MÉTHODOLOGIQUES

A partir des années 1780, la psychologie empirique sous ses différentes dénominations (*Erfahrungsseelenlehre, Erfahrungsseelenkunde, empirische Seelenlehre*), comme science autonome ou comme élément de l'anthropologie, est en plein développement. En 1794 Carl Friedrich Pockels, co-rédacteur de 1787 à 1789 du *Magazin zur Erfahrungsseelenkunde*, affirmait que la psychologie pouvait désormais prétendre au statut de science, et qu'il ne lui restait plus qu'à recueillir les cas de façon plus complète et rigoureuse (Pockels, 1794 : Vorrede). La publication du *Magazin*, sur lequel on reviendra dans la section 4, devait être le témoignage le plus accompli de cette exigence.

Cependant la pénétration de ce type d'intérêt dans les activités didactiques des universités semble avoir été assez lente, du moins si l'on en croit ce qu'affirme Ludwig Heinrich Jakob dans la préface de la quatrième édition de son manuel de *Erfahrungsseelenlehre* (1810) : quand j'ai publié la première édition de cet ouvrage (1791), écrit-il, «j'étais presque le seul à faire de la psychologie empirique l'objet de leçons académiques. Mais aujourd'hui il n'y a guère d'universités où l'on ne tienne de cours sur cette matière». Des manuels comme celui de Jakob contribuaient à la diffusion des sources de la psychologie de tradition britannique et française (Jakob cite et utilise Hume, Hartley, Condillac, Bonnet et Cabanis) qui, mieux que la tradition nationale, fournissaient aux nouveaux psychologues des bases théoriques et des exemples de méthode pour les sciences d'observation. C'est en particulier dans les textes anglo-écossais que les psychologues avaient trouvé une incitation à étudier les mécanismes de l'association dans la formation des représentations (cf. Maas, 1797 : 311-453) pour les appliquer ensuite aux théories du langage (*ibid.*, 171-186; Tittel, 1783 : I. 182-207).

L'éclectisme était, comme nous l'avons rappelé, la caractéristique dominante de la philosophie populaire, et cette caractéristique s'applique particulièrement à l'utilisation des diverses techniques d'analyse mises en œuvre en fonction du programme d'étude qui définit la psychologie cognitive. Le document le plus complet et le plus significatif sur ce programme est constitué par le *Magazin zur Erfahrungsseelenkunde* fondé par Carl Philipp Moritz.

Bezold (1984 : 2) définit Moritz comme un «éclectique par excellence» et le présente comme un chercheur divisé et oscillant entre les deux pôles de la psychologie rationnelle et de la psychologie empirique de tradition britannique et française. Heine (1834 : 64) le range, avec Mendelssohn, Sulzer et quelques autres, au nombre des philosophes populaires que nul système ne lie ensemble, mais qui se retrouvent sur les mêmes tendances; parmi ceux-ci, dit-il, Moritz se détache en raison de l'importance que prend dans ses œuvres la science expérimentale de l'âme. Ajoutons qu'à l'intérieur de celle-ci, ce qui est central pour Moritz c'est la théorie du langage.

Il suffit de parcourir son abondante bibliographie (cf. Boulby, 1979 : 273-278) pour se rendre compte de la place que tiennent dans sa production les textes se référant aux thèmes les plus divers de la linguistique théorique et appliquée : des discussions sur des sujets de grammaire générale et de grammaire des différentes langues (allemand, anglais, italien), aux exposés de prosodie, de dialectologie, de stylistique et de lexicologie (sur certains de ces points, cf. Eichinger, 1993). Le plus connu de ces ouvrages est sans doute la *Deutsche Sprachlehre* sous forme épistolaire dont l'objectif était de construire une grammaire générale sur des bases psychologiques et selon une classification des mots en fonction des différents types de représentation. Certaines des contributions de Moritz au *Magazin* sont tirées presque textuellement de la *Deutsche Sprachlehre*, et inversement beaucoup des positions exprimées dans la revue sont reprises presque à la lettre dans ses écrits (ces correspondances ont été mises en évidence par Bezold, 1984).

Wolfert von Rahden parle, à propos de la théorie qui sous-tend la *Sprachlehre*, d'une unité harmonique entre la nature et la langue (Rahden, 1989 : 430-31), ce qui constituerait un trait romantique de la philosophie de Moritz. Cependant il n'y a rien dans le sujet de l'anthropologie de Moritz qui rappelle la subjectivité transcendantale des Romantiques; il s'agit au contraire d'un sujet conditionné à chaque moment par des lois naturelles, et son activité consiste en une réélaboration de ses propres représentations. L'unité entre l'homme et le monde loin d'être présupposée est au contraire un résultat qui émerge *a posteriori* du recueil et de l'étude de cas empiriques qui font apparaître peu à peu les nombreux fils de cette courroie intérieure (*inneres Band*) qui relie l'activité psychique (et ses pathologies) à la nature corporelle de l'homme. C'est aussi ce qui justifie la recherche d'une connexion qui ne soit pas totalement arbitraire entre *significans* et *significatum*, comme l'a fort justement relevé Rahden (1989 : 431). La correspondance entre l'image et le son a ses racines dans l'ouïe et la vue, ces deux secteurs d'étude de la phénoménologie de la perception; elle se fonde sur leur interaction ou capacité de se substituer l'une à l'autre. D'où l'intérêt et la place accordée dans le *Magazin* à la rééducation des sourds-muets (cf. à ce propos Gessinger, 1994).

On peut lire une brève synthèse de la psychologie cognitive de Moritz dans son article d'ouverture de la quatrième année de la revue où il dresse un bilan des trois premières années («Revision der drei ersten Bände dieses Magazins», 1786. IV. 7-45), complété par les «Fortsetzungen» grâce auxquelles les révisions deviennent une rubrique à part qui, bien que sans périodicité régulière, est chaque fois l'occasion de mises au point théoriques sur les positions du journal. L'essence de l'âme consiste en sa force de représentation (*vorstellende Kraft*); c'est l'ensemble des manifestations de cette force fondamentale; les maladies et les troubles psychiques (amplement décrits dans les volumes du *Magazin*) sont des perturbations de cette force. L'esprit n'est donc pas une substance, ni un ensemble de formes transcendantales : c'est une formation qui résulte de l'agrégation et de l'interaction de représentations accumulées dès l'enfance :

> «ce que les sucs nutritifs sont au corps, le flux continu d'idées neuves l'est à l'âme; certaines de ces idées sont arrêtées et fixées selon des stimuli internes ou autres causes qui en provoquent l'organisation, tandis que d'autres s'échappent» (*Magazin*, 1786. IV. 1 : 30).

L'observation des phénomènes linguistiques où la force de représentation se manifeste de façon particulièrement claire est un instrument important pour connaître la nature et l'essence de cette force.

> «La langue est dans toute sa structure (*mit ihrem ganzen Bau*) une empreinte fidèle de notre force de représentation, de même que celle-ci est à son tour l'empreinte du monde qui nous entoure.» (*Magazin*, 1786. IV. 1. 38).

L'homme se différencie des animaux dans la mesure où il est capable de régler le flux de ses représentations selon des mécanismes volontaires, et le langage est l'un des moyens de ce contrôle. Les désordres mentaux interviennent lorsque l'équilibre entre le flux des nouvelles représentations et la masse de celles qui existent déjà est menacé, lorsque la force de représentation interne prend des directions aberrantes et n'est plus alors capable d'élaborer les représentations de manière à constituer sur leur base une empreinte (*Abdruck*) fiable du monde extérieur.

Selon Moritz il y a, dans ces processus d'organisation interne des représentations, des facteurs qui peuvent être défini comme des *a priori*, dans le sens que ce sont des données génétiques : il s'agit des facteurs que l'observation psychologique, et surtout l'étude de la psychologie infantile, permet de mettre en évidence. En effet la vivacité et la durée des impressions ne suffisent pas à expliquer en soi la formation et la conformation des représentations. Ce sont tout au plus des causes concomitantes et elles requièrent par ailleurs une disposition interne de l'esprit qui est peut-être fondée sur l'organisation physique du cerveau, ou peut-être sur une structure encore plus profonde des forces psychiques (*Seelenkräfte*) : une disposition organique dont on ne peut que décrire les manifestations, écrit-il dans la «Fortsetzung der Revision der drei ersten Bände dieses Magazins» (*Magazin*, 1786. IV. 3. 196).

Entre 1787 et début 1789 (du premier fascicule de la cinquième année au second de la septième), en l'absence de Moritz qui pendant ces années fait son voyage en Italie, la revue est dirigée par Carl Friedrich Pockels. Au-delà des quelques divergences (qui au retour de Moritz provoquèrent de virulentes controverses sur la gestion de la revue : *Magazin*, 1789. VII. 2. 187-190; VII. 3. 194-199; cf. Poggi, 1977 : 81 et sv.), on peut dire que les deux auteurs partagent sans aucun doute plusieurs principes fondamentaux de méthode. En premier lieu ils partagent l'idée que, quelles que soient les prédispositions organiques *a priori* par rapport à l'apprentissage et à l'expérience, on ne peut formuler sur l'esprit qu'une doctrine *a posteriori*. La méthode de l'étude psychologique devra être fondée sur la confrontation entre les propriétés de la matière que nous connaissons, et la nature de la pensée et de la conscience de soi-même. C'est avec insistance que Pockels met en garde contre les périls de la spéculation : il rappelle

«l'extrême incertitude avec laquelle on procède dans tout raisonnement sur une substance immatérielle comme doit être notre âme, si au cours d'un raisonnement de ce genre on perd de vue la théorie de l'expérience et si on veut suivre un type de représentation purement abstrait dans les recherches sur la forme et le développement de la faculté de penser» (*Magazin*, 1788. VI. 2 : 100).

Même si les études sur les états seconds, sur la confusion mentale, le rêve, la prémonition etc., qui se multiplient dans le journal sous la direction de Pockels, semblent porter celui-ci à en tirer parfois la conclusion qu'il pourrait y avoir des forces psychiques relativement indépendantes de l'organisation corporelle (cf. la «Fortsetzung der Revision» de 1787. V. 2. 195-204), cela ne diminue en rien sa conviction que l'unique accès aux phénomènes de la conscience est la symptomatologie psychophysique.

«Plus nous étudions la psychologie empirique ou l'authentique *histoire naturelle* de l'âme humaine et plus nous cherchons à reconstruire l'origine de nos représentations, plus nous apprenons à voir comment et combien, pour chaque manifestation de la force de la pensée, l'expérience peut agir sur la forme, sur la formation et sur le développement de cette même force; combien sans ce moyen nous sommes incapables de concevoir d'idée en la matière; comment l'expérience confère continuellement aux représentations et sensations dans toute âme humaine une propre dimension et une direction nécessaire; comment enfin les plus hautes abstractions de la pensée et les concepts moraux de notre volonté, et à travers la langue, l'imagination et la faculté de comparer et d'inférer, se réfèrent à des principes empiriques.» (VI. 2 : 101).

Dans les «Vermischte Gedanken über Denkkraft und Sprache» (1787, V. 2 : 142-163), qui constituent une sorte de compendium de sa psychologie cognitive, Pockels définit la conscience comme le sentiment que l'on a de ses propres opérations. La conscience est la somme de ses contenus représentatifs, elle est dépourvue de tout élément formel préalable. En cas d'absence de représentations il n'y a pas de conscience et l'âme ne peut distinguer, pas même obscurément, entre soi et ce qui est autre que soi. Les premiers *Grundbegriffe* de la pensée humaine (les impressions et les subtiles vibrations nerveuses) ne sont précédées que d'une prédisposition génétique à la pensée que l'on reconnaît dès la naissance. Les lois qui règlent les opérations de l'âme font partie de ces prédispositions, elles sont toutes régies par le principe fondamental de l'association.

Le débat sur l'origine de la connaissance devait naturellement s'intensifier à partir de 1790 sous l'influence de la première *Critique* de Kant, et dans ce cadre général la collaboration de Salomon Maimon devient primordiale pour le journal. Cet auteur sera associé à la direction pendant les deux dernières années de publication (IX-X, 1792-1793). C'est justement la confrontation avec Kant qui avait poussé Maimon à entreprendre son étude expérimentale de l'âme : il était convaincu que, pour expliquer l'application des catégories de la pensée à l'expérience, c'est-à-dire l'utilisation des catégories en rapport à des objets réels, il était nécessaire d'étudier les mécanismes psychologiques, et surtout les processus d'association et de reproduction de l'imagination qui sont mis en œuvre dans le langage. Une lettre de Maimon à Moritz (1792. IX. 1. 7-23; cf. aussi 1793, X. 1. 7-14) intitulée «Ueber den Plan des Magazins zur Erfahrungsseelenkunde» nous offre un manifeste significatif de sa psychologie, qui apparaît comme la recherche d'une voie intermédiaire entre la *Schwärmerei* des spiritualistes et le biologisme des matérialistes. On y trouve ainsi l'exposé de sa théorie sur le parallélisme psycho-physique et l'affirmation d'une conviction méthodologique : ce n'est que par une vaste étude de cas dans le secteur de la psychopathologie et le la psychothérapie que la théorie peut être confirmée de façon complète. Dans le conflit entre «pragmatischer Relativismus» et «idealsprachlicher Kalkül» qui selon Rauscher (1987 : 340) caractérise la philosophie de Salomon Maimon, c'est le premier qui prévaut dans cette lettre.

4. LA SCIENCE EXPÉRIMENTALE DE L'ÂME : L' ÉTUDE DES PATHOLOGIES

L'intérêt qu'ils accordent à la médiation linguistique de la pensée induit les collaborateurs du *Magazin* à considérer les cas de rééducation des sourds-muets comme des objets d'observation pertinents pour établir quels sont les rapports de dépendance, mais aussi de relative autonomie, entre la pensée et le langage.

Les sourds-muets, tout comme les enfants sauvages, constituent des sujets d'étude privilégiés et complémentaires pour l'anthropologie de cette époque. Les enfants sauvages jouissent en effet de l'intégrité de leurs sens mais ayant vécu dans l'abandon il leur a manqué l'enseignement social qui accompagne le processus de croissance intellectuel de tout individu humain; «recueillant avec soin l'histoire d'un être aussi étonnant», écrivait le médecin Itard, «[on] déterminerait ce qu'il est, et déduirait de ce qu'il manque la somme jusqu'à présent incalculée des connaissances et des idées que l'homme doit à son éducation» (Itard, 1801 : 128). Les sourds-muets, ayant vécu au contraire dans un milieu social normal, sont cependant comme les aveugles privés d'un sens, d'une porte d'accès au monde : on pourrait donc dire pour reprendre les termes d'Itard, que de ce qui leur manque, les sciences d'observations pourraient déterminer la somme jusqu'à présent incalculée des connaissances et des idées que l'homme doit au sens dont ils sont privés.

Dans les années soixante et soixante-dix, les nouvelles études sur les enfants sauvages (Malson, 1964; Moravia, 1972) ont remis en circulation les origines expérimentales de la thèse "sociolinguistique" de l'identité entre pensée et langage. Des études plus récentes nous présentent actuellement de façon très concrète les modèles des fictions philosophiques de Diderot, Condillac et Bonnet en mettant en lumière les expériences qui sont à l'origine de la "psycholinguistique" du XVIIIe siècle : c'est-à-dire les sources du débat sur les fondements biologiques de la faculté du langage, sur le rôle de la sensibilité dans la genèse du langage, sur le rôle des divers sens dans l'opération cognitive et linguistique par excellence, l'abstraction. La littérature clinique sur les pathologies linguistiques est, comme l'a clairement démontré Antonino Pennisi dans plusieurs de ses recherches (Pennisi, 1992, 1994, 1994a), l'une des plus importantes de ces sources; en déplaçant l'attention des *produits* vers les *processus* de formation, comme l'acquisition et la rééducation de la parole, ces études de cas se sont intégrées au débat philosophique en fournissant des données à l'approche génétique dans la théorie du langage. Dans un ouvrage qui est sans doute destiné à devenir un texte de référence en la matière, Joachim Gessinger montre de façon extrêmement bien documentée comment à l'inverse, dans l'étude des pathologies se projetaient «des théorèmes de théorie de la connaissance et du langage, et parfois de véritables obsessions» (Gessinger, sous presse).

L'un des théorèmes de la philosophie linguistique de tradition empiriste était la primauté de l'abstraction dans l'organisation et le contrôle de l'expérience. Et comme on attribuait aussi à l'abstraction la formation des noms généraux, cette forme suprême d'élaboration des représentations communicables, le corollaire de ce théorème était l'identification entre la pensée et le langage. Dans un article intitulé «Quelques observations sur un sourd-muet de naissance» («Einige Beobachtungen über einen Taub- und Stummgeboren» : *Magazin*, 1783. I. 1. 33 sv.), Moritz tend au contraire à montrer comment le manque d'un des sens, ici l'ouïe, et le manque consécutif de langage verbal, ne compromettent pas la capacité fondamentale de classification qui est à la base de la pensée et qui précède le processus d'abstraction opérant dans le langage. Le sujet examiné est un jeune garçon d'une quinzaine d'années rééduqué vocalement, selon la méthode "oraliste" pratiquée en Allemagne à l'institut des sourds-muets de Leipzig et exposée par Samuel Heinicke, son directeur, dans divers écrits au cours des années 1780. Le jeune garçon est libre de désigner de la voix les objets que le maître lui montre, il utilise ainsi des sons différents pour désigner des ensembles différents d'objets (par exemple il désignera par un même son un morceau de papier, un livre et une lettre, ou bien un encrier, un autre encrier et l'image de l'encrier dans le miroir), et il secoue la tête quand on lui montre un objet qui n'appartient pas à l'ensemble ainsi constitué. En outre il "imite" des objets de la vue au moyen de la voix, créant ainsi des hiérarchies à l'intérieur des classes : il désigne par exemple avec des sons vocalisés de plus en plus bas les divers centres concentriques que le maître lui trace, jusqu'au plus petit cercle, presque réduit à un point, que le jeune désigne par une voyelle proche du *i*.

L'examen des thèmes traités dans les trois premières années de la revue («Fortsetzung der Revision der drei ersten Bände dieses Magazin», 1786. IV. 2. 99-115) est pour Moritz l'occasion de revenir de façon plus détaillée sur les motifs qui l'ont porté à accorder tant d'intérêt à l'observation des sourds-muets. La thèse de Moritz est que l'effort, propre aux sourds-muets, de se former des signes en l'absence de langage articulé est la preuve que ce qui distingue l'homme de l'animal n'est pas la langue en acte mais l'effort même de la pensée qui tend à se faire langage, peu importe si les moyens mis en œuvre ne correspondent pas à la norme comme c'est le cas chez les sourds-muets. Ce cas limite démontre simplement que la perte totale d'un sens n'enlève rien à la force de représentation. Cette force subsiste même si l'une des portes d'accès aux représentations lui reste close; cependant en l'absence de langage articulé elle demeure au stade de pure potentialité.

Il y a donc une identité potentielle mais une différence réelle entre les processus de représentation des sourds-muets et ceux des individus normaux. Les différences entre les deux types d'organisation des représentations sont fondées sur la substantielle diversité de fonction entre le sens de la vue et celui de l'ouïe : la vue a pour fonction de fournir les représentations relatives au présent, que l'on peut ranger dans la catégorie de la coexistence et de la concomitance, tandis que l'ouïe recueille les représentations d'objets et d'événements situés loin dans le temps et l'espace, que l'on peut ranger sous la catégorie de la succession. Les représentations de la vue ont sans doute la primauté car la vue est comme « le pivot autour duquel tourne l'infinie multiplicité des idées qui affluent à travers l'ouïe ». Mais d'un autre côté, il n'en est pas moins vrai que « le passé s'enveloppe dans le manteau des mots » (*ibid.*, 100) et, tout comme le passé, le futur n'a pas accès à notre esprit si ce n'est à travers l'ouïe.

> « Nos représentations sont la peinture de ce monde, elles ne peuvent montrer que ce qu'il y a *sur le moment*. La langue est la musique de nos représentations, elle décrit *ce qui se succède*, sans se soucier du présent elle permet à nos pensées d'embrasser le passé et le futur, elle conserve dans l'étroit espace de vingt-quatre sons articulés le patrimoine de tout *ce qui est pensable à chaque occasion*, un fragment de tout cet immense monde des idées. » (*ibid.*, 101).

Quand l'un des deux sens n'est pas opératif, la force de représentation élabore des stratégies de substitution. Cela constitue pour Moritz la preuve de la thèse que nous venons d'exposer : la force de représentation est une sorte d'*a priori* de l'espèce humaine, un état latent qui tend à se réaliser à travers la langue. L'éducation des sourds-muets prouve que, même en l'absence de signes articulés, ceux-ci disposent de cette condition minimum de pensée, la capacité de classer les objets (ce qui n'est pas encore la capacité d'abstraction, mais en est certainement la base). Ils disposent aussi de la capacité à reconnaître des objets et des événements, c'est-à-dire d'une forme iconique de mémoire. L'inconvénient du fait de ne pas posséder l'instrument symbolique des mots consiste, selon Moritz, en un excès de matériel iconique qui surcharge l'esprit du sourd-muet, lorsqu'il ne s'exprime que par pantomimes : « tout se dépeint en lui car rien ne *résonne* en lui » (p. 106). Le concept s'en trouve en quelque sorte aplati sur le signe iconique, et les deux choses peuvent alors se confondre facilement. La pantomime tend à ne pas distinguer les noms de verbes, à imiter l'action pour désigner le sujet de l'action, ce qui mène à une prépondérance du substantif qui appauvrit et brouille l'expression. Mais le véritable handicap du sourd-muet laissé à lui-même est l'incapacité à maîtriser les « points de vue » (*Gesichtspunkte*) qui permettent à la pensée de se développer par essais et erreurs. Toute représentation a en effet un centre et une périphérie, comme le point noir d'une cible est entouré de cercles concentriques. Mais contrairement à celui de la cible, le centre de la représentation n'est pas donné ; il faut le trouver :

> «prenons-en un au hasard, et traçons un cercle autour de lui. Un bon nombre de nos idées ne s'y adaptera pas, elles tomberont à l'extérieur du cercle. Nous verrons se constituer un certain ordre, une certaine proportion entre nos pensées, mais *tout* ne se laissera pas insérer dans cet ordre. Nous choisirons alors un autre point de vue, et après plusieurs tentatives et erreurs nous arriverons à celui qui était juste : il en advient de même pour certains problèmes, pour lesquels c'est à travers l'examen de diverses alternatives que l'on arrive finalement à la solution requise. Il en est de même pour la vérité : nous devons la *trouver* en quelque sorte fortuitement. Cela constitue la substance, l'éternelle tendance de notre faculté de penser : mettre en référence tout le domaine d'extension de nos idées avec un point central vers lequel elles convergent toutes comme les rayons d'un cercle. Les efforts de toute tête pensante visent à tout moment à trouver ce point central. C'est là la nature de notre âme, comme c'est la nature de l'araignée que de se placer au centre de sa toile. Cette aspiration à la vérité, à la corrélation et à l'ordre dans nos pensées et nos représentations, est pour nous un instinct, c'est une orientation qui n'est motivée que par la nature même de notre être.» (*ibid.*, 110).

Or dans le cas du sujet normal, le choix du centre autour duquel ranger ses propres représentations par une procédure cognitive peut être motivé de diverses façons. La voix le distrait pour ainsi dire de l'élément strictement iconique : ce n'est que quand celui-ci cesse de s'imposer comme centre des représentations que «le signe cesse d'être une chose pour devenir simplement un mot» (*ibid.*, 112). Mais pour le sourd-muet, la nature iconique des représentations primitives limite les choix et le sujet reste lié à *tel* détail dont il fait le signe de l'objet : ce signe ne réussit donc pas à devenir un mot. Si dans son rapport au monde le sourd-muet a souvent une attitude passive c'est parce que le monde se reflète en lui plus qu'il ne se représente lui-même le monde.

La voix articulée est essentielle dans le processus d'émancipation de la pesanteur iconique de l'expérience. C'est pour cette raison que Moritz préconise pour les sourds-muets la rééducation par l'oralisation. Le *Magazin* (1784. II. 2. 150-162; II. 3. 253-259) rapporte le débat qui opposa à ce sujet Heinicke, défenseur en Allemagne de l'oralisation, et l'abbé de L'Epée, défenseur de la méthode gestuelle. Deux thèses s'y affrontent : celle de la spécificité et celle de l'indifférence de la matière par rapport à la forme de la pensée (sur l'opposition générale entre ces deux points de vue, cf. Pennisi, 1992, 1994; sur les controverses spécifiques entre Heinicke et de L'Epée cf. Gessinger, sous presse).

Il y a selon la thèse soutenue par Heinicke une spécificité de la matière vocale; et selon la thèse soutenue par l'Abbé de L'Epée il y a au contraire une totale équivalence entre la matière vocale et la matière visuelle. Heinicke pense que les signes visuels ne peuvent remplacer entièrement les signes vocaux si ce n'est chez les sujets qui n'ont perdu l'ouïe qu'après l'âge de six ans, et qui peuvent donc encore relier les signes de la vue, au moins dans leur mémoire, aux sons articulés, ces «mystérieux ressorts» qui agissent en nous jusque dans nos comportements involontaires et font de nous des êtres qui toute leur vie pensent, jugent et raisonnent au moyen de la voix. L'abbé de L'Epée relève de son côté l'inconvénient de la lenteur de la méthode orale : l'argument touche d'autant plus facilement que cette méthode implique l'intervention d'un éducateur par élève, tandis que pour l'autre méthode un instructeur suffit pour toute une classe. Mais il soulève surtout une objection de fond : selon lui la voix n'est pas essentielle pour la pensée. Ne pense-t-on pas avec les images des choses dont on ne connaît pas le nom, objecte-t-il. Le débat est repris par Christoph Friedrich Nicolai, l'un des plus actifs représentants de l'*Aufklärung* qui confronte l'Institut de Leipzig où Heinicke utilise la méthode oraliste à celui de Vienne où l'abbé Stork applique une méthode artificielle fondée sur les principes de L'Epée (1784. II. 3. 259-267; cf. Gessinger, sous presse). Le système élaboré par Stork distingue trois ordres de signes, les premiers correspondent aux lettres, les seconds aux mots-concepts, et les troisièmes correspondent aux propriétés grammaticales des mots (nombre, cas, temps des verbes etc.). Le système dans son ensemble devrait pouvoir reproduire la structure du langage verbal. Les doutes exprimés par Nicolai ne concernent pas tant les aspects formels du système de Stork que l'exhaustivité sémantique des signes mimés (*pantomimisch*). Dans un discours prononcé à l'Académie des Sciences de Berlin quelques années plus tard, Nicolai souligne encore le pouvoir des pratiques verbales dans la formation des abstractions (Nicolai, 1802). Les limites d'un répertoire de pantomimes pour désigner les concepts apparaissaient plus nettement dans l'éducation religieuse et morale des sourds-muets. Il s'agit là d'un thème que l'on retrouve dans divers articles publiés par Moritz et par d'autres auteurs dans les premières années du Magazin.

Pockels apporte encore un ultérieur témoignage de l'importance des expériences didactiques avec les sourds-muets pour l'étude du langage dans sa généralité. Il hésite cependant entre les deux positions. Dans l'une des rétrospectives périodiques du *Magazin* («Fortsetzung der Revision des 4ten, 5ten und 6ten Bandes dieses Magazins», 1789. VII. 1. 7-25), il propose un programme de recherches dont le but est de comprendre en quelle mesure l'âme est capable de suppléer le manque d'images acoustiques par des concepts visuels (*Gesichtsbegriffe*), et comment se produit, même en l'absence des signes vocaux, cet instinct de l'ordre (*Ordnungsinstinkt*) qui nous permet de hiérarchiser les concepts, de les emmagasiner, de distinguer les représentations abstraites des représentations perceptives, les sujets des prédicats, etc.

Parmi les pathologies linguistiques les cas d'aphasie sont étudiés sur les pages du *Magazin* (cf. 1783. I. 2. 117-121; 1790-91. VIII. 2. 91-95; VIII. 3. 188-194), dans une perspective qui les rattache à la problématique du langage des sourds-muets : en effet, on s'applique toujours à déterminer dans quelle mesure la vue et l'ouïe respectivement concourent à la production du langage. Deux articles de la septième année («Wirkung des Denvermögens auf die Sprachwerkzeuge») rapportent et commentent le cas d'un aphasique qui ne réussissait à surmonter son handicap que lorsqu'on lui donnait à lire un texte écrit. Les interventions de deux philosophes de renom, Marcus Herz et Salomon Maimon, semblent aller dans le même sens : tous deux en déduisent la primauté de la vue.

Herz donne une explication mécaniste du phénomène; la durée de la représentation est, dit-il, un élément essentiel pour que le stimulus qui provoque l'émission volontaire du son correspondant soit transmis à travers les nerfs. Chez un sujet malade qui présente un faible niveau de réaction, les stimuli sonores d'une conversation ne suffisent pas, contrairement aux stimuli visuels transmis par la lecture. Bien que Herz privilégie ici la perception visuelle car elle autorise un temps de réaction plus long, sa position n'est guère différente, d'un point de vue théorique, de celle des autres auteurs du *Magazin* qui à propos des sourds-muets avaient souligné l'importance du son articulé. En effet ce qui sert de stimulus dans l'explication de Herz, ce n'est pas l'impression sensible en tant que telle mais une représentation qui est déjà linguistique (le mot prononcé par l'interlocuteur, ou le mot écrit). La production du langage est en quelque sorte déclanchée par une pratique qui est déjà en soi linguistique : c'est la parole qui provoque la réaction verbale. Ce qui fait que pour penser verbalement, c'est-à-dire véritablement, le stimulus de l'articulation est nécessaire, la pantomime qui traduit les impressions en gestes et en signes ne suffit pas. Maimon interprète le cas d'aphasie en question en mettant en relief le pouvoir de l'écriture : celle-ci, en tant que donnée visuelle, aurait le pouvoir de mettre en œuvre les mécanismes d'association agissant dans le langage.

Outre les pathologies linguistiques, le langage des enfants et l'apprentissage linguistique constituaient pour les chercheurs un objet d'observation de première importance. L'une des mises à jour du *Magazin* (1786. IV. 3. 193-203) souligne l'étroite liaison, et même la complémentarité, des deux terrains de recherche. L'étude de l'apprentissage aide à envisager sous un angle introspectif les phénomènes que l'observation des sourds-muets montre du point de vue de l'observation objective. Ces deux techniques d'observation, subjective et objective, concourent à l'explication des processus cognitifs qui se produisent sur la base d'un *a priori* biologique, d'une activité «qui est fondée dans l'organisation du cerveau ou dans la constitution la plus intime des forces psychiques» (*ibid.*, 196). Cette mise en équivalence pour ce qui est de la légitimité scientifique, entre l'introspection et l'observation externe sera réaffirmée par des philosophes-psychologues comme Beneke et Fries; mais il s'agissait d'un point déjà acquis à l'intérieur de la psychologie empirique depuis 1777, lorsque Johann Nicolaus Tetens, dans la Préface à ses *Philosophische Versuche*, avait tracé les principes de la méthode d'observation ou *beobachtende Methode* (Tetens, 1777 : I. III-XXXVI).

Pockels se penche sur les processus d'apprentissage linguistique dans deux essais dont le but est de reconstruire sur des bases psychologiques les modalités de la naissance du langage (1784. II. 3. 267-274; 1785. III. 1 : 60-69). Il s'agit bien d'un choix anti-spéculatif que d'expliquer l'origine du langage à travers son actualité psychologique plutôt que selon une hypothétique reconstruction de l'histoire universelle : c'est la seule voie, affirme-t-il, qui s'offre objectivement à l'observateur de l'âme (*Seelenbeobachter*). Ce choix avait déjà été celui de Sulzer, et ce sera celui de chercheurs de plus en plus nombreux car il répondait à deux exigences différentes et opposées, présentes toutes deux dans les premières décennies du XIXe siècle : pour certains il impliquait l'adoption d'une méthode positive dans les sciences qui devaient ainsi se limiter à l'étude des phénomènes observables en acte; pour d'autres le rejet des constructions génétiques descendait d'une définition préliminaire du langage comme *Wesen*, c'est-à-dire comme essence ou comme organisme ayant en soi à tout moment ses propres lois qui peuvent et doivent donc être étudiées dans leur actualité. Dans les deux cas, celui des "positivistes" comme celui des idéalistes, le choix était présenté comme essentiellement anti-spéculatif; mais dans le cas de la linguistique idéaliste, il coïncidait avec la thèse de la primauté de la *Forme* (qui en tant que telle n'a pas de genèse historico-empirique) par rapport à la matière de la langue.

Mais c'est justement la genèse matérielle qui intéresse au contraire Pockels : retraçant le développement qui porte du langage symptomatique du nourrisson au langage articulé de l'enfant, il met en relief des facteurs expressifs importants comme le rire. Mais surtout il souligne un facteur biologique décisif : l'affinité immédiate, «l'entente amicale» entre l'ouïe de l'enfant et la voix humaine. L'enfant réagit immédiatement et de façon diversifiée aux différentes voix humaines qui l'entourent; ces voix deviennent des moyens de participation émotive avec les sentiments d'autrui, ce que les cris des animaux ne sont pas en mesure de faire. Quand l'enfant commence à parler, son répertoire de concepts de base est déjà constitué : il a désormais une image (*Bild*) distincte des objets, il a appris à confronter les formes des objets et il en a tiré à son niveau des concepts clairs destinés à devenir la base (*Grundlage*) de toutes ses connaissances futures aussi bien concrètes qu'abstraites. La perception a déjà en soi un pouvoir d'organisation qui ne lui vient pas du langage mais qui au contraire ouvre l'accès au langage. Moritz en était arrivé à la même conclusion après l'observation du jeune sourd-muet dont le cas est décrit dans le premier numéro de la revue.

Le pouvoir d'organisation propre à la pensée pré-linguistique permet, selon Pockels, d'expliquer aussi comment les enfants peuvent réussir à apprendre tant de mots non reliés entre eux sans se tromper, ce qui semblerait devoir surcharger leur mémoire de concepts non-coordonnés. Pour expliquer ce fait il est nécessaire de supposer un contrôle préalable de l'abstraction, c'est-à-dire une capacité génétique à hiérarchiser les concepts en les classant selon leurs ressemblances et différences. Cela est facilité du fait que la nature a attribué à chaque sens un secteur spécifique de représentations qui, même si elles ne sont séparées que par une frontière fort mince, restent cependant distinctes tout en coopérant chacune au processus de classification perceptive.

C'est sur la base de cette tendance à la hiérarchisation et à la classification que l'on pourrait appeler une sémantique naturelle, que peut ensuite intervenir, grâce à l'apprentissage linguistique, le processus de formation des idées, de leurs connexions, combinaisons et altérations. Ces opérations sont liées à l'usage linguistique et ne peuvent être altérées, pas même lors de l'apprentissage d'une seconde langue. La quantité de termes qui surchargent la mémoire de l'enfant ne nuit pas au bon développement des idées, au contraire. Là encore, Pockels fait intervenir une cause naturelle : un instinct spécifiquement humain à utiliser chaque nouveau mot comme un stimulus favorisant l'acquisition, la clarification et l'organisation des idées.

Selon Pockels, l'une des fonctions essentielles du langage est d'orienter rapidement l'âme vers un objet, abrégeant ainsi la durée de l'élaboration des représentations. Mais le stade de la représentation claire, exprimable verbalement, est précédé par un laborieux processus de formation et d'élaboration des représentations qui reste en général confiné dans le domaine de l'inconscient, jusqu'au moment où son produit entre dans le secteur de notre observation consciente (*Bemerkungskreis*) pour subir enfin une sorte de mise au point linguistique. En insistant sur l'importance de l'élaboration inconsciente des représentations mentales (cf. les « Vermischte Gedanken über Denkkraft und Sprache » de 1787. V. 2. 142-163), Pockels prenait aussi position contre Locke qui dans son *Essai* avait, comme on le sait, soutenu l'impossibilité de l'existence dans l'âme d'idées dont on ne serait pas conscient.

5. THÉORIE PSYCHOLOGIQUE ET GRAMMAIRE GÉNÉRALE

Dans un bref article intitulé « Ueber die Sprache » (*Magazin*, 1790-91. VIII. 2. 126-134), un élève de Heinicke, Ernst Adolf Eschke, tire des conclusions de ses contacts directs avec les sourds-muets. L'article est introduit par une discussion de méthode et par la description de quelques cas exposés dans le fascicule précédent (*Magazin*, 1790-91. VIII. 1. 38-40, 44-47). Eschke énonce un principe épistémologique général : il faut étudier séparément la nature et l'histoire de chaque phénomène. Ce principe appliqué à la langue se traduit par la distinction entre l'étude de la structure naturelle de la langue (*natürliche Bau der Sprache*) et l'étude de sa dimension historique. L'étude de la constitution naturelle d'une chose naît toujours de l'observation de cette chose et de son rapport à nous, donc de l'introspection, qui s'applique en premier lieu à la constitution des organes phonateurs puis aux attitudes et positions de ces derniers lors de la production du langage, et enfin à l'intime lien de la pensée qui transforme le son en mot et permet la compréhension. Le domaine de l'histoire est au contraire le domaine de la pratique où l'unité naturelle du langage se dissout dans la multiplicité des langues naturelles. Si la constitution naturelle est le principe d'unité des langues du monde, la pratique linguistique est le principe de leur différenciation.

> « Il en est de même pour la musique qui d'un point de vue général est une, mais qui dans la pratique particulière subit d'infinies métamorphoses. Elle ne demeure toujours qu'une et une seule musique, composée de sept tons et cinq demi-tons, même si elle est divisée en tant d'octaves successives. » (p. 128).

Ce qui transforme la faculté de langage en *une* langue c'est l'instauration de pratiques linguistiques habituelles (la *Sprachgewohnheit*). Elle entraîne la formation d'une conscience spontanée des règles, ce qui constitue une première forme de grammaire générale naturelle. Cette procédure, qui se manifeste dans l'apprentissage linguistique des enfants et se confirme aussi chez les adultes lors de l'apprentissage d'une seconde langue, est une *Grundsprache* dont les langues particulières peuvent se considérer des dialectes.

Chaque langue a ainsi une «conformation philosophique» (une *philosophische Gestalt*) qui est son mode spécifique de relier l'articulation des concepts sur l'articulation des sons.

> «Dès que certains concepts sont mis en relation avec certains sons, la langue acquiert une conformation philosophique : certains mots sont reliés à des concepts généraux, les significations des mots se disposent selon des affinités, et la variété de leur usage, de leur union ou combinaison détermine les représentations particulières qui sont comprises dans cette union ou combinaison. Bref, de la langue naît une philosophie» (p. 130).

Les deux méthodes indiquées au début de l'article, l'étude de la constitution naturelle et celle de l'histoire des phénomènes, semblent ainsi converger dans la reconstruction de cette philosophie de la langue. La première étude s'attache à l'analyse des mots en tant qu'unités d'articulation minimales (*Grundschalle*) et de signification minimales (*Grundbegriffe*). Mais on ne peut retrouver les significations qui ont été reliées à chaque mot que sur la base d'une étude historique. La méthode historique est donc l'instrument de l'analyse des idées et du langage.

> «Je fais de la philosophie du langage lorsque j'identifie la signification fondamentale probable d'un mot et que j'indique l'usage de sa signification particulière dans l'histoire, selon le même processus que j'emploie dans les sciences naturelles en chimie; ou comme lorsque, en métaphysique, je subdivise les concepts généraux en leurs éléments singuliers, ou que je fractionne en pensée l'univers tout entier en ces parties dont il résulte par fusion.» (*ibid.*).

C'est selon ce processus analytique que «nous apprenons *a posteriori*, grâce à l'expérience, de quelle façon une langue ou un mot se sont formés *a priori*, selon leur être» (131). Nous déterminons ainsi, poursuit-il, quels sont les éléments constitutifs d'un mot, de quels mots se compose une langue, de quelle façon tel ou tel mot est utilisé dans la pratique linguistique, quelles mutations phonétiques, et par suite sémantiques, se sont produites, comment les mots tendent à se constituer en aires sémantiques à l'intérieur desquelles des significations secondaires (*Nebenbedeutungen*) se disposent autour d'une signification fondamentale (*Hauptbedeutung*). Dans le cadre de cette procédure que Eschke désigne génériquement sous le terme traditionnel d'étymologie, la recherche grammaticale (*grammatikalische Wortforschung*) est solidaire de la recherche historique (*historische Wortforschung*), la linguistique générale de la linguistique historique.

L'essai de Eschke est l'un des témoignages de la façon dont l'étude des pratiques linguistiques et de leurs pathologies permettait aux auteurs du *Magazin* de construire les fondations sur lesquelles édifier leur théorie du langage. On en trouve de nombreux autres exemples à la rubrique «Sprache in psychologischer Rücksicht».

Les articles signés par Moritz sous cette rubrique reprennent, en les allégeant de l'appareil didactique, les positions exposées dans la *Sprachlehre* publiée pour la première édition en 1782. On y retrouve sous la variété des réflexions psycholinguistiques la même conviction de base sur la valeur primordiale de l'observation des comportements linguistiques spontanés : «il y a plus de philosophie dans la première expression de la sensation que dans le plus subtil et le plus froid des raisonnements des philosophes érudits» *(Magazin,* 1783. I. 1 : 93) et la langue est le lieu où cette expression se manifeste le mieux. Certains philosophes pensent trouver dans la langue plus de choses qu'il n'y en a et ne cherchent pas ce qui s'y trouve; d'autres sous-estiment ses potentialités; la langue est finalement le seul moyen dont nous disposons pour pénétrer la nature profonde de nos concepts et acquérir ainsi une connaissance plus intime de notre âme.

Un bon nombre des analyses de Moritz ont comme objet les catégories verbales examinées d'un point de vue psychologique. En voici quelques exemples. Le volume de la première année contient une analyse des verbes impersonnels (1783. I. 1 : 93-106) qui met en évidence la différence entre l'analyse logique et l'analyse psychologique; ce thème sera d'ailleurs repris dix ans plus tard par Salomon Maimon (1793. X. 1.14-17; 2. 101-105). Les verbes impersonnels sont selon Moritz particulièrement intéressants, car ils expriment la première perception qu'on a d'une chose qui ne dépend pas de notre volonté, qui n'est donc pas une action délibérée, que cette action consiste en une mutation objective (par exemple : *il pleut*), ou en une mutation subjective (par exemple : *il me vient à l'esprit*). La plupart des verbes devraient être impersonnels, étant donné qu'ils expriment surtout des actions qui ne dépendent pas de nous et dont nous ignorons souvent la cause. S'il n'en est pas ainsi c'est parce que nous avons tendance à voir les objets extérieurs à partir de la perspective de notre subjectivité, ce qui nous amène à personnifier à notre image même les êtres inanimés : nous disons par exemple que l'arbre porte des fruits au lieu de "il fructifie *(es fruchtet)* sur l'arbre". Selon une loi qui relève de la psychologie générale, on supplie le manque de connaissances par le recours à l'analogie, c'est ainsi qu'apparaît cette tendance à la personnification.

Dans un essai consacré à la théorie de la préposition (1783. I. 2. 101-109), Moritz met en relation la genèse de cette partie du discours avec l'expérience corporelle du sujet et plus précisément avec la conscience des différentes parties du corps (*sur* indique quelque chose qui occupe une position plus élevée par rapport à la *tête* du sujet, *sous* indique quelque chose qui occupe une position inférieure par rapport aux *pieds*, etc.). Ici encore, le mécanisme de l'analogie nous amène, par l'intermédiaire de la métaphore, à étendre le domaine de cette conscience à ce qui ne concerne pas notre corps.

Loin d'être arbitraires, les parties du discours sont donc conditionnées en profondeur par la fonction représentative. Pour représenter une chose comme objectivement existante, par exemple, il ne suffit pas d'en indiquer les propriétés; il faut la situer dans l'espace et dans le temps et la distinguer des autres choses. Il arrive ainsi que «dans les plus petits mots de la langue», comme *ici* et *maintenant* «logent les concepts les plus élevés» (1783. I. 3 : 268). De petits mots comme *mais, et, aussi, car, comme,*

> «ne désignent en réalité aucun objet de ce monde, pas même des liens entre les objets, mais simplement le lien entre les représentations que nous nous faisons des objets extérieurs à nous. On ne peut donc pas dire qu'ils soient les signes d'une quelconque représentation en nous; mais malgré cela ils sont extrêmement importants dans la langue, car eux seuls peuvent conférer de la vérité à nos pensées, dans le sens qu'ils sont en quelque sorte délimités et déterminés afin de s'adapter à nos représentations.» (*ibid.*, 270).

De même que les éléments syncatégorématiques, les dispositifs morpho-syntaxiques de la langue servent eux aussi à déterminer nos représentations. Cette fonction est clairement exposée dans les observations de Moritz sur la conjugaison des verbes. Le verbe est en soi indéfini : à l'infinitif il indique simplement l'action sans aucune représentation d'une éventuelle réalisation. Il est défini par la conjugaison et finit par s'assimiler en raison de sa valeur sémantique au substantif : la désinence de la personne, par exemple, nous représente un sujet qui accomplit l'action «de sorte que je ne peux séparer la personne de l'action» (1784. II. 1 : 94). Les désinences verbales permettraient ainsi de représenter dans leur matière phonique même la réalité plus ou moins forte de l'action.

Le verbe *être* fait l'objet d'une étude particulière, «ce verbe unique en son genre qui doit communiquer sa nature et essence à tous les autres pour qu'ils deviennent vraiment des verbes, et qui exprime le suprême et l'ultime de nos concepts» (1786. IV. 3. 261). Le verbe être, observe encore Moritz, est irrégulier dans toutes les langues connues à ce jour, ce qui s'explique par la diversité des représentations qui se constituent effectivement dans sa conjugaison : il y a une grande diversité entre : *je suis*, la forme avec laquelle nous désignons notre autoconscience (*Selbstgefühl* ou *Ichheit*); *être*, qui désigne au contraire l'idée générale; *il est*, qui exprime un être représenté; *tu es*, qui exprime un être perçu comme interlocuteur, etc. Il y a de même une grande diversité entre l'être au présent et l'être au passé. Les différentes formes du verbe être ne sont donc pas de simples modifications d'un seul et même concept : la particularité du verbe *être* dépend du fait qu'«il s'agit peut-être du seul concept dont l'essence change suivant ses modifications» (*ibid.*, 262). La diversité qui sépare les intuitions recueillies sous le verbe être en expliquerait ainsi la remarquable irrégularité morphologique.

> «si l'on réfléchit à l'extraordinaire diversité qu'il y a entre le sentiment que nous avons de nous-mêmes (*Selbstgefühl*), ou le sentiment de notre propre être, et notre représentation de l'existence des choses étrangères à nous, devrait-on vraiment s'étonner de ce que la langue ait désigné ces concepts si différents les uns des autres par des mots eux aussi différents?» (*ibid.*, 263).

Ce sens de l'altérité s'atténue au pluriel. L'autoconscience du *moi* et celle du *nous* sont cependant qualitativement différentes.

> «Puisque je pense mon existence avec celle d'autres êtres (*Wesen*) qui me sont similaires et que je mélange mon existence avec la leur, je dois aussi réduire mon sentiment bien défini de moi-même à la simple idée générale de l'être, de sorte que la représentation de mon propre être s'accorde avec la représentation des autres personnes, car sans cet accord je ne pourrais jamais dire *nous*.» (*ibid.*).

D'une façon générale, tous les concepts sont plus indéfinis au pluriel : cela semble être une conséquence nécessaire de la classification qui unifie des objets différents sous un seul et unique point de vue.

Cet effort qui vise à restituer dans les processus cognitifs préverbaux la genèse des catégories linguistiques fondamentales ne manque pas de plausibilité théorique. Mais lorsqu'il analyse les verbes allemands (1784. II. 1. 93-99, 2. 183-192; 1786. IV. 3. 261-275) Moritz pousse à l'absurde l'hypothèse de la correspondance entre phonies et représentations qu'il avait exposée dans la rubrique «Sprache in psychologischer Rücksicht» (1785. III. 3. 272-275). Toujours à propos du verbe *être* il explique par exemple, que le *b*- qui n'apparaît qu'aux formes *ich bin* et *du bist* indique que, dans ces deux cas, la personne est en soi délimitée et isolée de la masse des autres objets. Le *-ist* de *bist* signifie l'action de notre pensée qui se représente quelque chose d'extérieur à soi-même, il indique donc l'objectivité de ce qui est *perçu intuitivement* comme autre par rapport à soi et *connu* objectivement. Le *-d* de *sind* indiquerait au contraire l'atténuation de la conscience décrite ci-dessus, selon une loi générale du pluriel qui ne concerne pas seulement le verbe : les différences ont en effet tendance à s'atténuer au pluriel. C'est ce qui expliquerait en outre que la langue allemande n'a au pluriel qu'un seul article *die* alors qu'au singulier elle présente trois formes distinctes (*der, die, das*); un seul pronom au pluriel, *sie*, et trois formes distinctes au singulier (*er, sie, es*); un seul adjectif possessif *ihr*, contre les trois formes du singulier (*sein, ihr, sein*). Par glissement de "indifférencié" à "faible" et de "faible" à "féminin", Moritz en arrive à expliquer pourquoi le pluriel du génitif des trois genres est identique à la forme du féminin singulier ou encore pourquoi les substantifs en *-heit, -keit, -ung*, sont féminins en allemand : ils impliquent une généralisation et donc une perte de différence.

Naturellement les choses se compliquent lorsqu'on tente d'appliquer ces «lois de la pensée» pour la comparaison entre les langues, même s'il s'agit de langues proches comme l'allemand et l'anglais (1786. IV. 3. 266 et sv.) : tous les exemples rapportés ou construits tendent à conserver le mieux possible le parallélisme entre les réalisations dans chaque langue de ces lois de la pensée. Là où ce n'est plus possible Moritz déclare simplement la supériorité de l'allemand en raison de sa plus grande fidélité à la nature (*ibid.*, 269). Cette thèse est réaffirmée dans les dernières pages de l'article consacrées aux modes linguistiques de représentation de la nature essentielle des choses, et donc de la vérité des choses; ces pages ne sont d'ailleurs pas sans évoquer au lecteur moderne de Heidegger une certaine impression de déjà-vu.

Moritz souligne à plusieurs reprises l'utilité de la comparaison linguistique comme instrument de la psychologie, en particulier en vue du développement de ce qu'un des collaborateurs de la revue, Carl Ludwig Bauer, recteur du collège évangélique de Hirschberg, appelait la psychologie des peuples ou psychologie nationale (*Psychologie der Völker* ou *National Seelenkunde* : 1786. IV. 1. 46-55) et que Moritz voyait comme l'une des missions essentielles du *Magazin*.

> «L'histoire de l'humanité d'un point de vue externe et l'histoire de l'esprit humain d'un point de vue interne doivent finalement se rencontrer sur un point où les merveilleux phénomènes doivent commencer à s'éclaircir, où l'être pensant et sensible devient moins étranger à lui-même, plus intime avec lui-même et plus confiant en lui-même» («Ueber den Endzweck des Magazins zur Erfahrungseelenkunde» : 1790-91. VIII. 1 : 8).

Les quelques exemples de comparaison présentés sur les pages du *Magazin* sont par ailleurs très occasionnels, il n'y aurait aucun sens à les mettre en rapport avec les débuts de la linguistique historique qui sera institutionnalisée quelques années plus tard. Les analyses de Moritz en sont très éloignées quant aux finalités, instruments et méthodes. Il s'agit en effet de recueillir le plus possible d'observations généralisables afin d'en extraire des enseignements sur les lois de la pensée. L'objectif du *Magazin* est dès le début, et reste jusqu'à la fin, exclusivement épistémologique. Le genre de recherche dont il est porteur est absolument étranger à la linguistique historique de la première moitié du XIXe siècle, il sera même taxé à cette époque de résidu d'intellectualisme "idéologique", et ce n'est que bien plus tard que les recherches épistémologiques retrouveront leur légitimité en linguistique.

Les exemples de grammaire psychologique proposés sous la rubrique «Sprache in psychologischer Rücksicht» devaient, selon l'ambition de Moritz, contribuer à la constitution d'un nouveau modèle de grammaire générale. Mais à partir de la moitié des années 1790, alors que l'aventure du *Magazin zur Erfahrungsseelenkunde* était déjà close, l'*allgemeine Sprachlehre* semble succomber en Allemagne à la fascination exercée par la déduction transcendantale kantienne, délaissant les plus modestes appels aux sciences de l'observation dont Moritz et ses collaborateurs avaient été les partisans les plus convaincus. Ce n'est là qu'un premier aspect de la coupure qui se produit dans ces années entre la méthode empirique et la méthode philosophique dans les sciences du langage. Les rapports entre la psychologie et la linguistique sont eux aussi touchés par la révolution épistémologique imposée par l'hégémonie idéaliste qui rangeait l'étude historico-inductive des langues au nombre des objets de savoir partiel de la science empirique, confiant la *vraie* théorie du langage à la compétence de la philosophie.

La structure portante de cette mutation épistémologique est bien sûr constituée par la *Wissenschaftslehre* élaborée par les auteurs de l'idéalisme philosophique, et nous y reviendrons. Mais ses répercussions se reflètent aussi dans la bipartition entre la psychologie empirique et la psychologie spéculative que proposent les auteurs qui en appliquent la méthode. Un exemple parmi d'autres : celui du philosophe schellingien Adam Karl August Eschenmayer, professeur à l'université de Tübingen, qui introduit son manuel de psychologie (1817) par quelques avertissements de méthode où il explique que l'étude du langage est une des missions de la psychologie empirique ; mais, précise-t-il, cette dernière n'opère que dans le domaine du savoir assertorique ou empirique (*assertorisches oder Erfahrungswissen*), ou bien problématique et inductif (*problematisches oder Inductionswissen*), pour arriver tout au plus à des généralisations déduites des phénomènes. La psychologie pure est au contraire un savoir apodictique ou spéculatif (*apodictisches oder speculatives Wissen*) et sa fonction est de montrer l'unité qui sous-tend les phénomènes (ici les phénomènes psychiques). Or «le savoir inductif ne tire sa valeur problématique et conditionnée que de la valeur apodictique de la raison» (Eschenmayer [1817]1822 : XI); ce n'est que dans le domaine de la conscience spéculative que la description phénoménologique et la théorie inductive des facultés de l'âme se transforment en savoir philosophique (Eschenmayer [1817] 1822 : 1-10). La scission entre la psychologie empirique et la psychologie rationnelle acquiert ainsi une force qu'elle n'avait jamais eue au XVIIIe siècle : la science empirique en général (et toute science empirique en particulier), trouve sa "véritable" base théorique dans le savoir philosophique, car le fondement de tout phénomène, son essence "véritable", se situe en dehors du domaine des phénomènes. Même la psychologie appliquée (*angewandte oder praktische Psychologie*), la troisième des parties de la psychologie selon le schéma de Eschenmayer, opte à cette époque pour le principe de base qui veut que toute l'objectivité ne soit qu'un reflet de la subjectivité et que tous les phénomènes de l'univers soient soumis aux formes de la subjectivité : la psychologie appliquée a alors pour mission de mettre en lumière ce parallélisme en retrouvant dans la nature les fondements de l'âme (*Grundgesetze der Seele*) que la psychologie pure avait déjà dégagés. Elle doit en somme se constituer comme philosophie de la nature (Eschenmayer [1817] 1822 : 10-12). Il n'est pas difficile de lire en filigrane dans le texte d'Eschenmayer les lignes principales du programme philosophique de l'idéalisme linguistique.

L'introduction d'un point de vue "pur" dans les sciences du langage comportait en outre une prise de position par rapport à la tradition de la grammaire générale, à laquelle on reprochait sa méthode exclusivement inductive. Mais elle comportait aussi un conflit potentiel par rapport à la grammaire historico-comparatiste qui allait devenir le modèle dominant quelques années plus tard. Les premiers avertissements de cette opposition remontent aux années 1790. Dans sa recension de la grammaire philosophique de Georg Michael Roth (1795) qui se proposait — comme l'indique son titre (*Antihermes, oder philosophische Untersuchungen über den reinen Begriff der menschlichen Sprache*) — de rechercher le concept pur de la langue, Ludwig Heinrich Jakob expliquait que la tâche principale de la *allgemeine Sprachlehre* est de définir de façon *nécessaire* les parties du discours, ce qui ne peut se faire *a posteriori* car on ne peut posséder la connaissance de toutes les langues. La seule voie possible est donc de procéder *a priori* en déduisant les formes de la langue des formes du jugement. Cette distinction si tranchée entre la recherche comparative, qui en raison de sa nature empirique ne peut jamais prétendre au statut de science, et une *Sprachlehre* "scientifique" car purement déductive, annonce la rupture de communication qui marquera les relations entre la linguistique historique et la philosophie du langage.

La *Critique de la raison pure*, ajoute Jakob dans sa recension de l'*Antihermes*, fournit le modèle de cette déduction car elle contient les lois nécessaires de la connaissance. Il reproche donc à Roth d'avoir suivi de trop près le modèle analytique au lieu d'adopter la méthode synthétique enseignée par Kant : le concept pur de la langue lui a ainsi échappé. Le reproche de Jakob nous permet de saisir un point caractéristique de plusieurs essais de grammaire générale pure, qui souvent en appellent à la méthode synthétique et adoptent la table des catégories kantiennes dans une sorte de soumission formelle à la nouvelle logique transcendantale, sans pour autant que cela se traduise en une pratique de l'analyse grammaticale substantiellement différente de celle de la tradition contestée dans les prémisses. A la lecture de ces ouvrages il apparaît évident que les contenus de la philosophie idéologique continuent souvent à être véhiculés en tant que matériel empirique à l'intérieur des schémas théoriques empruntés à la philosophie transcendantale. Des ouvrages de psychologie comme ceux de Friedrich August Carus par exemple, soumis de façon déclarée ou tacite aux grands auteurs de la philosophie classique allemande, donnent le plus souvent l'impression que l'encadrement hautement spéculatif ne contient finalement qu'un matériel purement et simplement repris à la philologie et à la linguistique traditionnelle que ces auteurs critiquent âprement dans leur préfaces. C'est ainsi que dans un paragraphe de sa *Psychologie* consacré au pouvoir de dénotation (*Bezeichnungsvermögen*), le schellingien Carus (1808 : 274-83; cf. 1809 : 235-241), après avoir défini le langage comme une activité qui relie l'infini au fini, c'est-à-dire le monde suprasensible au monde sensible, ce qui est pensé universellement à ce qui est perçu intuitivement, passe à une analyse des rapports entre le langage et la pensée, reprenant alors les termes désormais consacrés par la longue tradition de l'analyse des idées et des signes.

La véritable "purification" de la grammaire n'adviendra en fait que par le rejet de la méthode psychologique. August Wilhelm Schlegel dans sa recension de la grammaire d'August F. Bernhardi, associait explicitement la méthode psychologique et la grammaire générale pour les condamner toutes deux au nom de la philosophie transcendantale. Si c'est à Fichte que revient la paternité indiscutée de la méthode transcendantale en linguistique, la *Sprachlehre* de Bernhardi en est certainement la meilleure application sur le terrain de la grammaire générale.

Bernhardi est un auteur complexe dont l'originalité et la richesse ont longtemps été sous-évaluées et qui n'a commencé à recevoir que très récemment toute l'attention qu'il mérite (cf. Schlieben Lange & Weydt, 1988; Thouard, 1992, 1992a). On ne mentionnera ici que sa théorie grammaticale en tant qu'exemple ultérieur des rapports entre la philosophie et les sciences du langage au seuil du grand bouleversement épistémologique provoqué dans la philosophie par l'avènement de la perspective transcendantale, et dans les sciences du langage par l'affirmation de la méthode historico-comparative. L'erreur de la grammaire générale traditionnelle, nous explique Bernhardi, a été de se présenter comme universelle ou philosophique tout en n'étant en réalité qu'une science empirique, historique, constituée d'une simple collection de données à laquelle elle attribuait une valeur de principe. La grammaire traditionnelle s'est d'abord limitée à constater l'uniformité de construction et la ressemblance des parties du discours entre les différentes langues, elle a établi des listes de ces ressemblances sous des rubriques diverses, et a expliqué les modifications particulières comme étant des faits accidentels. Mais elle a fini par attribuer à ces classes pratiques un rapport avec l'esprit humain, transformant en principes des rubriques qui n'étaient que de simples régularités empiriques. Il faut au contraire, répète Bernhardi en écho à Fichte, fonder la doctrine de la langue sur «un point de référence sûr dans l'intériorité de l'homme»; c'est sur cette même ligne de base que doivent se situer aux deux extrêmes une simple grammaire historique et une grammaire philosophique abstraite (Bernhardi, 1801 : 10). La référence de base, le présupposé qui devrait permettre de réaliser le programme suggéré par Fichte, est selon Bernhardi l'analytique de Kant, qui devrait fournir un corrélat transcendantal à toutes les formes linguistiques. Cela permettrait de considérer l'unité de la pensée et du langage non pas comme une unité psychologique comme c'était le cas selon la linguistique des Lumières, mais comme une unité transcendantale. Bernhardi délègue en somme à Kant la mission de fournir les fondements nécessaires à la linguistique conçue comme une recherche pure. *Etant donné que* la logique transcendantale a énoncé les formes nécessaires de l'intellect, toute grammaire générale fondée sur la logique transcendantale acquiert *par conséquent* un caractère de nécessité. La mise en œuvre du programme fichtien repose, selon Bernhardi, sur ce principe. Dans sa recension de la *Sprachlehre* de Bernhardi, August Wilhelm Schlegel saluait en effet cette œuvre comme l'acte par lequel la recherche systématique sur le langage s'affranchissait de l'hypothèque psychologiste, de l'identification du concept de philosophie avec celui d'observation psychologique. En effet, l'intérêt pour les aspects synchroniques du langage, et donc en dernière analyse pour une théorie générale du langage, restera alors pour longtemps l'apanage exclusif des philosophes. Mais contrairement à ce qu'avait espéré Schlegel, dès que l'intérêt philosophique et l'intérêt empirique se ressoudent, à l'époque de Heymann Steinthal et de Hermann Paul, on confie de nouveau à l'observation psychologique un rôle fondamental dans l'élaboration de la théorie linguistique : l'étude des pratiques linguistiques reconquiert alors sa place dans le «laboratoire de l'âme».

Chapitre 5
Pensée et langage sur la scène de la philosophie

1. UNE IDÉOLOGIE ALLEMANDE ?

Quand Marx et Engels écrivaient en 1845 *L'idéologie allemande*, la cible de leur critique étaient les jeunes hégéliens, les professionnels de la pensée pure. Le terme même d'*idéologie* était employé dans une acception franchement péjorative, et il faut bien dire qu'il n'avait d'ailleurs jamais été utilisé de façon neutre dans la culture allemande, tout comme dans la culture britannique par ailleurs. Et pourtant si l'on entend par *Idéologie* cette conception spécifique de la philosophie fondée sur l'analyse des idées et des signes, dominante à l'époque en France et dans les pays latins fortement influencés par la culture française, on ne peut être que frappé par l'analogie qu'elle présente avec les recherches d'une partie des philosophes allemands de la même époque : les philosophes populaires du dernier quart du XVIIIe siècle et les philosophes-psychologues du début du siècle successif utilisent des techniques similaires, selon une même orientation générale, et l'on peut dire de même de la critique du langage qui constitue le fil conducteur de la pensée d'un auteur comme Reinhold. En outre, ne serait-il pas légitime d'étendre le champ de cette analogie à la *philosophy of mind*, ce courant dominant de la tradition anglo-écossaise jusqu'à Stuart Mill ?

Notre but n'est certes pas de coller une même étiquette sur toutes les différentes philosophies nationales qui se développent en cette fin du siècle des Lumières en Europe, mais simplement de montrer, là où cela est possible, l'unité qui traverse la culture philosophique de cette époque. Eduard Beneke dans un essai que nous avons déjà mentionné, se plaignait à juste tire que l'Allemagne des philosophes se fût transformée en un cas à part face au reste du contexte européen; il voyait la césure se produire sous l'hégémonie de la philosophie kantienne et plus encore sous celle de ses interprétations idéalistes. Le point de bascule indiqué par Beneke doit cependant être relativisé quant aux démarcations chronologiques : les analyses sur les mécanismes de la représentation mentale et verbale se multiplient à la charnière entre les deux siècles, qu'elles soient en prise ou totalement en marge par rapport au débat sur la philosophie kantienne; et d'autre part, l'idée que la philosophie est une réflexion sur la genèse des représentations recueille un consensus si universel que Kant lui-même est parfois assimilé à Locke et à Leibniz dans les réflexions sur ce thème. La philosophie tout entière est une *Ideenlehre*, se plaît-on à répéter, et la métaphysique se construit à travers l'anthropologie, la logique et la grammaire générale (Krug, 1832-38, article *Idéologie*).

Nous nous limiterons à donner ici un échantillon de ces analyses des idées et des signes qui reviennent avec une constance quasi rituelle quand on parcourt les manuels de logique et de métaphysique, les publications périodiques en philosophie, les projets pour une encyclopédie des sciences ou les essais d'anthropologie et de pédagogie de l'époque. Nous en avons d'ailleurs déjà rapporté quelques cas dans le chapitre précédent à propos de la psychologie empirique. Ces exemples sont cités à titre indicatif et cette étude péchera certainement par manque d'exhaustivité. Ils suffiront cependant pour faire ressortir l'hypothèse de l'intégration de la philosophie allemande dans la philosophie européenne de la même époque, et ce dans des proportions bien supérieures à ce que nous présente traditionnellement l'histoire de la philosophie. Cela nous permettra aussi de replacer dans un canevas unitaire certaines réflexions sur le rôle de la philosophie vis-à-vis des sciences et certaines positions de critique du langage de l'époque post-kantienne qui sinon sont difficiles à comprendre et à évaluer.

C'est en premier lieu dans l'anthropologie des philosophes populaires que l'on ira chercher des exemples d'analyse des idées et des signes. Il est bien difficile, dans les projets de recherche, mais même dans les encyclopédies et les manuels, de tracer des frontières nettes entre les diverses disciplines qui s'y mêlent : psychologie, anthropologie générale, anthropologie physique; et il est encore plus difficile de situer exactement les sciences du langage à l'intérieur de ces branches. Le caractère problématique du statut des sciences morales en général est manifeste dans l'*Allgemeines Wörterbuch der philosophischen Wissenschaften* de Wilhelm Traugott Krug, ce dictionnaire philosophique dont la première édition fut publiée en 1827, suivie d'une deuxième édition en 1832-1838, et que l'on peut considérer comme le premier de l'époque post-kantienne. L'article *Seelenlehre* est un témoignage significatif de la stratification, y compris terminologique, des sciences de l'homme, et du croisement entre la psychologie comme science d'observation (*erfahrungsmässige Seelenlehre, Seelengeschichte, Seelenkunde*) et l'anthropologie (*psychische Anthropologie*), qui forment une science substantiellement unifiée à la recherche de son propre rôle dans l'encyclopédie des sciences philosophiques : on discute encore, rappelle Krug, pour savoir si la psychologie fait partie de la philosophie ou de sa propédeutique, ou même si toute la philosophie ne serait que psychologie.

Il est vrai que la théorie du langage quand elle se limite aux aspects cognitifs est généralement placée à l'intérieur de la psychologie (cf. par exemple Hoffbauer, 1796 : 184-225), mais il faut dire que la psychologie est elle-même conçue parfois comme une partie de l'anthropologie générale, si elle ne s'identifie pas totalement avec l'anthropologie. L'anthropologie physique revendique pour sa part l'étude des conditions organiques du langage et déplore l'habitude prise par la philosophie de concéder une part trop grande à la raison et si peu de place à l'organisation physiologique de l'homme (cf. Ith [1794-1795] 1802 : 71-100); il arrive toutefois que les manuels d'anthropologie physique renvoient explicitement à la psychologie pour ce qui est de la théorie linguistique (Meiners [1786] 1793 : 17).

Il est par ailleurs très fréquent qu'un chapitre sur le langage soit inclus dans la logique; rappelons toutefois que sous la rubrique logique des manuels de l'époque on trouve de fait des traités de psychologie cognitive (genèse des représentations, formation des concepts, liaison avec les jugements et rôle du langage dans ces diverses fonctions). Dans ces exposés le langage est traité entre la théorie du concept et la théorie du jugement, et c'est à ce niveau que l'on discute sur la relation entre la signification et le concept, sur la définition et l'étymologie comme techniques en mesure de clarifier et déterminer les significations, sur l'élément intuitif, iconique, inhérent à certaines classes de mots, et parfois même sur la dimension esthétique des mots. Les ouvrages de Ernst Platner fournissent un exemple typique des manuels de la philosophie populaire sur ce thème. Cet auteur est surtout connu pour ses *Philosophische Aphorismen* (1776-1782, 2e éd., 1793-1800), mais il a écrit aussi des manuels de logique et de métaphysique où il explique en toutes lettres que la séparation entre la logique et la psychologie cognitive (*Psychologie des Erkenntissvermögens*), imputable à Kant, est dénuée de tout fondement. C'est au contraire de la liaison entre ces deux sciences que peut naître une « histoire pragmatique et critique de la faculté de connaître », une « histoire psychologique de la faculté cognitive dans son ensemble », une théorie de la représentation, telle que la logique l'avait été dans la philosophie des stoïciens puis de Locke. Cette logique à la mesure d'une théorie de la représentation peut être complétée par une « rhétorique élémentaire, un art de la pensée verbale, une exposition de la forme linguistique de la faculté cognitive supérieure » : on reconnaît là le rôle qu'avait joué dans le passé la logique aristotélicienne (Platner, 1795 : 6-8). Platner propose donc une logique intégrée qui regroupe ainsi l'histoire pragmatique de la connaissance humaine et de sa forme linguistique.

Concevoir la logique comme une analyse des idées amenait naturellement à faire appel, à plusieurs niveaux, à la sémantique et à la théorie du signe. Dans l'Encyclopédie philosophique de Johann Heinrich Abicht (1804) la *Bedeutungslehre* s'applique en premier lieu au rapport de la connaissance à son objet, et seulement accessoirement au langage verbal. Dans des cas comme celui-là, la théorie du langage devient un aspect essentiel de la théorie cognitive. L'analyse du langage, c'est-à-dire l'analyse sémantique de la langue d'usage mais aussi l'analyse comparative entre les langues, est souvent considérée comme un instrument heuristique irremplaçable pour la philosophie (Hoffbauer, 1810 : 97-106). Même dans les encyclopédies "a priori", dans les encyclopédies "formelles" fondées sur l'idée de l'unité nécessaire du savoir, la *Sprachlehre* est considérée comme une propédeutique de toutes les autres sciences philosophiques (Pölitz, 1813 : 92-100); cette distinction originaire et essentielle est conçue comme la condition des *Real-Wissenschaften* (Jaesche, 1816; Arnold, 1831).

L'étendue des significations que le terme "anthropologie" prend tour à tour dans les traités de l'époque permet une certaine multilatéralité des approches dans l'étude du langage. Les *Erfahrungen und Untersuchungen über den Menschen* (1777-1785) de Karl Franz von Irwing en sont un bon exemple : cet ouvrage d'anthropologie, l'un des plus appréciés et des plus cités par ses contemporains, peut aujourd'hui encore servir de texte de référence pour aborder les connaissances neuro-physiologiques et les théories de la perception à l'époque de la philosophie populaire. Le langage y est étudié sous plusieurs aspects différents. Après avoir exposé les hypothèses physiologiques sur les fonctions perceptives, Irwing aborde une première fois le sujet en faisant appel aux thèmes classiques sur l'origine et la fonction du langage ; à cet effet il se réfère explicitement aux théories de Lambert, Sulzer et Herder (*ibid.*, I. 150-178). Puis il reprend la question dans la perspective spécifique de la différence entre l'homme et l'animal. Les signes arbitraires — autre thème classique — sont un genre (*Gattung*) d'idées qui rendent possible la liberté d'imagination des hommes (*ibid.*, II. 109-149).

L'exposé le plus intéressant quant aux thèmes linguistiques se trouve dans la partie plus spécifiquement psychologique de l'œuvre (*ibid.*, III. 47-87). A l'occasion de la discussion sur la nature du concept, Irwing affronte deux sujets qui seront repris par Herder dans sa *Métacritique*. Le premier concerne la continuité entre des concepts qu'on ne distingue qu'artificiellement, les concepts sensibles (*Empfindungsbegriffe*) d'un côté et les concepts intellectuels (*intellectuelle Begriffe*) de l'autre. Le second vise la nature de signe de tout acte d'aperception, même le plus élémentaire. Toute idée, quelles qu'en soient l'origine et la nature, ne peut être aperçue (c'est-à-dire perçue et conçue comme distincte des autres) que grâce à des marques (*Merkmale*). Les mots, en tant qu'élaboration intellectuelle ultérieure, ont la même fonction que les marques : ils agissent directement sur le système nerveux, y produisant des modifications similaires à celles que les marques provoquent au niveau des systèmes de perception périphériques. Mais leur pouvoir est plus étendu que celui des marques, car les mots ne sont pas nécessairement liés à l'élément iconique, ils peuvent aussi représenter un élément syntaxique du type de ces relations qui ne constituent pas en soi des images, ni aucun objet existant en soi, et que l'on ne peut séparer des idées auxquelles ils se réfèrent. La fonction première de la langue est fondée selon Irwing sur l'analogie entre les mots et les marques perceptives ainsi que sur leur pouvoir d'isoler et de rendre reconnaissables (et donc représentables) les objets et les relations entre les objets.

C'est sur cette base qu'Irwing ébauche une théorie sémantique et affronte les thèmes canoniques de la théorie linguistique. L'analogie de fonction du nom et de la marque sensible permet d'expliquer tant pour les concepts sensibles que pour les concepts intellectuels les raisons pour lesquelles la dénomination (*Benennung*) est essentielle pour déterminer le contenu du concept (*Bedeutung*). En effet nous construisons des concepts quand nous remarquons (*bemerken*) dans les idées quelque chose de commun qui les caractérise, que nous recomposons en un tout cet élément et que nous faisons valoir cette unité comme la signification d'un mot. Le nom devient alors intrinsèquement nécessaire à la fonctionnalité du concept; sans dénomination aucun concept ne peut acquérir de consistance propre. En ce sens il est légitime de dire que la signification du concept et la signification du nom sont coextensifs et que la création de néologismes signifie création de nouvelles représentations communicables.

Née de la théorie du concept, la théorie sémantique d'Irwing s'élargit ensuite pour prendre en compte les opérations sémantiques des langues naturelles, où, note-t-il, la formation des unités de signification ne se produit pas de façon aussi méthodique : les mots non seulement désignent les concepts mais ils évoquent aussi des représentations corrélées, les combinaisons et les dérivations d'idées engendrent ainsi une prolifération de pensées. Mais l'intention de communiquer et, corrélativement, le processus de compréhension, assurent le contrôle sur la sémantique des langues naturelles. La production de concepts et la juste compréhension des concepts d'autrui constituent une seule et même activité. « Comprendre n'est pas une simple perception passive : cela appartient à la forme active de l'âme », écrit Irwing (1777-1785 : III. 75) ; c'est un processus analytique qui ne concerne pas seulement les mots mais aussi les connaissances préalables de l'interlocuteur, sa mentalité (*ibid.*, IV. 58). Nous devons percevoir et recréer les concepts exprimés par les autres : tel est le véritable processus de la compréhension. Les idées annexes liées pour chacun des locuteurs à la signification primaire des concepts et à l'intention communicative y jouent un rôle important, elles tendent à élargir ou à restreindre les contenus du message.

Dans le quatrième volume de l'ouvrage (p. 24-80), Irwing analyse en détail les autres facteurs qui rendent moins « méthodique » et plus complexe, plus imprévisible, le processus de communication : l'influence du point de vue d'où on observe les choses, les variations qui sous un point de vue défini sont engendrées par les degrés infinis de différence et de ressemblance entre les représentations, la force de l'analogie dans la formation des concepts, l'extension de la signification des noms, etc. Et là encore il fait appel à l'intention communicative, cette fois en tant que variable dans le processus de transformation de la simultanéité de la pensée à la linéarité du discours : l'ordre et la structure syntaxique dans lesquels se traduit « la totalité indistincte », la « masse » constituée par la pensée, dépendent en effet « chaque fois de l'intention du locuteur » (*ibid.*, IV. 26). Si la diversité externe des langues naturelles relève de la compétence des philologues (*ibid.*, IV. 38-61), toutes les variations internes du *Sprachsystem*, y compris celles qui dépendent de l'intention du locuteur, sont de la compétence du philosophe.

La théorie du langage trouve aussi une place dans un texte qui peut être considéré comme un petit classique du courant "matérialiste" de la philosophie populaire, les *Philosophische Gespräche* du médecin-philosophe Christian Gottlieb Selle (1780). Ces dialogues offrent un exemple typique de cette fusion relativement fréquente dans l'anthropologie de l'époque, entre la conception évolutionniste de la nature et une remise à jour de la notion de Chaîne des Etres. En proposant de nouveau le thème de la continuité entre la vie animale et la conscience, que nous avons déjà vu chez Sulzer, Selle soutient la thèse de la continuité fonctionnelle entre l'homme et les animaux supérieurs, et de la nécessité de juger l'homme sur la base des lois qui s'appliquent aussi aux autres animaux. Le hiatus entre la vie animale et l'apparition de la conscience, comme toutes les lacunes que nous pensons trouver dans la nature, sont le fait de nos procédures cognitives les plus complexes au nombre desquelles le langage, dont les distinctions et les classifications se superposent à la nature elle-même (Selle, 1780 : I. 282; II. 171 sv.). Les partitions de la nature, tout comme les classifications spontanées implicites dans la perception, ne sont jamais strictes ni définitives. Elles ne sont fixées que dans un deuxième temps, à des fins heuristiques, pour le raisonnement et l'usage, et codifiées dans la langue qui les reprojette ensuite sur la réalité (*ibid.*, II. 182-83). Plus que l'arbitraire du langage c'est sa fixation qui, imposant à la nature des frontières qui ne lui appartiennent pas, ouvre la voie aux abus de langage. Le caractère arbitraire est même paradoxalement ce qui permet au langage de représenter de façon stable une réalité en soi mouvante et qui donc ne se laisse classer que de façon arbitraire.

Les lois du *continuum* concernent aussi les rapports entre les comportements instinctifs et la pensée verbale de l'homme; il s'agit d'ailleurs d'un cas particulier du *continuum* dont font partie aussi bien la spontanéité des sons émis par les animaux que l'arbitraire des sons linguistiques. Sur l'échelle de l'évolution, plus l'instinct régresse, plus le développement de la pensée verbale est libre, ce qui se manifeste par un plus grand exercice de la faculté de distinction (*Unterscheidungskraft*), et donc par une plus grande articulation des sons de la langue. Ces deux articulations sont l'une l'instrument de l'autre et elles se stimulent l'une l'autre (*ibid.*, II. 151-189).

L'*Abhandlung ueber Bestimmung und Bestimmtheit der Begriffe* publiée en 1791 dans la *Philosophische Bibliothek*, la revue éditée par Johann Georg Heinrich Feder à partir de 1788, est un bon exemple d'analyse qu'on peut considérer comme un développement autonome du courant lockien de la philosophie populaire. Le thème, typique de l'Idéologie, est celui de l'importance primordiale de l'élément sémantique dans la vie intellectuelle et donc de la nécessité, en vue de la justesse et de l'efficacité des opérations mentales, de définir avec la plus grande précision les concepts liés aux mots. Une telle analyse se situe à la limite entre l'étude du langage et celle de la psychologie. Etant donné que les concepts eux-mêmes dépendent des opérations précédentes, il est aussi important de retrouver et de clarifier l'origine des concepts utilisés, que d'en exposer les *Nebenvorstellungen*, c'est-à dire les représentations annexes, car elles peuvent bouleverser totalement la signification des mots (Feder, 1791 : 53-54). La détermination du concept à travers le nom commun ou la déviation par rapport à la signification originelle des mots provoque souvent une confusion de représentations et engendre donc la polysémie (*Vieldeutlichkeit*).

Ce sont là des arguments courants dans la critique du langage, mais la caractéristique de cet essai est le rôle prépondérant qui est attribué à la communication comme facteur de détermination des significations et d'acquisition des représentations. Repoussant les éventuels objections sceptiques des partisans de l'arbitraire, l'auteur souligne combien l'arbitraire des signes est en réalité limité lors des pratiques effectives de communication. Le concept n'est indéterminé que jusqu'au moment où il n'est pas utilisé à des fins communicatives, il acquiert alors sa détermination du contexte de communication et étant lié à ce contexte sa signification se stabilise. Ces considérations concernent tous les concepts empiriques, c'est-à dire ceux qui figurent dans la langue quotidienne et auxquels on peut appliquer le critère de la vraisemblance, réservant aux concepts immédiatement évidents et "géométriques" le critère de la vérité.

La volonté communicative des locuteurs est le premier facteur de détermination des concepts, suivi lors de la communication par la structure des diverses langues naturelles. L'écoute implique automatiquement une acquisition de représentations qui nous parviennent par l'intermédiaire de la langue commune. Il est impossible, observe l'auteur, de dire dans quelle mesure nos représentations sont déterminées par ce que nous avons vécu, observé et compris, ou par ce que l'expérience et l'imagination d'autrui nous a transmis à travers l'écoute ou la lecture.

Priorité est accordée dans cet essai à la communication quotidienne : c'est l'étalon de comparaison et l'instrument de contrôle appliqué aux langages techniques, de celui de la philosophie à celui des classifications scientifiques. Le premier, le langage de la philosophie est tendanciellement plus «privé», car la philosophie traite «de concepts des choses invisibles», des objets du sens intérieur; son défaut est d'être peu contrôlable. Les autres sont plus systématiques et objectifs, mais cela les expose justement à un péril : celui de confondre le système des noms avec le système de la nature.

A partir des années 1790 le poids de la confrontation avec l'analyse kantienne commence à se faire sentir dans le domaine de l'analyse des idées et des signes. Salomon Maimon, philosophe autodidacte tenu en grande estime par Kant lui-même — nous l'avons déjà mentionné en tant que collaborateur du *Magazin zur Erfahrungsseelenkunde* — publie en 1790 une recherche sur la philosophie transcendantale qui contient entre autres un essai «Über symbolische Erkenntniss und philosophische Sprache» (Maimon, 1790 : 265-332). Il y propose une sorte de critique de la raison symbolique dont l'extension coïncide avec la raison elle-même. «La philosophie au sens propre n'[est] qu'une grammaire générale (*allgemeine Sprachlehre*)», écrit Maimon (*ibid.*, 296). Non seulement la philosophie donne des règles applicables à chaque langue et juge l'adéquation des mots mais, grâce aux classifications en genres et en espèces, elle détermine la part de ce qui est primaire et celle de ce qui est dérivé ; elle peut donc juger de l'adéquation du système des signes. La *Sprachlehre* philosophique est une science formelle qui s'applique au vocabulaire des langues naturelles tout comme à sa propre matière : la diversité des langues lui est indifférente à condition que les connexions entre les concepts suivent les mêmes lois formelles. La "déduction" de la morphologie reste une sorte de but purement idéal pour les langues naturelles qui, bien qu'elles participent plus ou moins de cette forme, s'en éloignent cependant dans une large mesure (*ibid.*, 297, 301 et sv.). Cet idéal régulateur, cette *idealische Sprache*, devrait être utilisé comme terme de référence pour la comparaison linguistique en vue de juger du degré de perfection des langues réelles, c'est-à-dire de leur degré d'adaptation à l'analyse des rapports syntaxiques au moyen de certaines parties du discours. L'analyse kantienne sert ici de base pour un projet de langue universelle (*ibid.*, 298), qui devrait être construite *a priori*, non pas en extrayant les parties du discours du fonds des langues réelles, mais en les déduisant des principes théoriques et en les organisant en un système ; ce qui est possible, pense Maimon, si l'on se base sur la logique transcendantale. Tous les projets de langue universelle, comme celui de John Wilkins, sont destinés à l'échec car les classifications sur lesquelles ils s'appuient sont purement subjectives ; la langue qui en résulte peut donc être philosophique mais jamais universelle. La véritable langue universelle sera au contraire la grammaire transcendantale, c'est-à-dire la théorie de la *forme* de la langue (*ibid.*, 317-28).

Le projet de Maimon ne prévoit pas seulement la fondation formelle de la grammaire : une opération théorique du même type doit, selon lui, être mise en œuvre pour la réforme linguistique. Le «système des catégories de Kant que celui-ci a déduit des formes logiques et exposé de façon complète » peut servir de guide pour ce processus continu de rapprochement vers la perfection de la langue idéale. Il peut, du moins dans un premier temps, servir à la réalisation d'une terminologie à l'usage des philosophes, structurée de façon hiérarchique et qui contiendrait les noms des formes aptes à penser les objets et non les noms des objets eux-mêmes. C'était là l'intention de départ du *Philosophisches Wörterbuch*, publié en 1791 ; mais malgré les engagements réitérés de l'auteur en ce sens, il s'agit en fait d'une encyclopédie des concepts fondamentaux de la philosophie, qui ne fait que reprendre à l'article *Sprache* le thème du langage philosophique (Maimon, 1791 : 111-121, 265-332).

Après la grammaire transcendantale, examinons un deuxième aspect du kantisme linguistique de Maimon : la théorie des tropes, qui lui permet d'introduire le principe transcendantal à l'intérieur même du domaine de la sémantique (Maimon, 1790 : 302-317; cf. Maimon, 1793 : 245-260). Maimon conteste la thèse selon laquelle la plupart des expressions de la langue seraient constituées de métaphores. C'était là une idée assez courante dans la sémantique, du moins à partir de Locke, et elle tenait un rôle important dans l'esthétique de Sulzer. Les expressions que l'on tient généralement pour des expressions métaphoriques sont souvent, dit-il, des « expressions transcendantales », c'est-à-dire des expressions qui s'appliquent aussi bien à des objets matériels qu'à des objets immatériels : comme, par exemple, lorsqu'on parle de *mouvement* en appliquant ce mot à des corps ou à l'âme, ou lorsqu'on parle de *saisir* un corps ou une pensée etc. Comme il l'explique dans un essai postérieur, la langue commune tend à désigner les objets sur la base de concepts très génériques, en rapprochant des objets sur la base de ce qu'ils ont en commun (Maimon, 1797 : 407-410). Le procédé qui instaure une sorte d'analogie entre les objets matériels et immatériels pour les inclure dans un même genre est justement un exemple de cette tendance générale de la langue non scientifique. Il n'y a *dans la langue* aucun critère qui permette d'affirmer qu'un même concept transcendantal appliqué aux corps est utilisé au sens propre, et appliqué aux choses non corporelles est utilisé au sens figuré. Les signes naturels qui, en raison de leur caractère iconique devraient être par définition les plus adaptés, ont comme défaut de contenir trop ou trop peu de la chose désignée : trop parce qu'ils représentent toutes les caractéristiques sensibles des individus et ne permettent donc pas l'abstraction ; trop peu parce qu'il y a des choses ou des définitions de choses qui ne sont pas intuitives et dont la représentation reste donc exclue. Même en admettant, poursuit Maimon, que du point de vue de l'histoire naturelle des hommes la désignation des objets matériels précède celle des objets immatériels, il n'y a aucune raison d'affirmer que leur application aux objets matériels soit "propre" tandis qu'elle serait métaphorique ou impropre pour les objets immatériels.

En réalité, c'est la pertinence de l'histoire naturelle comme base de la théorie que Maimon met en doute, s'appuyant sur un schéma suggéré par la distinction kantienne entre *quaestio iuris* et *questio facti*, qui sera largement appliqué par la suite par les philosophes de l'idéalisme classique, y compris dans leurs théories de la langue. Quelle que soit la façon dont se pose dans les faits le problème de la priorité entre la connaissance du particulier de caractère matériel et celle de l'universel de caractère formel, il est certain, affirme Maimon, que la première suppose de droit la deuxième (Maimon, 1790 : 306-307). La théorie de la nature principalement tropique du langage proposée par l'empirisme se fondait justement sur la thèse inverse : sur la priorité de fait et de droit de la connaissance particulière par rapport à la connaissance universelle. Or ici les figures ne s'appliquent pas simplement au langage, mais au mode de représentation lui-même, ce ne sont pas des façons d'exprimer une pensée mais des façons de penser les objets (telles sont les «figures philosophiques» de l'espace et du temps : Maimon, 1793 : 260-272). Admettre la nature totalement tropique du langage aurait voulu dire, pour Maimon, admettre la priorité et l'autonomie de droit de la connaissance sensible sur la connaissance intellectuelle, de la matière sur la forme. Cela explique le ton quelque peu emphatique utilisé par Maimon pour mettre en relief les implications métaphysiques et morales de cette théorie des tropes : elle «favorise le matérialisme, fait triompher Satan sur le bon esprit, Arimane sur Ormuz : en somme, l'imagination qui toujours s'efforce d'étendre son domaine, sur la raison elle-même» (Maimon, 1790 : 302).

L'assimilation entre idéologie et kantisme dont nous avons là l'un des premiers exemples, se reproduira sous beaucoup d'autre versions. L'obédience kantienne n'empêche pas par exemple Johann Gottfried Kiesewetter (qui par ailleurs avait âprement critiqué d'un point de vue kantien la *Métacritique* de Herder : cf. Kiesewetter, 1799), d'inclure les grandes lignes de la sémiotique empiriste dans le cadre de la théorie de l'imagination productive (Kiesewetter, 1806 : 73-80; cf. Kiesewetter, 1817) ou de la table des catégories de Kant (Kiesewetter, 1824-1825 : I. 1-8, II. 24-28, 189-193). Dans les années 1830 certaines notions kantiennes sont encore utilisées dans la psychologie empirique en vue de la réélaboration de la thématique idéologique. Que l'on pense en particulier à l'usage de la notion de schème. Le mot, explique-t-on, sert de schème : il sert à appliquer les idées abstraites aux objets de l'expérience. Cette utilisation de la théorie kantienne du schématisme, en tant que fonction de l'imagination qui efface les déterminations sensibles des données de l'intuition pour les rendre homogènes avec les concepts purs, était sans doute inéluctable. L'identification du mot avec le schème était suggéré par toute une tradition qui de Locke à la philosophie des Lumières avait défini les termes généraux comme des dispositifs pouvant subsumer en une unité une multiplicité de données empiriques en faisant abstraction de leurs déterminations immédiates spatio-temporelles. Humboldt, par d'autres voies et avec d'autres conséquences, en était lui aussi arrivé à attribuer au mot une fonction schématisante. Identifier le mot avec le schème servait par ailleurs à expliquer le fait que l'on utilise des mots avant de posséder les concepts qui y correspondent ou en l'absence de l'intuition sensible des objets auxquels ils se réfèrent. Le nom général tient lieu de schème et c'est en tant que tel qu'il s'offre à l'intuition. Grâce à cette fonction schématisante des mots, le discours peut devenir un discours sur les choses sans être nécessairement accompagné des représentations iconiques des choses elles-mêmes. Ces thèmes sont fréquents dans la psychologie jusqu'aux années 1840, et ils sont librement insérés et utilisés dans le cadre de la psychologie naturaliste qui adopte comme méthode l'introspection (cf. comme exemple typique de ce procédé : Biunde, 1831-1832).

Les proportions respectives du kantisme et du naturalisme dans la psychologie de la première moitié du XIXe siècle sont d'ailleurs difficiles à établir. Les interprétations de l'analytique kantienne en termes de psychologie ne manquaient pas. L'exemple le plus connu en est sans doute le projet d'une "nouvelle critique de la raison" de Jacob Friedrich Fries ([1807] 1828-31). Celle-ci se fonde sur une méthode analytique dont l'objectif est bien sûr de mettre à nu les structures constitutives de l'expérience, mais non de les ramener à une notion transcendantale du Moi : le but recherché est de les identifier dans la constitution du sujet empirique. La connaissance transcendantale, dans cette version amendée, se fait justement l'instrument de la nouvelle critique de la raison, elle veut donc être «connaissance psychologique, ou plutôt anthropologique» (Fries, 1808 : I, XXXV-XXXVI). Il ne peut y avoir qu'une connaissance *a posteriori* des formes *a priori* du sujet, on la déduit de l'observation introspective : c'est d'ailleurs ce qu'a fait Kant lui-même (Fries [1807], 1828-31 1. XV, 28-30). L'observation des phénomènes internes a, selon Fries, la même validité que l'observation des phénomènes externes de la nature. Cette dernière, l'observation externe, est exposée à l'erreur de même que l'observation interne à l'illusion et à la distorsion : il n'y a donc *a priori* aucune raison de privilégier l'une sur l'autre quant à la fiabilité. Considérer la méthode introspective comme l'instrument spécifique de la psychologie (et l'exemple de Kant allait dans ce sens) signifiait se rallier à la tradition analytique et opposer aux philosophies de l'esprit proposées par l'idéalisme dominant le modèle d'une philosophie comme science d'observation. C'est ainsi que dans les années 1820-30 on assiste à une reprise de la problématique kantienne mais dans une direction qui se situe à l'opposé de l'opération effectuée par les représentants de l'idéalisme classique : c'est-à-dire en laissant de côté la dialectique pour se concentrer sur les théories cognitives de l'esthétique et de l'analytique, par opposition aux philosophies de la nature élaborées par l'idéalisme et spécialement par Schelling.

L'objet de la dispute entre les deux âmes du kantisme était dans ce cas de nature strictement méthodologique. Il ne s'agissait pas de la nature constitutive des structures de la connaissance (sur ce point Fries lui-même se déclarait kantien sans aucune dissension possible, et il n'était pas le seul). Le problème était de décider de la méthode à utiliser pour vérifier ces structures car il était contradictoire, du point de vue des prolongements idéalistes du kantisme, d'attribuer à la connaissance *a posteriori* — à la psychologie empirique comme le soutenait la nouvelle critique de la raison — la découverte des structures *a priori*. Mais sous la discussion de méthode se faisait jour un désaccord sur la notion même d'*a priori*. L'erreur de Kant, selon Herder tout d'abord, puis selon les "nouveaux critiques de la raison" et en particulier Fries, est d'avoir identifié *a priori* avec *transcendantal*, ce qui l'a empêché de concilier l'étude des structures fondamentales de l'expérience avec la science empirique. Ces deux auteurs, Herder comme Fries, réfutent l'idée qu'on ne puisse avoir de connaissance empirique de l'inconditionné (dans ce cas, des structures constitutives du sujet empirique). Selon Herder c'est l'assimilation de l'*a priori* avec le transcendantal qui a empêché Kant de construire une critique conçue comme une "physiologie des facultés cognitives"; selon Fries, l'erreur de Kant a été de méconnaître la nature empirico-psychologique du transcendantal, supposant ainsi qu'on ne pouvait en avoir qu'une connaissance *a priori*, ce qui l'a empêché de construire cette psychologie, ou mieux cette anthropologie, qui est la matière même de la nouvelle critique de la raison. La notion d'*a priori* cognitif définie par Fries comme « l'excitabilité originelle de la raison connaissante », ne peut être vérifiée et analysée qu'avec les instruments de la psychologie et de l'anthropologie. Dans cette perspective, il semble que l'élément transcendantal ne soit qu'une simple condition épistémologique, un postulat cognitif.

Tout cela ne se passe pas bien sûr sans hésitations ni retours en arrière : c'est ainsi que Fries (1837 : 37-41) place, à côté des lois de l'association qui règlent l'activité psychique, une loi de l'unité et de la nécessité de pertinence de la raison pure.

2. CRITIQUE DU LANGAGE ET STATUT DE LA PHILOSOPHIE CHEZ REINHOLD

Les exemples ne manquent pas pour témoigner de la rencontre entre le kantisme, l'Idéologie et le courant éclectique qui se poursuit bien au-delà des bornes chronologiques de la *Popularphilosophie* et qui tente de lire l'analyse kantienne comme une nouvelle version de l'analyse des idées, ou d'incorporer dans l'analyse des idées les instances de la philosophie transcendantale.

Il s'agit toutefois d'un courant qu'il est difficile d'encadrer dans une unité cohérente, car il comprend aussi bien les programmes de "retour à Kant" contre les prolongements idéalistes de la philosophie en Allemagne et au nom de la psychologie empirique, que, à l'opposé, les programmes de critique anti-kantienne; ces derniers n'étant par ailleurs pas non plus indifférents à l'incitation kantienne vers une recherche des éléments constitutifs de l'expérience.

Il existe cependant un thème qu'il est plus facile d'identifier et de circonscrire, et qui a autorisé J. Cloeren (1972, 1975, 1988) à parler d'«un courant souterrain» de la philosophie allemande, d'un «héritage analytique négligé», qui irait de Hamann à Mauthner et enfin à Wittgenstein : c'est le thème de la critique du langage comme propédeutique à toute philosophie. Ce thème, cher à la philosophie des Lumières, se renouvelle au sein du débat philosophique allemand à l'aube du XIXe siècle, stimulé par la profonde transformation qui bouleverse la terminologie philosophique en Allemagne avec et juste après Kant. La critique du langage philosophique est alors une façon de s'interroger sur le nouveau statut de la philosophie. Le débat sur le réalisme, une position minoritaire mais toutefois présente dans cette ère post-kantienne, contribuait lui aussi à la diffusion de ce thème, puisque la controverse sur le statut de l'objectivité remettait en question la nature de la médiation linguistique.

En effet le criticisme était ressenti par ses contemporains comme une révolution non seulement conceptuelle mais aussi terminologique : témoin cette recension d'August F. Bernhardi à la *Metakritik* de Herder où, pour défendre les positions de Kant, il revendique la légitimité de ses innovations dans le domaine de la terminologie philosophique. La poésie et la philosophie, dit-il, sont des expressions de liberté, et le langage en tant qu'instrument de communication doit savoir s'y adapter. Au-delà de la représentation linguistique de la nature sensible, dont les signes ont des domaines bien définis grâce à leur conformité avec les impressions des sens, une seconde langue se dégage qui a pour domaine la libre activité de l'esprit (*Selbsttätigkeit des Geistes*). Ses signes n'ont pas de bornes définies, c'est le philosophe qui doit les déterminer sur la base d'une perception purement noétique des objets non-sensibles, c'est lui qui les expose dans son langage technique. La technicité des termes philosophiques, comme l'invention poétique, implique donc l'exercice d'une certaine violence sur la langue, mais cette violence est légitime (Bernhardi, 1800 : 272-274).

Si selon Bernhardi, qui lisait Kant dans une perspective fichtéenne, ce dédoublement des langues (le langage du sensible et celui du suprasensible) était parfaitement en accord avec le dédoublement des domaines du savoir (le savoir des sciences et celui de la philosophie), d'autres auteurs se posaient au contraire le problème de l'unification tant des langages que du savoir, ce qui impliquait une redéfinition, y compris terminologique, du statut de la philosophie.

En 1794 un historien d'obédience kantienne, Georg Gustav Fülleborn, consacrait un des essais de ses *Beytraege zur Geschichte der Philosophie*, édités entre 1794 et 1799, au problème du langage technique de la philosophie en Allemagne («Über Geschichte der philosophischen Kunstsprache unter den Deutschen»). Fülleborn, reparcourant l'histoire de l'allemand scientifique, attribuait à Wolff la véritable révolution linguistique qui avait fait de l'allemand une langue adaptée à la philosophie. Thomasius a opéré le passage du latin à l'allemand, c'est la «période de la traduction» (*übersetzende Periode*); puis avec Wolff c'est la période de la naturalisation de la terminologie philosophique (*verdeutschende Periode*) au cours de laquelle toute la science est repensée dans le moule de la langue allemande. Kant enfin, a bouleversé et renouvelé non seulement la substance mais la terminologie de la philosophie. Cela explique, selon Fülleborn, l'attitude critique courante, Reinhold en fournit un exemple, qui consiste à ne pas utiliser de mot qui n'ait été soumis à une anatomie grammaticale et philosophique, ce qui permet souvent de résoudre les problèmes et les questions de méthode à travers l'analyse et la définition lexicale. Mais outre ce problème interne de la philosophie, il se pose dès lors le problème du rapport entre la philosophie et le sens commun, le langage commun : est-il légitime de séparer la philosophie pour les philosophes de la philosophie pour le public? Le discours sur les principes et les fondements est-il possible sans un langage technique?

Ce n'est pas un hasard si en posant en ces termes le problème du statut de la philosophie, Fülleborn fait appel à Reinhold. Il voyait juste, et même au-delà de ce qu'on pouvait prévoir en 1794 au moment où il écrivait son essai. En effet, le langage de la philosophie, et plus précisément la critique de la philosophie à travers sa terminologie, constitue un thème certes présent dans les écrits de Reinhold dès les années 1790, mais c'est par la suite qu'il deviendra de plus en plus important dans ses œuvres pour devenir presque obsessionnel et constituer son unique clef d'interprétation des derniers développements de la philosophie en Allemagne. Les considérations sur la scission entre le langage philosophique et le langage commun, ou au contraire sur leur amalgame inconscient et acritique, qui constituent les deux risques opposés auxquels sont exposés les «Philosophen von Profession» (Reinhold, 1820 : 17-35), ne forment qu'un aspect de la critique linguistique caractéristique de la façon dont ce transfuge de l'orthodoxie kantienne pratiquait la philosophie.

L'histoire de la philosophie n'a vu en Karl Leonhard Reinhold qu'un vulgarisateur de Kant, un intermédiaire entre Kant et l'idéalisme allemand. Ce n'est que récemment que Cloeren l'a présenté en partant de la critique du langage. Celle-ci est en effet pour lui plus qu'une simple technique d'analyse à laquelle on peut éventuellement faire recours. Il s'agit au contraire d'un élément essentiel de son programme qui vise à conférer à la philosophie un statut scientifique. On retrouvera ce thème tout au long de son parcours philosophique, par ailleurs aussi diversifié qu'inconstant : après une première phase kantienne qui lui a valu d'être consacré comme premier exégète de Kant, Reinhold est en effet passé à une phase fichtéenne, pour faire ensuite profession de réalisme et dans une phase finale développer une critique de l'idéalisme et des nouvelles philosophies de la subjectivité.

Reinhold exerce la critique linguistique comme méthode de la philosophie tout d'abord contre les philosophes populaires : ceux-ci insistent trop à son avis sur le caractère arbitraire des signes et donc sur l'arbitraire des définitions, perdant ainsi de vue la tâche fondamentale du philosophe qui est justement de définir les concepts (cf. par exemple Reinhold, 1791 : 88-95). Il examine ensuite les prolongements idéalistes du kantisme. Mais sa critique a aussi une fonction positive, et Reinhold se sert en effet de sa théorie de la langue comme pilier de ses positions philosophiques. Il énonce les bases de cette théorie en 1794, à une époque où il adhère encore sans réserve aux thèses de la philosophie transcendantale, dans un article («Über den Unterschied zwischen dem gesunden Verstande und der philosophierenden Vernunft») rédigé en réponse à diverses attaques dont il avait été la cible. La pensée dans sa fonction synthétique, explique-t-il, sert à élaborer le plus nettement possible les objets pour en faire des représentations concrètes et individualisées. La fonction analytique de la pensée sert au contraire à décomposer les représentations en leurs éléments constitutifs et à les recomposer en représentations abstraites. Cette opération analytique est le raisonnement, et les représentations abstraites (ce que Reinhold appelle les pensées logiques) sont les significations des mots que la raison tire des représentations du premier degré (les représentations concrètes des objets). Cette fonction analytique de la pensée nécessite une langue. Les mots peuvent être les signes d'idées, de sentiments et intuitions, et même des objets externes mais uniquement à travers la pensée. Ils ne désignent que ce qui devient objet de la pensée et uniquement par l'intermédiaire d'une pensée abstraite. Celle-ci

> «ne se produit, à partir d'une représentation concrète préexistante, qu'au moyen de la raison réflexive, et ce n'est que si elle est mise directement en rapport avec une représentation concrète qu'elle peut à son tour devenir concrète [...]. Tout mot se réfère donc toujours en premier lieu et immédiatement à une pensée logique et comme cette pensée est la signification (*Bedeutung*) originelle et propre du mot, ce n'est qu'à travers le mot qu'elle peut se fixer dans la conscience, et peut être rendue apte à l'exercice du raisonnement et à l'analyse ultérieure.» (Reinhold, 1794 : 30-31).

La réflexion consciente tire au fur et à mesure les pensées abstraites de la synthèse, et au cours de ce procédé analytique l'imagination (*Phantasie*) a pour fonction de conserver les contenus concrets. Mais elle est par ailleurs une source d'erreur car elle peut offrir à la réflexion un matériel non pertinent. Dans ce cas même le respect le plus strict des formes logiques de la pensée ne peut garantir contre l'erreur. Il est donc essentiel de prendre conscience de la nature déjà abstraite des termes de la réflexion avant de procéder à toute abstraction ultérieure.

> «La signification abstraite d'un mot doit être fixée au préalable comme telle, pour qu'on puisse l'élever au rang de pensée distincte à travers l'analyse ultérieure de son contenu. Si l'imagination avant cette analyse a inséré dans cette pensée abstraite à analyser [...] des déterminations qui ne proviennent ni de l'expérience réelle, ni des conditions transcendantales de cette dernière [...], le contenu de la pensée sera erroné et une simple analyse ne réussira jamais à le rectifier.» (*ibid.*, 33-34).

La proposition qui exprime le contenu en question et qui attribue à l'objet une caractéristique impropre, sera alors acceptée comme une proposition vraie, et en tant que telle elle sera utilisée dans un jugement. L'imagination a dans ce procédé le rôle de faculté auxiliaire qui relie la raison aux contenus empiriques de l'expérience (*ibid.*, 30); elle opère selon des lois qui lui sont propres, différentes de celles de la raison. Son principe de base est l'association qu'elle applique d'autant plus librement qu'elle n'est pas limitée par des critères de clarté pour ce qui concerne l'objet de l'intuition (*ibid.*, 37-38).

Il ne suffit donc pas d'exercer un contrôle sur la structure logique du raisonnement : il faut soumettre à un examen continu la signification des mots, leur congruence avec les représentations synthétiques du premier degré, et rendre compte de façon critique des glissements de signification. Et cela d'autant plus lorsque le niveau d'abstraction est élevé, de même que l'est, par conséquent, le danger d'une mystification de la part de l'imagination. C'est le cas du langage philosophique qui, pour décrire la réalité intérieure et saisir les lois et les principes transcendantaux, est contraint d'utiliser le langage humain dont toutes les significations primitives tirent leur origine de l'expérience externe. D'où la nécessité d'épurer la langue commune à travers la réflexion pour la rendre plus adaptée à des fins transcendantales.

Cette doctrine sémantique recèle en fait sous une nouvelle terminologie philosophique la théorie psychologique du double code des représentations : les représentations du premier degré, produites par la sensibilité (intitulées "intuitions" dans la terminologie kantienne), et les représentations du second degré, produites par la réélaboration intellectuelle des premières, en d'autres termes les représentations abstraites. La légitimité d'une telle interprétation de la sémantique de Reinhold trouve sa confirmation dans la suite de son argumentation, et en particulier dans sa distinction entre les significations claires (*klar*) et les significations distinctes (*deutlich*). Pour qu'une signification soit claire il faut que la représentation abstraite se réfère immédiatement à la représentation concrète (en d'autres termes que la pensée se réfère immédiatement à une intuition); si au contraire elle se réfère à d'autres représentations abstraites, elle peut certes être distincte mais il lui manquera inévitablement la clarté de l'intuition correspondante (*ibid.*, 30-31). En d'autres termes, la clarté des concepts et des significations dépend en dernier recours de la nature intuitive de leurs contenus.

Ce qui intéresse en fait Reinhold sur ce point, ce n'est pas d'élaborer une théorie sémantique en tant que telle, mais de jeter les bases théoriques d'une critique du langage. Comme nous l'avons dit, cela constitue un fil conducteur de toutes ses œuvres et de toutes les phases de sa pensée. La critique du langage n'est pas en elle-même une position théorique abstraite : Reinhold vise une réforme du langage philosophique allemand de son époque. On comprend donc que cet objectif prenne une importance de plus en plus grande dans ses œuvres, au fur et à mesure qu'à la révolution épistémologique représenté par le kantisme par rapport à la philosophie de l'*Aufklärung* s'ajoutait progressivement une autre révolution plus radicale encore, celle de l'idéalisme par rapport à Kant. De cette dernière révolution résultait une véritable «Babel philosophique», ainsi que l'avait baptisée Friedrich Schlegel; de nombreux philosophes, outre Reinhold et Schlegel lui-même, la ressentaient comme telle et la déploraient. Que ce soit au niveau de ses motivations générales théoriques (le risque d'une prolifération non contrôlée de termes privés de contenus intuitifs) qu'au niveau de ses conséquences spécifiques (les risques de substantialiser des entités abstraites), la critique de Reinhold a derrière elle toute une tradition bien assurée, constituée par les innombrables exemples de la critique contre l'abus des mots dans la philosophie des Lumières. S'y ajoute dans l'essai de Reinhold de 1794, situé donc dans la phase encore toute kantienne de son parcours intellectuel, le souci d'insérer dans la liste des abus à bannir, l'éventuelle substantialisation des formes transcendantales (l'espace, le temps et les catégories). Le risque à éviter est celui de prendre pour des éléments de la représentation concrète, des éléments qui ne sont au contraire que «les effets nécessaires du pouvoir transcendantal de l'âme qui, avec le matériel empirique, fait naître les représentations concrètes» (*ibid.*, 39). Ce ne sont pas seulement les concepts abstraits, c'est-à-dire ceux que l'intellect obtient de son élaboration des données perceptives, qui peuvent faire l'objet de substantialisation, provoquant ambiguïté et erreurs : derrière ce danger déjà signalé par la philosophie des Lumières (celui de prendre pour des choses concrètes les créations de l'esprit), se profile un nouvel écueil pour la *philosophierende Vernunft*, celui de substantialiser les formes transcendantales elles-mêmes (prendre pour des choses les structures de l'esprit).

Quelques années plus tard, après la phase fichtéenne, alors qu'il se rapproche des positions du réalisme métaphysique, Reinhold utilise toujours la même théorie du langage, c'est-à-dire qu'il considère le langage comme un dispositif analytique qui constitue consciemment une unité de pensée sur la base d'une activité antérieure de synthèse constitutive des objets. Entre temps il a subi l'influence des théories de Jacobi sur les limites de la science et son intérêt pour le thème de la médiation linguistique s'en est trouvé renforcé. Dans une lettre à l'un des partisans du réalisme métaphysique, Christoph Gottfried Bardili, Reinhold réaffirme la distinction entre le concept et le mot; le concept est une marque immédiate de l'objet, le mot en est une marque de second degré :

> «Pour être fixée en tant que concept, une notion a besoin d'un signe particulier qui la caractérise comme concept, ce signe doit être différent du signe [...] de la chose (*Sachzeichen*), c'est le mot ou signe linguistique (*Sprachzeichen*). Le signe de la chose

réside dans le concept lui-même et marque immédiatement l'objet, le mot est extérieur au concept, il marque immédiatement le concept et ce n'est que par l'intermédiaire de celui-ci qu'il marque aussi l'objet.» (Reinhold, in Bardili-Reinhold, 1804 : 174).

Rien de nouveau jusqu'ici : il s'agit d'un thème ancien de la tradition "aristotélicienne" en sémantique. Mais Reinhold en tire des conséquences intéressantes pour ce qui concerne la méthode de la philosophie. Le *Sprachzeichen* est le signe par l'intermédiaire duquel nous prenons conscience du concept. La logique est donc indissolublement liée à l'usage des signes linguistiques, c'est le lieu des actes de nommer, parler, discuter (*ibid.*, 175). Ces observations permettent à Reinhold d'opposer à son interlocuteur l'impossibilité pour la philosophie de saisir la pensée dans sa condition originelle, du moins si l'on entend par philosophie «l'usage de la raison qui se communique et dans la mesure où elle se communique à travers les mots et les concepts». La vérité du savoir philosophique, écrit Reinhold (*ibid.*, 183), «est comprise entre le mot et le concept».

Reinhold revient sur ce thème à chaque étape de son parcours philosophique tourmenté, pour s'en occuper presque exclusivement dans la dernière phase de son activité. De sorte que le philosophe kantien Wilhelm Traugott Krug (1827) a pu dans son dictionnaire philosophique liquider le personnage par un lapidaire : «... enfin il se perdit dans les recherches linguistiques». Utiliser la critique du langage pour démasquer le jeu des Ménechmes, les deux frères jumeaux de la comédie de Plaute qui avaient inspiré à Jacobi une comparaison avec la pensée et le langage, telle est la tâche que se donnait Reinhold, tant au niveau de la théorie qu'au niveau du débat philosophique de son époque.

> «Vais-je le dire, vais-je enfin pouvoir dire à haute voix, que l'histoire de la philosophie m'apparaît de plus en plus comme un drame en cours où la Raison et la Langue jouent le rôle des Ménechmes?
>
> Cet étrange drame, a-t-il une catastrophe, une issue; ou ne s'agit-il que d'épisodes qui viennent continuellement se succéder les uns aux autres?» (Jacobi, 1791 : 251-252).

Même après Kant, ajoute Reinhold en guise de commentaire à ce passage de Jacobi, la comédie des équivoques n'est pas finie.

> «Les Ménechmes ont continué à jouer, ils récitent un drame laborieux qui aujourd'hui n'a déjà presque plus de spectateurs et qui va devenir de plus en plus ennuyeux, de plus en plus incompréhensible et insensé. L'un des protagonistes, le Langage, ne joue son rôle occulte que derrière les coulisses, tandis que la Raison apparaît sur la scène chaque fois dans un costume différent, sans que personne de ceux qui continuent à critiquer, à déduire, à construire, à démontrer et à récritiquer uniquement pour leur propre usage, ne réussisse jamais une bonne fois pour toutes à déloger et à amener sur la scène le vrai responsable de l'antique confusion et de tous les équivoques.» (Reinhold, 1812 : VI).

"L'antique confusion" est engendrée par l'inconstance et l'ambiguïté de l'usage linguistique, qui fait que «les mots qui devraient servir la pensée, la dominent, et entraînent la raison dans la versatilité et la servitude propres à son instrument, la langue» (*ibid.*). Cependant Reinhold ne souscrit pas aux conclusions fidéistes de Jacobi. Aucune foi ne peut se passer de la critique du langage dont le but est de démystifier la détermination arbitraire des usages techniques et l'indétermination vide des usages vulgaires de la langue qui tentent de se faire passer pour des usages universels.

Reinhold réaffirme encore sa théorie de la double représentation, dans l'intuition et dans la pensée, comme base de sa thèse fondamentale sur l'inséparabilité de la pensée et du langage.

> «Si l'on pense que les mots sont indispensables, non seulement à la communication de la pensée mais aussi à sa naissance et à son existence même dans la conscience de l'homme; que la représentation [...] que l'on appelle *pensée* advient au moyen des mots, dans la même mesure que la représentation [...] que l'on appelle *intuition* advient au moyen des images; que la pensée ne peut donc être dans la conscience de l'homme qu'une représentation au moyen de signes adéquats (dénommer, parler, argumenter), de même que l'intuition ne peut être dans la conscience qu'une représentation au moyen des images adéquates (créer, reproduire, anticiper des images); si l'on réfléchit à tout cela, le lien de dépendance entre la pensée et le langage apparaît clair et évident.» (Reinhold, 1812 : 1-2).

Les difficultés commencent avec l'enquête sur la différence entre l'acte de penser et l'acte de parler, car l'un ne peut être connu sans l'autre. Quand on les isole on obtient d'une part une pensée (*Gedanke*) qui n'est pas en tant que telle un son articulé, et de l'autre le son articulé qui en tant que tel n'est pas une pensée. Mais si par ailleurs on les prend ensemble dans leur union, on se rend compte que le son articulé devient signe de la pensée, son linguistique, mot (*ein Gedankenzeichen, ein sprechender Laut, ein Wort*), grâce à la pensée, et qu'une pensée ne devient une pensée qui exprime la conscience, une représentation pensée ou une pensée représentée, que grâce au son articulé. En somme la pensée et le mot non seulement se présupposent l'un l'autre, mais ils ne deviennent ce qu'ils sont que dans leur alliance. Leur différence se perd dans cette interpénétration, de même que la différence entre les gaz qui composent l'atmosphère disparaît dans l'air. Mais contrairement aux chimistes qui ont réussi à isoler les différents gaz atmosphériques, les philosophes n'ont pas encore de méthode qui leur permette d'isoler la pensée du langage (*ibid.*, 3).

L'interpénétration du langage et de la pensée est un préalable de l'usage linguistique : c'est pourquoi l'analyse doit se concentrer sur ce dernier. Mais si la pratique linguistique met en évidence l'union de la pensée et du langage, elle révèle aussi les tensions de ce rapport. Les automatismes verbaux, par exemple, qui prévalent largement tant dans la langue commune que dans le jargon des sectes philosophiques, sont un élément de déséquilibre et une preuve de l'asservissement de la pensée à l'habitude; ils empêchent à la pensée de devenir véritablement une parole, alors que la domination de la pensée sur l'habitude est la condition d'une pensée réelle, au-delà de l'apparence, et d'un usage linguistique universel, c'est-à-dire dégagé des usages stéréotypés (*ibid.*, 5-7).

Tout cela s'applique en particulier à la métaphysique et à la philosophie spéculative qui manipulent des concepts privés d'intuitions avec des mots privés d'images, d'où l'incertitude des significations verbales. Au moment même où, comme l'observe Reinhold, à partir de la *Critique de la Raison pure* la philosophie allemande s'interroge sur la possibilité d'une métaphysique comme science, les rapports entre la pensée et la parole, entre l'usage linguistique et la réflexion philosophique sont négligés. Depuis Platon et Aristote la philosophie n'avait jamais été aussi productive qu'en Allemagne après Kant, et cependant personne ne s'occupait des rapports entre pensée et langage, ni des pratiques linguistiques des philosophes! Personne, sauf Jacobi, n'a relevé l'absence d'une terminologie cohérente dans la philosophie spéculative, l'ambiguïté des termes essentiels, la variété et la multiplicité des usages; les terminologies se sont au contraire encore multipliées (*ibid.*, 8-11). Après Kant, l'imbrication entre la logique et la métaphysique a introduit dans la logique les contenus les plus divers et les formes de la pensée se sont multipliées à loisir; la synonymie domine même dans la science de la logique qui pourtant avait eu une histoire stable et cohérente depuis Aristote. Kant lui-même n'est-il pas responsable de cette confusion de la terminologie philosophique, lui qui a élevé certains concepts au rang de catégories sans aucune clarification terminologique (*ibid.*, 11-17, 31; cf. 1816 : 112-121). La spéculation sur le transcendantal, écrivait Reinhold à Bardili dès 1800 (Reinhold-Bardili, 1804 : 115), se dissout quand on la soumet à la critique linguistique.

La critique du langage philosophique devra repartir d'une clarification préliminaire des phénomènes de la synonymie et de l'homonymie. C'est la motivation qui a inspiré à Reinhold la *Synonymik*, une œuvre ironiquement présentée par un de ses contemporains comme un «projet de paix perpétuelle» entre les philosophes allemands (Bachmann, 1814 : 7). La plus grande partie de cet ouvrage est formée par une «table des relations de parenté pour les plus importantes familles de mots de sens apparenté ainsi que les concepts du même nom» («*Verwandtschaftstafel der vor-*

nehmsten Familien sinnverwandter Wörter und gleichnamiger Begriffe», p. 41-320) : il s'agit en fait d'une encyclopédie systématique de la terminologie philosophique rangée par "familles" de noms.

Quatre ans plus tard, un bilan dressé sur les derniers développements de la philosophie allemande fournit à Reinhold un nouveau prétexte pour s'interroger sur le plus grave des problèmes restés sans réponse de la doctrine de Kant : le problème des rapports entre la sensibilité et l'intellect. C'est là que le langage joue son rôle constitutif, méconnu par Kant et ses contemporains, à l'exception toutefois de l'auteur de la *Métacritique* (l'examen de cette œuvre fait l'objet d'un appendice : Reinhold, 1816 : 203-211). Pour avoir ignoré le rôle de la langue, la "raison philosophante" a été amenée à se mesurer en vain avec le problème des rapports entre la sensibilité et l'intellect. Ce problème que Kant lui-même n'a pas pu résoudre, a produit après lui une génération de contemplateurs de l'absolu et de contemplateurs de la conscience, dont les déductions, constructions, expositions et explications ignorent totalement la médiation linguistique. Dans la philosophie post-kantienne, où abondent les tentatives d'élaboration des nouveaux systèmes cognitifs, le langage est cependant considéré tout au plus comme un simple moyen pour exprimer des pensées déjà formées, pour mémoriser des données, pour confronter des pensées, ou pour les communiquer, mais jamais il n'est envisagé comme une condition profonde et essentielle de toute représentation dans la pensée, ni comme élément intrinsèque de la faculté même de connaître de l'homme (*ibid.*, 3). Et pourtant le langage est constitutif des rapports entre la sensibilité et l'intellect : séparées arbitrairement dans la philosophie de Kant, ces deux fonctions sont au contraire unifiées par la langue qui participe des deux. La langue appartient au domaine de la sensibilité en raison de la matière des sons articulés et des caractères de l'écriture, mais aussi en raison de son contenu iconique dû aux «multiples et incontournables images (*Bilder*) qui sont associées de façon inséparable» aux mots qui désignent les données de l'expérience externe, et aux images grâce auxquelles on désigne dans le sens figuré les objets de l'expérience interne. Elle appartient d'autre part à l'intellect, ou comme le dit Reinhold, à la faculté de pensée (*Denkvermögen*), en raison de l'articulation des concepts en mots, des jugements en propositions, des syllogismes en chaîne de propositions, mais aussi parce que l'intellect est déjà en action dans l'articulation de la voix, ce dispositif grâce auquel l'association de la voix et de l'image engendre le concept (*ibid.*, 4-6).

Le rôle exercé par la langue est donc plus que de simple médiation extrinsèque entre des facultés distinctes : il implique au contraire une totale interpénétration entre les facultés et c'est d'ailleurs ce qui fait la spécificité de la faculté cognitive de l'homme. Toute représentation intellectuelle est, du fait même qu'elle est intellectuelle, linguistique ou discursive («*ein sprechendes (discursives) Vorstellen*»). La terminologie philosophique allemande, avec des noms comme *Denklehre, Verstandeslehre, Vernunftlehre*, souligne plus la séparation que l'unité entre pensée et parole, elle semble indiquer «la dépendance du mot par rapport à la pensée, plus que la dépendance de la pensée par rapport au mot», elle trahit donc la juste inspiration des Grecs qui avec les termes de *logique* et *dialectique* entendaient au contraire souligner l'unité des deux termes (Reinhold, 1816 : 72; sur la terminologie allemande, cf. aussi 132-202).

Nous avons traduit par «représentation intellectuelle», l'expression allemande «*denkendes Vorstellen*», sous laquelle Reinhold désigne à vrai dire quelque chose de différent par rapport à la pensée logique en tant que telle : elle désigne une opération complexe qui revient à penser par des concepts, bien sûr, mais qui ne se résume pas à cela car l'opération implique l'action des *Gefühle des Denkbaren,* c'est-à-dire le sentiment indifférencié d'une organisation des contenus mentaux que seul le langage permet de réaliser. C'est justement avec l'apprentissage du langage et la communication que cette organisation commence à se réaliser. Elle commence par la formation du sens de l'identité personnelle qui transcende l'immédiateté corporelle. L'enfant qui s'identifie d'abord avec le nom par lequel on l'appelle et avec lequel il est désigné aux autres, apprend des interlocuteurs l'usage du pronom "je"; à partir du moment où il commence à le référer à sa propre personne, il se développe en lui un *denkendes Vorstellen* qu'il ressent comme étant spécifiquement sien. Le langage n'est pas un élément simplement concomitant, c'est au contraire une sorte d'*a priori*, une condition de la formation de la conscience, il n'est nullement accidentel ni arbitraire, mais profondément enraciné dans la sensibilité. Il s'agit là exclusivement du langage verbal qui ne peut être substitué par aucun autre système sémiotique, même par ceux qui sont les plus iconiques, comme les images, les gestes et les systèmes de communication gestuelle de sourds-muets. Comme les sons inarticulés, tous ces types de signes sont privés du pouvoir que seul le mot possède, de présenter non pas des récurrences empiriques particulières des données, mais les éléments pensables (Reinhold, 1816 : 71-85; cf. 212-226).

Dans son manuel de logique, une œuvre posthume publiée en 1827, Reinhold considère la linguistique comme une partie de la logique, suivant là un schéma courant du système des sciences de l'époque. Mais l'aspect remarquable de ce traité des rapports entre la logique et le langage (où Reinhold résume entre autres les thèses de son œuvre de 1816) est la distinction entre les formes logiques et les formes grammaticales (et donc au sens large, linguistiques) et l'affirmation de la relative indépendance des secondes par rapport aux premières. Le langage appartient à la logique dans la mesure où les représentations objectivées en des mots contiennent un élément universel qui persiste malgré les modifications que la représentation subit à chaque cas d'usage.

> « L'expression grammaticale concerne [...] notre science [la logique] en tant qu'elle est le moyen nécessaire de l'objectivité de la pensée : elle trouve dans la signification des mots les matériaux de la pensée (*Gedankenstoff*), auxquels elle imprime ses formes. » (Reinhold, 1827 : 61).

Il existe un «lien incontestable et incontesté entre la logique et le langage», avait-il écrit dans sa "Critique de la logique du point de vue du langage", publiée plus de vingt ans auparavant (Reinhold, 1806 : V). On ne peut remettre en question le fait que la pensée est conditionnée par la langue, que représenter (*Vorstellen*) est pour nous une façon de dénommer (*Benennen*). Ce qui fait que toutes nos pensées sont des significations (*Bedeutungen*) de mots,

> « et que tout ce que nous devons non seulement deviner, percevoir, sentir, pressentir ou imaginer, mais vraiment penser de manière appropriée, doit être en correspondance exprimé, et ce non seulement en vue de la communication avec les autres, mais pour notre propre conscience et en elle-même ».

Nous ne connaissons de façon claire les lois et les formes de la pensée que dans la mesure où à travers la langue nous réussissons non seulement à les indiquer superficiellement, mais à les désigner de façon appropriée, à les dénommer réellement ; l'ensemble des connaissances qui constitue le contenu même de la logique «peut consister uniquement dans les significations déterminées des mots et des formules, à travers lesquels ces lois et ces formes sont exprimées par notre conscience» (*ibid.*, VI-VII). La logique doit donc faire référence à la forme linguistique tout comme au contenu. Mais il y a en outre — et cela émerge surtout dans le texte de 1827 — une autonomie substantielle de la langue par rapport à la logique. La représentation grammaticale peut en effet se soustraire au rapport avec la représentation logique et servir aussi à l'expression de ce qui n'est pas pensable (*Undenkbar*). En ce sens, tout ce qui peut être représenté à travers la langue ne peut pas toujours être représenté selon la logique ; et ce n'est qu'à travers la langue que le non-pensable se pose non pas comme une simple négation du pensable mais comme quelque chose de positif. Le rapport entre la logique et le langage n'est pas un rapport symétrique, car la forme logique peut s'exprimer selon diverses modalités à travers des formes grammaticales différentes. En effet, dans le chapitre que Reinhold consacre aux fondements logiques des catégories grammaticales (Reinhold, 1827 : 100-108), nombreuses sont les réserves sur la possibilité d'établir des rapports de correspondance biunivoque entre formes logiques et formes linguistiques; Reinhold insiste au contraire sur la variété des moyens que les langues évoluées utilisent pour la représentation de la pensée, et exprime son scepticisme quant à la *nécessité* des modes selon lesquels la forme logique s'exprime en formes grammaticales.

3. THÉORIE DU LANGAGE ET RÉFORME DU SAVOIR PHILOSOPHIQUE CHEZ BENEKE

Les recherches sur la portée de la médiation linguistique, sur sa nécessité et ses limites, qui constituent dans les écrits de Reinhold ce qu'on pourrait appeler une "théorie critique" du langage, ramènent toujours leur auteur à affronter le problème pratique de la réforme du langage philosophique allemand qui se pose avec une urgence particulière depuis Kant. Mais Reinhold n'était pas seul sur cette voie : un autre philosophe que nous avons déjà cité, Friedrich Eduard Beneke, faisait lui aussi remonter à Kant le moment où la philosophie allemande avait commencé à parler une langue différente de celle des autres pays européens.

La naissance de cette spécificité philosophique allemande et de la diversité de langage qui l'accompagne est d'ailleurs ressentie diversement d'un côté et de l'autre du Rhin. La résistance à la réception de l'œuvre de Kant, manifeste en France entre la fin du XVIIIe et le début du XIXe siècle, a fait l'objet d'une recherche solidement documentée (Azouvi & Bourel, 1991), où dans un chapitre intitulé «Kant est-il traduisible?» les auteurs montrent entre autres qu'une grande part de l'hostilité des membres de l'Institut envers la diffusion des idées kantiennes était due, plus qu'aux contenus eux-mêmes de la philosophie kantienne, à la difficulté de rendre en français une doctrine où s'était opérée la mise au point de l'allemand philosophique. «Avec le cas de Kant, surgit [...] un problème qui n'avait pas à être posé jusqu'alors : celui de rendre une "philosophie nationale" dans la langue d'une autre "nation"» (Azouvi & Bourel, 1991 : 161). A l'opposé, Jacob Friedrich Fries, l'un des philosophes les plus engagés pour une révision psychologiste de la doctrine kantienne, retraçant la mission de l'historien de la philosophie dans l'introduction de sa *Geschichte der Philosophie*, se lamentait de ce que le français philosophique, cette langue formée par l'école de Descartes puis de l'empirisme, ne réussisse pas à naturaliser la philosophie allemande en France : Villers et Degérando, qui connaissent la philosophie allemande en allemand, «parlent cependant en empirisme français» («*sprechen doch im franzosischen Empirismus*») quand ils essaient de la traduire pour leurs concitoyens. En somme, il n'est jamais possible de parler en français de sujets comme le transcendantal ou la morale pure (Fries, 1837 : 16-17).

Mais contrairement à Fries, Beneke ressent cette spécificité allemande comme un inconvénient et non pas comme un privilège. Lors du cinquantenaire de la première édition de la *Critique de la Raison pure* (1781), il dresse un bilan de la philosophie en Allemagne et trace un programme pour le futur (Beneke, 1832). Tenu en marge du monde académique en raison de ses critiques sur la philosophie systématique, et en raison du prétendu épicurisme de sa doctrine morale, il est particulièrement sensible aux caractéristiques spécifiques de la philosophie académique de son pays. Le point de départ de son œuvre est en effet une constatation de l'état d'isolement de la philosophie allemande dans le cadre du débat européen, situation qu'il attribue à la domination des doctrines de Kant et des «philosophèmes» (*Philosopheme*) qui en sont dérivés.

Cet isolement contraste avec la coopération philosophique internationale, la circulation des idées qui caractérise la nouvelle culture écossaise, française et italienne qui apparaissent à Beneke comme le lieu où se renouvelle la tradition d'échanges et de cosmopolitisme intellectuel de la grande époque des Lumières. Dans les années où il écrit ses œuvres principales, la philosophie européenne, à l'exclusion de la philosophie allemande, collabore en effet de concert à une grande opération éclectique. En France et en Italie il s'agissait de reconvertir les techniques d'analyse élaborées par les Idéologues : ces techniques étaient appliquées à la construction d'une "philosophie modérée", comme on aimait alors à répéter. L'analyse des idées se traduisait en un programme de psychologie introspective qui avait choisi comme objet épistémologique la notion de sens commun élaborée par les philosophes écossais. Les auteurs cités par Beneke comme les plus représentatifs de la philosophie européenne, Laromiguière, Cousin, Bonstetten, Jouffroy, Galluppi, Romagnosi, Dugald Stewart, Abercrombie, parlaient bien en ce sens un langage commun. Les Allemands, expose Beneke, opposent à cette culture européenne la philosophie spéculative qu'ils considèrent comme «le véritable esprit philosophique» et de la part adverse ils ne reçoivent en échange que l'appellatif de *Schwärmer* (Beneke, 1832 : 7-11). En réalité, l'Allemagne n'avait pas été aussi imperméable à la philosophie du sens commun : depuis que Hamann avait manifesté son admiration pour Thomas Reid, elle avait pénétré dans la culture allemande par de multiples canaux et avait influencé la formation du criticisme lui-même (Kuehn, 1987). Il est vrai cependant que même dans la diffusion de la philosophie du sens commun dans la première moitié du XIXe siècle on retrouve une spécificité allemande. Comme l'a très justement observé Lewis White Beck dans son introduction au livre de Kuehn (1987 : X), le sens commun est une sorte de parapluie qui peut recouvrir beaucoup de choses : pour les rationalistes il s'identifie à la raison, pour les naturalistes à l'instinct, et pour les sceptiques il s'agit d'un antidote à la spéculation. Les réalistes pour leur part y voient une réfutation de l'idéalisme. C'est ainsi que tandis qu'en Europe les philosophies du sens commun dominent la philosophie officielle, surtout dans leur nouvelle version éclectique, et qu'elles recueillent un large consensus parmi l'opinion publique cultivée, elles deviennent en Allemagne un instrument d'opposition contre la domination de l'idéalisme dans les milieux académiques.

Mais ce que ni Reinhold, ni Beneke, ni les membres de l'Institut ne pouvaient prévoir, c'est que le jargon de la *Schwärmerei* que l'on imputait aux philosophes allemands se serait bientôt introduit dans toute la culture européenne, et que la terminologie philosophique internationale en resterait marquée pour toujours. Peut-être en aurait-on pu saisir les signes dans le spiritualisme de Cousin et dans la lecture "biranisante" qu'il donnait de la philosophie de Kant? Mais Beneke ne voit dans le panorama philosophique européen que la mutation de la philosophie en science positive, et même en une science spécifique, la psychologie, ainsi que son application à la morale, la politique et le droit. Tel est le programme qu'il propose alors d'étendre à la philosophie allemande. L'isolement international, observe-t-il, est manifeste jusque dans le marché de l'édition, où depuis vingt ans les traductions et les compte-rendus d'ouvrages étrangers sont devenus de plus en plus rares. Le remède est dans la redéfinition des tâches et fonctions de la recherche philosophique. Ce n'est pas par hasard, remarque-t-il, qu'en Allemagne ce sont justement les deux catégories de professionnels qui plus que les autres auraient besoin de philosophie, les scientifiques et les hommes d'affaires, qui s'en sont au contraire éloignés. «En effet», s'interroge-t-il, «n'est-ce pas l'une des conditions essentielles de toute philosophie que de donner forme et représentations de façon claire à ce que la nature et la vie nous offrent de façon incertaine, confuse et obscure?» (Beneke, 1832 : 9).

C'est en particulier la *Wissenschaftslehre* de Fichte qui est mise ici au banc des accusés pour avoir développé la tendance de la philosophie kantienne qui porte à la fondation purement subjective de la réalité, mais aussi la philosophie de la nature de Schelling et de ses adeptes qui sous l'apparence d'une objectivité retrouvée «emploient, sans autre forme de vérification ni de délimitation, ce qui est subjectif (*das Subjective*) comme critère [...] de ce qui est objectif (*des Objectiven*)» (*ibid.*, 39). Le langage philosophique devient ainsi une parodie du langage scientifique.

> «Les analogies, les images ont partout valeur de prédicats scientifiques; la combinaison artificieuse des choses les plus distantes et les plus hétéroclites supplante le jugement rigoureux et il s'en faut de peu qu'elle ne soit reconnue comme la seule forme constitutive de toutes les sciences.» (Beneke, 1832 : 64).

La recherche positive peut à l'occasion se servir d'instruments intellectuels tels que les rapprochements fructueux, les analogies entre des choses hétéroclites, mais une philosophie qui érigerait ces instruments accessoires en méthode perdrait tout contact avec les sciences pour devenir un simple «jeu conceptuel» (*ibid.*, 64). La prétention de construire une philosophie *a priori* constitue une régression vers l'enfance des sciences (*ibid.*, 66). Et comme «à la pensée avec laquelle on ne pense rien ne correspond tout au plus qu'un mot avec lequel on ne dit rien» (*ibid.*, 76), la philosophie comme théorie du suprasensible est contrainte à se créer son propre jargon, différent du langage commun qui réfléchit notre connaissance du monde.

Et pourtant Kant n'avait pour sa part jamais perdu de vue les données de la conscience immédiate, alors que les systèmes qui lui sont postérieurs s'en détournent totalement et réduisent la richesse et la variété de ce qui nous est offert par l'expérience interne et externe à la vaine unité d'un principe pur. «Ces constructions ne reflètent en rien les processus réels à travers lesquels se développent l'esprit humain et la nature» (*ibid.*, 46).

Le point de départ de toute philosophie qui se veut scientifique est au contraire selon Beneke la conscience immédiate; celle-ci est le matériel sur lequel s'exercent aussi bien l'analyse que la synthèse qui constituent ensemble la méthode de la philosophie comme science.

> «Les concepts que nous utilisons dans la vie quotidienne de façon occasionnelle et non coordonnée, doivent être exposés par la philosophie à l'intérieur d'un cadre articulé et complet. Les jugements et les opinions métaphysiques, esthétiques, moraux qui se présentent à notre conscience de manière fragmentaire, sous une forme parfois plus générale, parfois plus particulière, parfois simple et immédiate, parfois plus complexe et appliquée, doivent être reliés entre eux en une totalité systématique, rigoureusement ordonnée selon des rapports de subordination et de dérivation. La synthèse a pour mission de construire les systèmes à partir des matériaux cognitifs dérivés de l'expérience commune ou de l'analyse.» (*ibid.*, 52).

Analyse et synthèse sont donc deux aspects d'une seule méthode qui s'applique aux données de la conscience immédiate. Ce que celle-ci nous donne comme «complexité confuse et obscure» doit simplement être décomposé et recomposé, systématisé de façon scientifique (*ibid.*, 52).

La philosophie qui prend comme objet épistémologique l'expérience intérieure (et devient donc psychologie) est réintégrée dans le système des sciences au même titre que les sciences de la nature dont l'objet d'étude est l'expérience extérieure. Ses principes jouiront du même degré de certitude et de ce caractère définitif mais révocable, propre à toute science perfectible. C'est une philosophie qui ne parle pas du suprasensible mais qui n'exclut pas pour autant de son terrain de recherche l'observation et l'étude des modes sous lesquels la foi en le suprasensible peut se manifester dans la conscience. En tant que philosophie de la religion, par exemple, la philosophie scientifique ne s'occupera pas des objets de la religion mais de la conscience religieuse telle qu'elle se forme indépendamment de la philosophie. Cette reconversion s'étendra aussi à l'histoire de la philosophie. La nouvelle philosophie devra en effet observer face à sa propre histoire la même attitude analytique et synthétique qu'elle adopte face aux manifestations de la conscience commune, et dégager les éléments objectifs enchevêtrés dans des créations purement subjectives : opérer par conséquent de la même façon que cela a été fait pour l'histoire des sciences comme l'astronomie, la chimie et la physique (*ibid.*, 103-104).

Cette réforme du savoir philosophique est destinée, d'après Beneke, à changer la manière même de travailler des philosophes. Comme il l'expliquait déjà dans la préface de son *Lehrbuch der Psychologie* (1833) et qu'il le répétera souvent (Beneke, 1845 : 247, 271 et *passim*), la nouvelle philosophie se doit de naître et ne peut naître que comme entreprise de recherche collective.

L'ouverture aux sciences positives et parmi elles à la linguistique historique constitue le projet, et même plus la "conversion", le *Wendepunkt*, qu'un autre adversaire de l'idéalisme, Otto Friedrich Gruppe, propose à la philosophie du XIXe siècle. Gruppe, qui est connu à l'époque surtout pour sa satire contre Hegel (plus exactement contre Absolutus von Hegelingen!), a été fort justement présenté par Cloeren comme un théoricien de «l'empirisme analytique» (Cloeren, 1988 : 78-109). En 1834 il écrit une histoire de la philosophie réinterprétée selon le point de vue de la critique du langage, mais dans une perspective plus spécifique par rapport aux analyses de Reinhold ou Beneke : il accorde en effet une attention particulière à l'étude historique des langues. Les deux voies de la philosophie, convergentes dans leurs résultats mais indépendantes quant à leur méthode, sont d'après Gruppe, l'étude des langues et les sciences naturelles; elles doivent se compléter mutuellement et exercer leur contrôle l'une sur l'autre. Gruppe connaît et utilise les œuvres de Pott, de Grimm et de Humboldt, et il ne doute pas que l'entreprise comparatiste dans son ensemble soit en mesure de vérifier l'existence d'universels du langage, et donc de servir la philosophie, en mettant en évidence une structure de formes que l'on reconnaîtrait comme la structure même de la pensée. Partir de la multiplicité des langues, comme le fait la linguistique historique, est une garantie de la nature empirique de la méthode et permet d'assimiler la philosophie aux autres sciences. En effet, la diversité des langues pour les sciences du langage, de même que la diversité des phénomènes pour les sciences de la nature, permet d'exercer un contrôle croisé et des vérifications complètes sur les lois communes à des langues fort distantes ainsi que sur l'uniformité des mutations historiques des langues. Mais la pensée ne se limite pas aux phénomènes linguistiques et la linguistique doit donc se confronter aux autres sciences empiriques.

Au-delà de ces affirmations de principe, l'aspect de la linguistique comparée qui intéresse le plus Gruppe est la recherche étymologique, qu'il rapporte à ses critiques contre la philosophie spéculative. Dans l'*Antäus* (1831), un essai sous forme épistolaire, il avait déjà établi un rapprochement entre ces deux domaines.

> « La pensée reste comme suspendue, dans la langue, à une altitude vertigineuse entre le ciel et la terre, à moins que l'on ne refasse en sens inverse le parcours antérieur, au moins de façon sommaire sur les points nodaux. » (Gruppe, 1831 : 241).

Dans l'*Antäus*, l'*historisch-pragmatisches Sprachstudium* est de nouveau appelé à appuyer la confutation de l'idéalisme (*ibid.*, 262, 272-273, *passim*). Il est clair pour Gruppe que la partie contre la philosophie spéculative se joue sur la possibilité de démontrer l'origine empirique des transcendantaux, et sur la possibilité de montrer que ces derniers sont nés de la *sprachliche Praxis* et n'ont qu'une fonction pratique, que ce sont des moyens et non des entités (*ibid.*, 276-277). Pour démontrer l'origine empirique des concepts d'espace et de temps (*ibid.*, 282 et sv.), Gruppe reprend une argumentation présente dans la *Métacritique* de Herder, même s'il ne reconnaît l'origine de cet emprunt que de façon voilée quelques pages plus loin : le concept d'extension dérive de l'acte d'étendre, l'espace (*Raum*) est une abstraction du lieu (*Platz*) (*ibid.*, 455-456). Les concepts de nombre, quantité, qualité, négation etc., et même être et devenir, sont eux aussi à rapporter à leurs origines empiriques (*ibid.*, 285 et sv.). Le concept d'être sur lequel Hegel fonde toute ses spéculations est lui-même une abstraction de l'être déterminé et multiple, et ce n'est qu'abus de langage que de le considérer comme être pur ou être en soi et pour soi, le même abus de langage qui entraîne la philosophie à parler d'un devenir en soi, faisant abstraction du devenir déterminé.

D'une façon générale, la critique de Gruppe se fonde sur l'affirmation que les concepts abstraits ne peuvent être pris en compte comme s'ils étaient donnés dès l'origine en tant que tels. Ils sont au contraire le produit d'un processus génétique que l'on doit reconstruire. La recherche étymologique intervient alors comme instrument de cette reconstruction. Pouvoir attester la genèse des concepts, et l'attester empiriquement à travers l'étude historique de la langue, signifiait en effet pouvoir démontrer les fondements mêmes de toute philosophie empiriste : si les concepts naissent des jugements de l'expérience, ils sont donc génétiquement produits par l'activité de juger. Gruppe recourt ici à un argument qui sera exposé aussi par Trendelenburg dans ses *Logische Untersuchungen* ([1840]1870 : II. 234-238). Il s'agit là de deux rares exemples d'une utilisation philosophique de la linguistique, ou comme le dit Trendelenburg, d'une intervention de l'étymologie en faveur de la logique. Cette aide consiste à fournir la possibilité de montrer qu'il n'y a pas de concepts primitifs d'où tirer de déductions, car les concepts et les mots sont toujours le produit final d'une chaîne de jugements empiriques qui impliquent une confrontation entre les données empiriques et les procédures de transfert métaphorique. C'est justement cette origine pratique qui donne aux concepts cette relativité de valeur, cette indétermination et cette souplesse, qui enlèvent toute légitimité aux hypostases métaphysiques, tout comme à la procédure même de déduction transcendantale. La pratique prolongée de l'activité de juger permet au contraire d'amplifier le domaine de la connaissance empirique et au même rythme la richesse du vocabulaire.

Tout cela représente la négation de toute connaissance nécessaire : c'est là le point fort de la critique anti-spéculative et anti-idéaliste de Gruppe (1834 : 31-33). La tendance de la philosophie à conférer un caractère absolu à ses concepts est selon lui un héritage de l'antiquité grecque : les Grecs ont en effet construit leur théorie de la connaissance en se basant sur une langue arrivée à un haut stade de développement mais sans posséder aucune conscience des processus de formation de cette langue (Gruppe, 1834 : 70).

De cette critique de la façon traditionnelle de poser le problème de l'origine du langage (*ibid.*, 70-73), nous noterons seulement qu'elle permet à Gruppe de confirmer la thèse selon laquelle le langage et la pensée, à tous leurs stades, naissent de la pratique du jugement. Pas un moment les mots et les concepts de la langue ne sont ou n'ont été quelque chose de donné et d'immuable ; ils se situent toujours dans une série de jugements, et le glissement sémantique se produit en raison de certains passages du particulier au général, du concret à l'abstrait, du sensible au spirituel qui servent justement à opérer le jugement (*ibid.*, 74-75). Même les mots que notre science linguistique n'est pas encore en mesure d'analyser pourraient être des *composita* dont la genèse a été marquée par l'action du jugement, comme c'est le cas pour tous les mots dérivés et composés (*ibid.*, 80). Ceux qui parlent de l'universalité ou plus encore de la nécessité des concepts ont mal compris la nature de ces derniers, «qui dépend de façon essentielle de la nature des jugements et de la genèse des langues» (Gruppe, 1834 : 81).

Les unités sémantiques, les désignations, naissent de l'acte du jugement, mais aussi les parties du discours qui permettent de formuler le jugement lui-même (même dans sa forme minimale : nom et verbe), et de subordonner et coordonner les jugements dans le discours. Les désinences elles-mêmes sont de véritables concrétions (*Concretionen*) de jugements (*ibid.*, 82-90).

Gruppe emprunte à la linguistique de son époque non seulement l'enthousiasme pour les recherches étymologiques mais aussi les divers jugements de valeur sur les langues indo-germaniques et les autres types de langues (*ibid.*, 91-96), ainsi que la certitude d'avoir trouvé la clef d'interprétation des antiquités les plus reculés : tout comme en géologie on étudie les volcans en activité par les recherches sur les anciennes couches de lave, en linguistique

> «nous ne sommes pas simplement en présence de l'acte fuyant de l'opération présente, mais des produits de mille et mille répétitions de cette même opération dont les empreintes s'offrent à nous [...]. Et que sont ces empreintes qui nous rendent accessible l'inaccessible, et libèrent de toute imposture ce qui était enfoui dans l'illusion ? La langue et la science empirique : l'acte de la pensée se reflète constamment dans ces moyens et ces instruments...» (Gruppe, 1834 : 468-469).

4. LANGAGE ET CERTITUDE SENSIBLE. BENEKE, FEUERBACH ET LA CRITIQUE CONTRE LES SYSTÈMES DE L'IDÉALISME

La remise en question de la pensée pure et la fondation du réalisme métaphysique sont des thèmes qui traversent toute l'activité philosophique de Beneke, de l'*Erfahrungsseelenlehre als Grundlage alles Wissens* et les autres écrits des années 1820, en passant par le *Lehrbuch der Psychologie als Naturwissenschaft* en 1833 [1845], pour aboutir aux deux Systèmes, de métaphysique et de logique, des années 1840. Le problème théorique de fond est toujours celui de la garantie offerte par le sens intérieur contre toute tentative de séparer l'être de la représentation : nous sommes nous-mêmes des êtres, répétera-t-il, et dans la perception que nous avons de nous-mêmes l'être est immédiatement donné, alors qu'il est donné de façon médiate dans l'expérience extérieure. La perception et l'être s'accordent entre eux, ils sont une seule et même chose. Köhnke (1991 : 49) observe que cette condition préalable du parallélisme entre la réalité et la pensée constitue la légitimation de la psychologie comme science et réduit le problème gnoséologique à un problème psychologique.

Lorsque Beneke entreprend de participer au débat philosophique, les réflexions sur le rapport entre l'être et la pensée et la nécessité de sa redéfinition dans la perspective de la critique contre l'idéalisme avaient déjà porté à une remise en question du statut de la philosophie. La médiation linguistique constitue l'obstacle théorique principal du réalisme : le sujet se heurte inévitablement contre un monde intermédiaire dont les formations (mentales ou verbales) *représentent* les choses mais ne *sont* pas les choses elles-mêmes. La conciliation entre réalisme et représentationnalisme ne pouvait se produire que par l'explication des grands dispositifs de cette médiation — la pensée et le langage (ou du moins leurs opérations de base, la perception et la généralisation) — au moyen de la grande analogie avec la nature. C'est ce qu'avait voulu faire Herder quand dans la *Métacritique* il désignait la loi de l'unification de la multiplicité comme le principe qui opère de façon analogue dans les processus naturels (comme la sélection et l'assimilation des éléments nutritifs de la part des plantes et des animaux) et dans les processus psychiques (comme la sélection et l'appropriation des éléments essentiels lors de la perception et de la classification). La même année, en 1799, un autre défenseur du réalisme, que nous avons déjà mentionné comme interlocuteur de Reinhold, Christoph Gottfried Bardili, affronte en des termes naturalistes tout à fait similaires le thème de la médiation linguistique.

Dans sa classification des sciences, Bardili plaçait la psychologie empirique (*empirische Seelenlehre oder Erfahrungseelenkunde*), comme partie de la *Erfahrungsphilosophie*, aux côtés de la physique : il s'agit en effet d'une «physique de l'âme humaine» qui s'efforce de ramener les phénomènes psychologiques aux lois de la nature (Bardili, 1802 : 112 et sv.). C'est dans ce cadre qu'il élaborait alors une théorie de la représentation et une ontologie anti-kantiennes, à la recherche d'une objectivité de la matière pensable qui ne soit pas liée au sujet ni aux formes du sujet. La pensée qui sous un aspect formel est pure "répétabilité", se rapproche par là de l'opération de compter : penser c'est «pouvoir répéter un nombre de fois infini A comme unité, dans A, A, A, etc. [...] dans l'indéterminabilité de tous les cas possibles de son usage» (Bardili, 1800 : 4; cf. 4 et 7). La pensée ne se diversifie que selon la matière sur laquelle est appliqué ce processus formel. Le rapport entre la pensée et la matière est expliqué par Bardili selon une analogie avec le processus d'assimilation qui se produit sur le plan physiologique grâce à l'action des sens qui intériorisent ce qui est externe, et sur le plan logique grâce à l'annulation de la matière lors de la formation du concept (Bardili, 1800 : 31, 67, 79-80). La genèse du concept est toujours liée à un processus d'annulation, cette règle vaut aussi pour l'usage linguistique : « Les mots prononcés ou écrits [...] doivent être annulés lors de l'écoute ou de la lecture pour que surgissent les idées » (*ibid.*, 67 et note). Ce qui est annulé dans la genèse du concept, c'est la particularité de chaque instance empirique ; il y a cependant un reste irréductible qui constitue le noyau ontologique, une extériorité incontournable, une existence extérieure à la pensée mais qui est une condition préalable de la représentation. Ce processus d'annulation, tout comme la schématisation kantienne, est une condition pour que l'objet de la perception devienne « quelque chose qui doit être pensé » (*ibid.*, 80-81). Comme Herder, Bardili oppose au schématisme transcendantal l'idée d'un processus physiologique d'assimilation, et donc de réduction à l'unité, qui commence dès le niveau de la perception et se poursuit jusqu'à la formation du concept.

La critique de Bardili contre la doctrine kantienne des catégories est fondée sur la conviction que la pensée ne présente pas de différenciations internes mais qu'elle procède au contraire au moyen de la copule du jugement et de l'*ergo* du syllogisme. Les différences appartiennent à la matière, non pas à la logique mais à l'ontologie : c'est-à-dire que la variété des relations entre le sujet et le prédicat et des relations entre les jugements, ou la variété des valeurs de la copule sont inhérentes à ce que nous percevons.

La défense du réalisme métaphysique amenait ainsi Bardili à affirmer le rôle instrumental du langage. Le langage est un instrument matériel, il est lettre, il est concept en tant qu'ensemble de caractéristiques, et en tant que tel il donne accès à la pensée ; dans la pensée il s'organise selon une structure syntaxique profonde qui vaut pour toutes les langues (lettre à Reinhold, in Bardili-Reinhold, 1804 : 189 et sv., 197). Mais cette structure syntaxique universelle ne suffirait pas à garantir l'adéquation de l'expression linguistique avec son sujet, si Bardili n'insérait pas sa théorie linguistique dans une théorie anthropologique dont le cœur est constitué par la thèse de l'appartenance de l'homme à la nature, et donc de l'unité des processus pertinents aux deux domaines de la linguistique et de l'ontologie. En prononçant le mot "plante" par exemple, écrit-il à Reinhold (juillet 1800),

> «vous [...] avez donné à la plante son genre, c'est-à-dire son essence, de la même façon que la nature le lui donne; et tout comme la nature pour produire une plante particulière ne peut que recueillir dans ce genre, comme en un universel, le particulier, vous-même ne pouvez dans votre représentation que recueillir le particulier sous cet universel, [...] en reproduisant ainsi son organisation» (Bardili-Reinhold, 1804 : 228-29).

Il s'agit en somme d'un même processus de réduction à l'unité de la forme, en vigueur aussi bien pour ce qui est de la production des objets naturels que de la production des concepts : dans les deux cas il y a une réduction de la multiplicité à sa forme universelle. Bardili utilise cet argument pour démontrer la légitimité de la preuve ontologique de Dieu (selon le même processus toutes les essences sont ramenées à l'essence des essences); mais au-delà de cette motivation, l'argument sert à garantir à la médiation linguistique l'accès au domaine de l'être, et donc à assurer la capacité du langage à se référer de façon adéquate à son sujet. Cette adéquation se fonde sur l'unité des procédés de la nature qui sont les mêmes que ceux de la pensée : le rythme de la nature se reproduit dans la pensée de l'homme.

L'analogie avec la nature, comme unique procédé qui permet de reconnaître l'unité dans la multiplicité de la matière, s'applique aussi au thème de la compréhension linguistique. Dans une lettre à Reinhold datée de février 1800 (cf. Bardili-Reinhold, 1804 : 132-135), Bardili écrit : «Pouvoir comprendre même un seul mot suppose qu'il y ait en celui qui parle et en celui qui écoute quelque chose d'identique qui transcende l'impénétrabilité de la matière». La multiplicité de la matière (*Stoff*) décompose et divise ce qui en nous est subjectif, de ce qui est objectif pour nous : c'est pourquoi nous séparons nous aussi la pensée qui est en soi unique, en une pensée en nous et une pensée hors de nous. Se faire comprendre signifie alors reconstituer le tissu de cette pensée unique, reconstituer l'unité de la pensée à travers la multiplicité de sa matière. Il en est de même pour la nature, dont les formes nous "parlent" en vertu de cette identité entre la nature et nous dont on est contraint de supposer l'existence.

Le naturalisme en métaphysique est en quelque sorte la seule justification possible du réalisme gnoséologique : on ne peut justifier l'unité de l'objet et de la représentation, de l'être et de la pensée, que si l'on exclut toute scission originelle entre le sujet et le monde. Cela permet, en d'autres termes, de s'opposer aux prétentions de la philosophie spéculative en revalorisant la conscience immédiate qui témoigne d'un monde d'objets structurés dans l'espace et dans le temps, réglés par des lois sur lesquelles le sujet ne peut exercer aucun pouvoir législatif. Nous avons trouvé chez tous ces auteurs, Herder, Bardili, puis Beneke suivi comme nous le verrons par Feuerbach, une solution naturaliste, mais on remarque une différence : l'interlocuteur des deux premiers est Kant, et leur objectif est, surtout pour Bardili, essentiellement de nature spéculative. Par contre Beneke affronte les prolongements idéalistes de la pensée kantienne, avec en particulier Hegel, et son objectif est de conduire à un programme de reconversion de la philosophie. Enfin avec Feuerbach, Hegel est mis de façon explicite au centre de la polémique. La réhabilitation de la conscience commune est en effet la condition minimale du matérialisme.

Le programme de reconversion de la philosophie se définit peu à peu dans les premiers écrits de Beneke pour aboutir à un manifeste inclus dans son essai de 1833, *Philosophie in ihrem Verhältnisse zur Erfahrung, zur Spekulation und zum Leben*. Il s'agissait d'un programme d'application de la méthode psychologique aux diverses disciplines philosophiques, parmi lesquelles la grammaire générale. Plus tard, à l'occasion d'un bilan rétrospectif des dernières recherches de la psychologie dans son essai *Die neue Psychologie* (1845), Beneke lance de nouveau l'attaque contre la philosophie spéculative en Allemagne. Il cherche alors des compagnons de route, convaincu comme il l'est que la philosophie doit être une entreprise collective comme toutes les autres sciences, et qu'il est rare qu'une œuvre scientifique arrive à sa maturation sans que son milieu et son époque n'offrent de stimuli qui aillent dans la même direction, sans une sorte de convergence qui peut même se construire à l'insu des chercheurs. Il rencontre alors Herbart dont il partage l'option empiriste et la critique contre la séparation des facultés. Il se démarque toutefois de la mathématisation de la psychologie et dénonce la persistance d'une tendance spéculative dans son œuvre (telles sont les critiques récurrentes qu'il oppose aux théories de Herbart : cf. par exemple Beneke, [1833] 1845, chap. III). Ce qui freine le développement de la philosophie scientifique en Allemagne, explique-t-il, c'est en particulier la notion de sujet imposée par les systèmes spéculatifs ; ceux-ci — « véritable ignominie du XIXe siècle », exemple criant de « barbarie scientifique » — représentent le développement psychique en posant la raison au commencement, comme principe créateur universel. Alors que la raison ne peut être conçue que comme un produit final, comme l'ensemble des résultats d'un processus psychique, et même dans ce cas comme un résultat idéal, une limite vers laquelle on tend mais qu'on ne peut jamais vraiment atteindre. « Poser cet idéal au début, en faire le créateur de toute chose, c'est mettre toute la question sens dessus dessous... » (Beneke, 1845 : 248).

Si la critique de Beneke s'adresse directement à la théorie hégélienne et à ses applications psychologiques, elle s'étend bien sûr à tout principe spéculatif : comme par exemple le Moi transcendantal, que l'on peut remplir de n'importe quel contenu empirique (Beneke, 1845 : 248-249). Comme il l'avait déjà expliqué avec de nombreux exemples à l'appui dans le *System der Logik* (Beneke, 1842a : 144-151), ces positions sont aux antipodes des sciences, leur procédé est entièrement fondé sur des jeux d'images et des analogies fantaisistes, et elles sont si étrangères aux sciences positives de leur époque qu'aucune forme de collaboration n'est envisageable.

Accusé par ses adversaires d'exposer servilement les principes de la psychologie sensualiste, Beneke est conduit pour se justifier à se confronter à la grande tradition empiriste sur trois de ses moments essentiels : la théorie de Locke, celle de Condillac et les nouveaux développements de la philosophie française en particulier avec Laromiguière. Beneke commence par clarifier les fondements de sa propre conception du sensualisme. C'est encore l'occasion pour lui de dénoncer la présomption idéaliste qui consiste à baser la psychologie sur la raison, le moi ou le concept, qui sont des formations «incomparablement plus profondes» que les sensations, et auxquelles on ne peut donc accéder que sur la base de «milliers de traces élémentaires qui surgissent du plus intime et du plus profond de l'âme» (Beneke, 1845 : 251). S'approprier immédiatement ces formations telles que l'introspection nous les offre, pour en faire les principes originels et explicatifs du développement psychique, c'est éluder le devoir spécifique de la psychologie scientifique qui consiste justement à étudier leur organisation interne et leur genèse.

Le statut scientifique de la psychologie sert aussi de critère d'évaluation de la tradition sensualiste. Il s'agit de se demander, dit Beneke, si la psychologie de cette école contenait déjà une conception de la vie psychique que l'on puisse rapporter à la méthode des sciences naturelles, si elle était en mesure d'exposer «le contenu de la conscience de soi dans son existence naturelle et dans son devenir naturel» et de l'expliquer sur la base d'une méthode générale valable pour toutes les sciences (*ibid.*, 253). Beneke reproche alors à Locke d'être resté lié à une vision trop stricte et abstraite des facultés, puis à Condillac de s'être arrêté à la définition de l'activité intellectuelle comme sensation transformée, sans s'occuper ensuite sur un plan psychologique général des modalités de cette transformation. Condillac, dit-il, insiste sur le concept de sensation,

«alors que du point de vue psychologique cela n'aurait dû faire l'objet tout au plus que d'une introduction, et il eût fallu plutôt insister sur la transformation, c'est-à-dire sur la reconstruction génétique précise et cohérente des mutations et des diversifications qui interviennent au cours du développement» (Beneke, 1845 : 260).

Faute de toute prise en compte des causes des processus psychiques de transformation et des facteurs ou éléments qui y entrent en jeu, la sensation apparaît comme un prestidigitateur qui en toute autonomie et selon son bon plaisir, prend les aspects les plus divers. Malgré les nombreux éléments psychologiques contenus dans sa théorie, Condillac reste en somme en deçà d'une véritable psychologie scientifique et se limite à la description abstraite des divers stades de transformation de la conscience. Quant à Laromiguière, sa notion d'activité de l'âme reste trop vague pour pouvoir constituer une approche scientifique au problème. Les facultés «sont présentées comme des personnes qui agissent et qui, opérant l'une sur l'autre, récitent toutes ensemble leur roman édifiant» (*ibid.*, 268). La métaphore théâtrale — avec des facultés de l'âme qui récitent chacune son rôle mais s'ignorent les unes les autres — met bien en évidence le principal reproche de Beneke face à l'empirisme classique, qui inclut aussi Laromiguière. La conscience n'est pas une entité qui *possède* des facultés avec des rôles inaltérables; c'est l'ensemble des forces actives qui opèrent déjà en organisant les stimuli en sensations. Au moyen de ces forces (que Beneke appelle *Urvermögen*, ou facultés originelles), les sensations

> «se reconstruisent plusieurs millions de fois de façon toujours nouvelle, au cours de la vie d'un homme; et les formations créées sur cette base se regroupent en concrétions, se fondent, se séparent, se relient pour former des groupes ou séries, etc. qui, s'entremêlant selon les modes les plus variés et se formant dans ces rapports réciproques, produisent des formes constamment renouvelées» (*ibid.*, 269).

Le sens exact de ce que recouvre le terme de *Urvermögen* n'est pas très défini dans le texte de Beneke si bien que Friedrich Ueberweg, son disciple, s'est demandé si l'on pouvait en donner une interprétation strictement physiologique en les identifiant avec les cellules des ganglions cérébraux (Ueberweg, 1875 : 321). Il est vrai qu'à plus d'une occasion Beneke a nié que l'on puisse réduire la psychologie à une physiologie (il a condamné pour cette raison le *Cours de philosophie* d'Auguste Comte : *ibid.*, 292). Mais d'autre part il est vrai qu'attribuer à des éléments minimaux du tissu nerveux la fonction de raccord entre l'âme et le corps n'impliquait pas nécessairement une vision réductionniste de la psychologie. Ce qui est certain c'est que Beneke entend substituer l'idée des facultés comme dispositions constitutives de l'intellect par l'idée de forces psychiques qui opèrent au cas par cas et n'ont pas de réalité ni de subsistance en dehors de leur activité même. Les formations que la philosophie du passé a considérées comme étant des facultés (sentir, imaginer, se souvenir, vouloir, etc.), faisant partie en tant que telles de la nature de l'homme et précédant toute expérience, poursuit Beneke, sont en réalité le produit de la dynamique psychique. La psychologie qui est appelée à s'occuper de processus naturels selon une méthode introspective qui ne se dérobe pas aux critères d'examen de la méthode scientifique, peut se définir comme une science naturelle. Ce qui lui manque encore actuellement est un caractère d'entreprise collective : quand des centaines de chercheurs collaboreront ensemble, comme cela est le cas pour les autres sciences, une autre époque s'ouvrira pour la psychologie et elle produira des résultats aussi inimaginables pour nous que le pouvaient être nos bateaux à vapeur et nos chemins de fer pour les mentalités du XVIe ou du XVIIe siècle (*ibid.*, 271).

La philosophie des autres pays d'Europe apparaît à Beneke mieux engagée sur la voie de la psychologie comme science naturelle; malgré les sérieuses réserves qu'il exprime dans les années 1840 sur les derniers développements de la philosophie française, Beneke reste sur cette opinion. L'ampleur du compte-rendu qu'il consacre à la philosophie hors de l'Allemagne (*ibid.*, 272-350) témoigne d'une ouverture, d'une richesse d'information et d'un accès direct aux sources qu'il cite, qui en font un observateur hors du commun : ainsi réserve-t-il (pour la première fois peut-être dans la littérature philosophique allemande) un espace spécifique à la philosophie américaine de langue anglaise. En ce qui concerne la France, les intérêts de Beneke le portent à s'occuper surtout du courant éclectique dont il met en relief l'utilisation de la méthode d'observation. Il en souligne aussi les dangers et critique en particulier la prétention de Victor Cousin de soumettre l'idéalisme allemand et l'empirisme anglais au tribunal du bon sens français. Cette tentative avait d'ailleurs déjà été repoussée par les deux parties en présence, comme le montrent les recensions (citées par Beneke) des *Jahrbücher für wissenschaftliche Kritik* de 1834 où l'hégélien Hermann Friedrich Wilhelm Hinrichs avait accusé Cousin de n'avoir rien compris à Hegel, et de l'*American Quarterly Review* (1832) et de la *British and foreign Review* (1843) qui l'accusaient de vouloir réconcilier artificiellement deux positions incompatibles. Beneke, dont le but principal est la recherche d'une méthode scientifique pour la psychologie, accuse lui aussi Cousin d'avoir tiré de l'école écossaise la thèse de l'aperception immédiate, et de la philosophie spéculative allemande les notions d'un être absolu et d'une vérité absolue, ainsi que d'avoir tenté une synthèse irréalisable. Non seulement ces *abstracta* de la spéculation ne fournissent aucune étude où les processus psychologiques et les lois qui les régissent soient traités de façon scientifique, mais la synthèse a même fini par plier la méthode d'observation à des fins spéculatives. Par ailleurs, la philosophie de Comte lui apparaît comme «une nouvelle barbarie» (Beneke, 1845 : 292). A part un jugement positif porté sur le philosophe italien Giandomenico Romagnosi («*eine sehr gute Kopf» ibid.*, 296; et cf. Beneke, 1832 : 7-11) dont il apprécie les réflexions sur la méthode de la philosophie, Beneke est d'avis que c'est désormais en Grande Bretagne que se trouve le modèle de la nouvelle philosophie à venir.

Ce qui l'intéresse dans la philosophie britannique c'est essentiellement les récentes recherches sur la méthode inductive — avec des auteurs comme Herschel, ou Whewell dont il apprécie la réflexion méthodologique (bien que sa théorie des *fundamental ideas* qui coopèrent au processus inductif le rapproche de la spéculation kantienne; cf. aussi Beneke, 1842a : 20-38). Il fait aussi l'éloge de la philosophie de Stuart Mill, de la recherche d'un fondement psychologique du droit chez Bentham (dont il avait traduit et commenté en 1830 les *Principles of Morals and Legislation*), et enfin de l'ample littérature sur la *philosophy of mind*. Dans ce secteur Beneke déclare son affinité avec la critique de Thomas Brown contre la psychologie des facultés, lorsque celui-ci précise qu'il faut toujours tenir compte du fait que les facultés ne sont que des classes sous lesquelles nous regroupons simplement des faits psychiques en soi distincts; il partage aussi d'une façon générale son projet de physiologie de l'esprit humain.

L'apparente pauvreté de la philosophie britannique, si on l'observe du point de vue de la philosophie systématique, ne doit pas nous induire en erreur, prévient-il :

> «La philosophie élaborée suivant la méthode des sciences naturelles a ceci en commun avec les sciences elle-mêmes qu'elle ne se laisse pas réduire en un clin d'œil en un système, comme c'est en revanche le cas de nos spéculations philosophiques. Les grandes découvertes sont toujours précédées par une longue série de stades préparatoires qui ne peuvent se succéder que lentement dans des secteurs plus ou moins fructueux, et les périodes d'activité intenses doivent alterner avec des périodes de ralentissement.» (Beneke, 1845 : 312).

Les aspects quantitatifs de l'entreprise scientifique prennent alors une importance fondamentale : il faut se demander combien sont en Allemagne ceux qui au cours de la première moitié du XIXe siècle ont contribué à l'œuvre collective que la philosophie semble poursuivre en Grande Bretagne. Tout cela doit par ailleurs être examiné au vu du rôle joué par la philosophie dans l'un et l'autre pays.

> «Chez nous, les Allemands, la philosophie se développe le plus souvent de façon isolée par rapport aux autres sciences et à la vie. Ainsi notre "philosophie de la nature" est-elle à juste titre méprisée par ceux qui s'occupent de sciences naturelles, de même que les historiens ne veulent pas entendre parler de la dernière en date des philosophies de l'histoire, ni les juristes des dernières productions de la philosophie du droit ; et en toute harmonie avec cet état de fait nous voyons que ceux qui ont consacré une grande partie

de leurs forces à la philosophie lors de leurs études universitaires s'empressent de s'en délester dès qu'ils font leur entrée dans la vie.» (*ibid.*, 312).

En Grande Bretagne au contraire, la philosophie et la science, la philosophie et la vie pratique interagissent constamment comme le témoigne aussi le tirage et le nombre de rééditions de certaines œuvres philosophiques. Une autre caractéristique particulière qui fait la force de la réflexion philosophique britannique et la met à l'abri de l'éclectisme de la philosophie française, italienne et dans une certaine mesure, allemande, est son caractère sectoriel. L'éclectisme naît du «tourbillon des innombrables systèmes qui tous devraient nous donner la science éternelle» (*ibid.*, 314). Même la grande philosophie systématique est paradoxalement vouée à une sorte d'éclectisme car elle s'alimente de sa propre substance. Nous voyons ainsi Schelling réélaborer Fichte et Spinoza; Hegel réélaborer Schelling et Fichte; nous assistons en somme au développement d'une tradition qui s'auto-reproduit. La philosophie britannique semble au contraire favorisée par deux facteurs : l'unité de la méthode inductive et la spécificité des secteurs de recherche (épistémologie, logique, morale, droit). Cette spécificité permet aux philosophes de «se tenir sur leurs jambes là où ils ont mis les pieds (même s'il s'agit d'un secteur limité)» et, une fois choisi un certain point de vue, de parler par expérience directe de la perspective qui s'offre à eux (*ibid.*, 313).

Au moment même où Beneke proposait, selon une métaphore qui a connu une grande fortune à travers la philosophie de Marx, de redresser la vision du monde que les systèmes de l'idéalisme, en considérant l'idée comme le principe absolu, avaient mis sens dessus dessous, la tête en bas et les pieds en l'air, un autre auteur, Ludwig Feuerbach, se proclamait aussi «l'avocat» de la certitude sensible à des fins anti-spéculatives et anti-idéalistes. Dans une de ses œuvres, *Zur Kritik der Hegelschen Philosophie* (1839), Feuerbach commentait l'argumentation au moyen de laquelle Hegel avait tenté de démontrer l'inadéquation de l'expérience immédiate et avait opéré la «rupture avec l'intuition sensible» qui constitue le point de départ de l'idéalisme. L'argument de Hegel était, comme on le sait, fondé entièrement sur la nécessité de la médiation linguistique : le sensible peut être énoncé, dit, mais uniquement en tant qu'universel, et seul le langage peut élever au rang d'universel la particularité de l'intuition sensible. Ainsi avait conclu Hegel,

«C'est le langage qui est le plus vrai : en lui, nous allons jusqu'à réfuter immédiatement notre *avis*; et puisque l'universel est le vrai de la certitude sensible, et que le langage exprime seulement ce vrai, alors il n'est certes pas possible que nous puissions dire un être sensible que nous *visons*» (Hegel, 1807 : I, 84).

Selon Feuerbach cette argumentation ne vaut que pour celui qui a déjà opté pour le point de vue de l'universel, pour celui qui a établi dès le départ que seul l'universel est le réel, pour l'idéaliste en somme. Cette argumentation, écrit-il, «n'est rien d'autre qu'un jeu de mots que la pensée sûre de *soi-même* comme de la vérité, impose à la conscience naturelle» (Feuerbach, 1839 : 44). Mais pour celui qui se place dans l'optique de la conscience sensible l'argument de Hegel a plutôt la valeur d'une critique du langage.

> «Mon frère s'appelle Jean ou Adolphe, mais après lui il y a un nombre infini d'autres hommes qui s'appellent Jean ou Adolphe. Cependant, puis-je en déduire pour autant que mon Jean n'a aucune réalité? Puis-je en déduire que la "jeannité" (*Johannheit*) est une vérité? Pour la conscience sensible [...] les noms sont absolument indifférents, ce sont seulement des signes qui lui permettent de parvenir à ses fins par le plus bref chemin [...] *Ad rem*, les mots ne comptent pas; montre-moi plutôt les choses que tu dis. Ce qui est irréel et inexistant pour notre conscience sensible c'est justement le langage.» (Feuerbach, 1839 : 43).

Le point de vue de la conscience sensible, qui est celui de Feuerbach, implique une critique de la conception qui attribue (comme c'est le cas chez Hegel) une valeur spéculative au langage, en tant que dépositaire de la vérité («le langage est le plus vrai...»). Du point de vue de la conscience sensible, ou de la conscience naturelle, loin d'effacer les éléments déictiques de l'expérience, le langage doit les communiquer («*Ad rem*, montre-moi ce que tu dis»), cette capacité de communiquer étant l'une des caractéristiques de l'espèce humaine. Quand dans l'une de ses œuvres les plus connues, *Das Wesen des Christentums* (1841), il décrit l'essence de l'homme en général, Feuerbach identifie la vie intérieure à cette capacité de communication :

> «L'homme pense, c'est-à-dire converse, parle *avec soi-même* [...]. L'homme est en lui-même un moi et un toi; il est capable de se mettre à la place de l'autre, et cela parce qu'il a comme objet son propre genre, sa propre *essence*, et non pas seulement sa propre individualité» (Feuerbach, 1841 : 29).

Tel est le dispositif qui permet de rattacher l'expérience immédiate à l'universalité, et la représentation à l'énonciation de la pensée. Le langage est l'instrument réel, non spéculatif, de ce lien :

> «le langage n'est autre que la réalisation du genre, la médiation du moi avec le toi, pour représenter l'unité du genre en effaçant tout isolement individuel [...] La démonstration [...] trouve sa seule justification du fait qu'elle est l'activité qui transmet la pensée aux autres. Si je veux donner la preuve de quelque chose, c'est aux autres que je la donne. Si j'expérimente, j'enseigne, j'écris, je ne le ferai pas, je l'espère, pour moi; car je sais aussi [...] ce que je n'écris pas, n'enseigne pas, n'expose pas [...]. La démonstration n'est donc pas une médiation de la pensée à l'intérieur et pour la pensée elle-même, mais une médiation qui se sert du langage pour passer de la pensée dans la mesure où elle est mienne, à la pensée de l'autre dans la mesure où elle est sienne [...]; on peut dire encore que c'est une médiation du moi et du toi afin de connaître l'identité

de la raison, ou une médiation à travers laquelle je donne la preuve que ma pensée n'est pas seulement à moi, mais qu'elle est pensée en soi et pour soi, et que donc comme elle est mienne, elle peut aussi être la pensée d'autrui» (Feuerbach, 1839 : 27-28).

L'impulsion à communiquer est l'impulsion même de la vérité, ajoute Feuerbach, car ce n'est qu'à travers les autres que nous devenons conscients et certains du vrai. Ce qui signifie entre autres que,

«les manières selon lesquelles on démontre et argumente ne sont pas [...] des formes de la raison en soi, ce ne sont pas des formes de l'acte intérieur de la pensée et de la connaissance; ce sont seulement des formes de communication, des façons de s'exprimer, des exposés et des représentations de la pensée, des manifestations de ce dernier [...]. Si nous considérons les formes de la communication et les façons de s'exprimer comme des formes fondamentales de la raison et de la pensée en soi et pour soi, c'est parce que nous les faisons en quelque sorte passer en revue devant nous afin d'avoir une conscience nette de nos idées fondamentales; nous nous les exposons comme nous le ferions à quelqu'un d'autre, nous les expliquons à nous-mêmes [...]; dès l'activité même de penser nous donnons ainsi à nos pensées une forme extérieure, nous les traduisons en langage. La démonstration n'est donc que le moyen avec lequel j'enlève de mes pensées ce caractère qui les rendait miennes afin que l'autre puisse les reconnaître comme siennes.» (Feuerbach, 1839 : 30-31).

Cependant le processus de reconnaissance qui constitue la communication n'est pas un procédé aussi simple que celui de la transmission matérielle; il implique au contraire la participation active de l'interlocuteur, et ce même lors de l'exposé déjà en soi médiat des abstractions démonstratives de la philosophie : ce n'est qu'ainsi que la philosophie devient une «philosophie dramatique, théâtrale, qui s'oppose à la lyrique de la pensée matérielle totalement tournée vers soi-même» (*ibid.*, 31). La scène de la philosophie n'est plus occupée par les deux Ménechmes, la pensée et la langue, jouant leur éternelle comédie des quiproquos, mais par le chœur des innombrables interlocuteurs qui expliquent aux autres et *donc* à eux-mêmes les données de leur conscience immédiate.

5. PSYCHOLOGIE DU LANGAGE ET PÉDAGOGIE LINGUISTIQUE CHEZ BENEKE

La primauté des pratiques langagières constitue une sorte de leitmotiv des écrits que nous examinons. Rien de surprenant donc, que d'y trouver des suggestions de nature pédagogique. En particulier chez Beneke, la théorie du langage a des implications importantes quant à l'orientation des pratiques éducatives; il en discute amplement dans les deux volumes de la *Erziehungs- und Unterrichtslehre* ([1834]1842). Les procédés de composition et d'élaboration des données élémentaires de la conscience dont le langage est l'instrument principal, sont pour ainsi dire un produit phylogénétique : l'individu laissé à lui-même n'arriverait sans doute jamais à élaborer ses représentations, ou il n'y arriverait que très lentement, ou bien encore il produirait des configurations et des compositions totalement différentes. Les techniques d'élaboration doivent donc être transmises, et une part importante de la science de l'éducation s'occupe justement des moyens de cette transmission. Chaque mot, chaque forme verbale, transmet à l'enfant des représentations élaborées et déjà consolidées, qui souvent ont même valeur de norme; c'est ce que font plus tard les langages techniques des divers arts et sciences (Beneke [1834]1842. I. 62-76).

L'observation des processus d'apprentissage linguistique présente d'autre part un grand intérêt d'un point de vue théorique car c'est le seul procédé qui permette de reconstruire la naissance du langage, aussi bien d'un point de vue phonétique que morpho-syntaxique. La description des comportements linguistiques des enfants normaux s'appuie sur l'étude, en parallèle, des sourds muets et des enfants sauvages (le mystère de Kaspar Hauser, cet adolescent qui s'était présenté un jour de l'année 1828 dans la ville de Nüremberg, sans que l'on sache s'il s'était enfui ou s'il avait été libéré après avoir vécu toute son enfance dans l'isolement le plus complet, venait alors de fournir des données nouvelles et de première main). La comparaison entre le développement intellectuel des enfants sourds-muets et des enfants aveugles convainc Beneke de l'importance de la voix articulée pour le développement intellectuel. Il s'était déjà occupé de ce thème quelques années auparavant, à propos du lien entre la *Gehörthätigkeit* et la *Begriffsthätigkeit*, que l'étude des sourds-muets permet de mettre en évidence (Beneke, 1820 : 17). Bien que la vue soit sans aucun doute la source principale pour l'acquisition des représentations élémentaires de la conscience, les enfants aveugles, observe-t-il, ne font jamais preuve du retard mental présenté au contraire par les enfants sourds-muets. Cela prouve donc que l'articulation de la voix est un instrument essentiel pour l'articulation et l'élaboration des représentations. Tout un patrimoine très riche de composantes élémentaires reste inutilisé quand dans l'éducation de l'enfant vient à manquer une bonne transmission des représentations composées : et cette transmission se fait surtout à travers le langage articulé (Beneke [1834]1842. I. 227-228).

La base naturelle du langage articulé réside selon Beneke dans le mécanisme de réponse aux stimuli selon ce qu'il appelle la loi de compensation (*Gesetz des Ausgleichung*) qui régit l'appareil phonétique de l'enfant comme d'ailleurs tous ses appareils perceptifs et moteurs. Sur cette base se construiront les mécanismes associatifs qui constitueront les automatismes du langage (*ibid.*, I. 216; II. 110 et sv.).

> «Le langage [...] est tout d'abord un produit de la compensation générale qui advient à tout moment entre toutes les parties constituantes de l'être humain. Chaque stimulation interne (représenter, vouloir, sentir, etc.) se propage au moyen de ces dernières pour une part à l'intérieur (suscitant alors d'autres représentations, volitions, sentiments, etc.), et pour l'autre part à l'extérieur : et là interviennent certaines modifications extérieures (expression du visage, gestes et autres mouvements du corps, sons, etc.). En tant que signes extérieurs de ce qui se produit à l'intérieur, elles constituent l'élément immédiat et primaire du langage.» (*ibid.*, II. 110).

C'est ainsi par exemple qu'une série de comportements moteurs, dont certains sont vocaux, compensent chez l'enfant les stimuli du plaisir et constituent le langage immédiat et naturel de la joie (*die unmittelbar-natürliche Sprache der Freude*). Puisque ces réponses directes au stimulus, qu'elles soient de type moteur ou vocal, sont mécaniques de même que le stimulus lui-même, il est possible de construire une sorte de physiognomonie phonétique, en distinguant les caractéristiques des divers langages élémentaires par rapport aux stimuli correspondants. Il n'y a dans ces processus rien d'arbitraire, et la compréhension de ce langage élémentaire naturel est aussi mécanique que sa production (*ibid.*, II. 111-112; 114). En principe, la correspondance entre la qualité du stimulus et la qualité de la réaction phonique subsiste encore dans le langage verbal (*Wortsprache*), celui-ci doit donc «être considéré non seulement en général, mais dans chacun de ses éléments, comme un produit naturel et nécessaire de ce qui se produit à l'intérieur» (*ibid.*, II. 115). Si, en raison du développement historique des langues, trop de facteurs dûs au hasard se sont superposés, recouvrant cette mécanique et rendant difficilement reconnaissables les correspondances entre les qualités des stimuli et les réponses phoniques, ce parallélisme se manifeste encore dans les automatismes linguistiques, ce qui est une nouvelle preuve de la continuité entre l'élément naturel du langage et son ultérieure évolution.

Beneke apporte de nombreux éléments pour expliquer pourquoi seules les réactions phoniques sont devenues la base du langage au sens propre. Le langage phonique (*Tonsprache*), mieux que tout autre langage moteur, ou que n'importe quel langage élémentaire, fait par exemple de formes et de couleurs, se prête à la décomposition en signes élémentaires que l'on peut par ailleurs combiner à l'infini. Il a aussi l'avantage d'offrir une plus grande rapidité de production et de compréhension des signes, ce qui est lié aux caractéristiques des appareils organiques concernés et en particulier de l'appareil auditif. Sa perception est plus immédiate et ne nécessite pas le même degré d'attention que la communication visuelle; par rapport à cette dernière la communication vocale rencontre moins d'obstacles physiques (l'obscurité, l'interposition d'autres corps, etc.).

Bien qu'il considère le langage verbal comme primaire dans la composition des représentations élémentaires, Beneke est très prudent lorsqu'il définit les rapports entre la pensée et le langage. Dire que la première n'existe pas en l'absence du second n'est qu'une simplification grossière, affirme-t-il : comment pourrait-on en effet expliquer que de simples images phoniques aient le pouvoir de transformer une activité représentative qui serait non intellectuelle (*ungeistig*) en une activité représentative intellectuelle (*geistig*). De fait, pour constituer un stimulus à la production linguistique, le domaine des représentations doit déjà posséder son autonomie et être régi par ses propres règles. Le correspondant représentatif de chaque signe de la langue, le contenu, doit être déjà en soi une unité psychologiquement structurée, explique Beneke; la langue ne fait que restructurer cette unité à l'intérieur d'un réseau de relations formelles. Cela n'autorise pas pour autant la représentation simpliste d'une langue constituée d'un contenu et d'une forme nettement distingués. Au contraire, «il est fort difficile de séparer avec précision forme et contenu, productions subjectives et données objectives». D'habitude, commente Beneke, on considère que les mots constituent le contenu, ou appartiennent au domaine de l'objectivité, tandis que la forme, ou élément subjectif, serait représentée par les structures morphosyntaxiques. «Mais», ajoute-t-il,

> «tout mot particulier [...] en tant qu'unité constituée d'après le signe (*als ein den Zeichen nach Zusammengesetzes*), est déjà un produit de l'esprit humain, déterminé et articulé de façon nécessaire, de même que l'est toute représentation singulière du point de vue interne» (*ibid.*, II. 127).

A tout moment de l'activité représentative et linguistique, forme et contenu sont donc indissociablement présents.

Les facteurs qui relient l'acte de penser à la production du langage (et surtout comme nous le verrons plus loin, à l'écoute de son propre discours et du discours d'autrui) sont donc, selon Beneke, de première importance; il n'en reste pas moins que ces deux activités demeurent deux domaines, ou mieux deux séries intégrées certes, mais toujours distinctes, et entre lesquelles le rapport n'est pas toujours égalitaire. L'expérience la plus commune montre que parfois l'une prévaut sur l'autre ou se développe de façon autonome.

> «Quand on récite quelque chose que l'on a appris par cœur, les pensées ne font qu'apparaître tout au plus de façon furtive, au fur et à mesure que se déroule la série des mots; quand on pense, c'est cette dernière série qui est secondaire, tandis que le déroulement des pensées constitue la série principale; et dans la mesure où, suite à l'appari-

> tion fortuite d'un autre facteur de soutien, la série secondaire se renforce, la série principale peut en être dérangée si ce n'est même interrompue. La pensée se réalise sur la base de ses propres forces, et non pas en vertu des mots. On la voit même dans bien des cas précéder les mots et se produire même en leur absence ; nous avons acquis de nouvelles pensées mais elles sont encore inexprimées, ce qui veut dire qu'il leur manque encore leur expression verbale, même intérieure ; et peut-être ne les aurions-nous pas même acquises, ces pensées, si nous avions possédé au préalable une expression verbale et si celle-ci avait disputé une partie de notre conscience à la formation interne de la pensée.» (*ibid.*, II. 124).

L'effet rétroactif du langage sur la pensée est puissant mais, comme on le voit, il n'est pas univoque. Il se présente en effet, selon Beneke, sous deux points de vue différents : celui du développement individuel, et celui de l'interaction linguistique. Au niveau individuel les représentations verbales (*Wortvorstellungen*) ont en quelque sorte le pouvoir de renforcer les traces laissées par les autres représentations et de les rendre disponibles pour la reproduction. Ce pouvoir n'est certes pas l'apanage exclusif des représentations verbales : les représentations non-verbales le possèdent aussi (par exemple la représentation d'une rose, avec sa forme et sa couleur, peut servir à renforcer et conserver la représentation olfactive si précaire et fuyante), mais les premières sont plus efficaces, dans la mesure où elles sont plus disponibles et où il est plus facile de les utiliser pour élaborer de façon complète les traces des autres représentations pour les coordonner en groupes ou en séries et les combiner à l'infini. Et plus une combinaison est fixée avec des représentations verbales, mieux elle peut être reproduite à l'occurrence, mieux elle se prête à des combinaisons ultérieures.

C'est la raison pour laquelle l'interaction linguistique produit une croissance de la pensée et de la connaissance. Toute combinaison de représentations fixée dans la langue rejoint le patrimoine collectif. Et donc, non seulement en communiquant une combinaison de représentations nous mettons l'interlocuteur en mesure de s'en servir, mais la communication elle-même devient une sorte de banc d'essai de la justesse, de la fécondité et de la reproductibilité de la combinaison.

> «Quand une même combinaison est faite par plusieurs personnes, elles peuvent confronter mutuellement leur production intellectuelle, et chacune peut contrôler et améliorer la sienne au moyen de celle des autres. Ainsi tous ceux qui s'écoutent entre eux, ou qui peuvent écouter de nouveau ce qui a été écouté par les autres, sont liés par un pouvoir commun de fécondation intellectuelle qui multiplie par cent et par mille la force productive de chacun.» (*ibid.*, II. 121 ; cf. 157).

L'écriture et la presse offrent des instruments ultérieurs en vue de ce contrôle et cet enrichissement réciproque. Contrôle et enrichissement de la pensée qu'il ne faut donc pas laisser simplement à la pratique spontanée : d'où l'importance de l'éducation linguistique (*Sprachunterricht*). Les techniques d'alphabétisation, l'enseignement des formes grammaticales et des pratiques expressives, l'étude de la théorie grammaticale, les techniques d'apprentissages des langues étrangères, les différentes modalités du rapport langage-pensée dans l'usage de la langue maternelle (où l'intuition se laisse guider par les combinaisons traditionnelles consacrées par l'usage linguistique) et dans l'usage d'une langue étrangère (où cette aide est très faible), les techniques de la traduction : tels sont les différents chapitres d'une pédagogie qui doit s'occuper de la langue en tant que moyen primaire de transmission des contenus didactiques, ou moyen auxiliaire mais cependant essentiel pour toutes les disciplines qui recourent à des méthodes directes, ou qui utilisent d'autres langages, comme la musique, les mathématiques, etc.

Bien qu'il considère que la linguistique historique doive faire partie du curriculum d'études des enseignants, Beneke (*ibid.*, II. 188-190) semble dans l'ensemble faire abstraction des résultats de la linguistique comparative de son temps; à l'exception de l'œuvre de K.F. Becker, *Organism der Sprache* (1827), la liaison ne s'établit pas avec le travail des linguistes professionnels. La seule fois où il se prononce sur un des thèmes de la linguistique de ses contemporains (la typologie linguistique), il entre paradoxalement en contradiction avec lui-même. Beneke n'échappe pas en effet à la tendance romantique à introduire une distinction de valeur dans la classification des langues selon le type. «Le développement spirituel qui se reflète dans les langues antiques», flexionnelles et synthétiques, écrit-il, «n'a pas atteint le niveau de réflexion auquel sont arrivées les langues modernes : elles sont donc plus élémentaires, plus fraîches, plus transparentes». Les langues modernes, qui au lieu des flexions se servent principalement de prépositions et de mots auxiliaires, «se fondent sur un niveau de réflexion plus élevé : les modifications des représentations sont saisies avec une pensée indépendante, séparée de la représentation principale ou de l'objet» (*ibid.*, II. 179). Mais Beneke renverse un jugement de valeur courant parmi les romantiques : le stade de l'analyse représente selon lui une conquête et non un appauvrissement des langues. Si la recherche historique devait démontrer que les langues analytiques ont existé depuis des temps très reculés, il faudrait simplement en conclure que les peuples correspondants ont été capables d'atteindre très précocement la puissance de réflexion attestée par leur langue analytique. Beneke aborde cette question à propos de l'opportunité et utilité que l'étude des langues synthétiques peut présenter pour des jeunes qui sont nés et ont grandi dans le milieu des langues analytiques dont ils ont intériorisé les formes : il s'agit selon lui d'une expérience formative que de mettre des jeunes en contact avec des langues qui témoignent d'une conscience moins réflexive, ce qui leur donne accès à un monde de représentations (*Darstellungsformen*) poétiques, historiques, philosophiques, institutionnelles, etc., plus proches de leur mentalité. Il reprend par là une idée de la philosophie de l'histoire romantique qui veut que le monde antique représente une enfance de l'humanité, un préalable non seulement idéal mais historique de notre mentalité et de notre culture (*ibid.*, II. 181). En ce sens le monde antique a pour nous une valeur exemplaire que les autres grandes langues et cultures, comme celles de la Chine ou du Japon, ne pourraient jamais avoir. Le relativisme linguistique (qui contredit la prudence démontrée par Beneke quant à définir les rapports entre la langue et la pensée) se traduit dans l'idée de prototypes culturels presque incommunicables entre eux : «ces langues, et le développement culturel qu'elles mettent en évidence nous sont trop étrangères pour qu'il nous soit possible de nous y transporter, même de façon approximative», rien de leur histoire n'a pénétré la nôtre pour en faire partie; ces cultures «ne sont en aucune façon exemplaires» (*ibid.*, II. 186). Il est vrai que ces affirmations se placent dans le cadre d'une réponse à la proposition paradoxale de faire étudier aussi le chinois et le japonais dans les écoles pour assurer aux jeunes gens une éducation véritablement universelle; la réponse de Beneke fait cependant vaciller l'équilibre de la description des rapports entre le langage et la pensée qui est pourtant l'un des fondements de sa théorie psychologique.

Il ne fait pas de doute que Beneke partage à cet égard la tendance à limiter la priorité du langage sur la pensée, il s'agit là d'un des traits communs des théories cognitives entre la fin de l'Idéologie et la naissance du positivisme. La thèse adverse, celle de la dépendance totale de la pensée par rapport au langage, avait pris désormais le sens fort que lui donnait Humboldt en faisant du langage la condition transcendantale de la pensée. Dans la psychologie empirique on tend plutôt à souligner l'ample autonomie du domaine des représentations mentales et donc la relative autonomie de la pensée pré-verbale, tout en conservant évidemment la dépendance de la pensée discursive par rapport au langage. Le *System der Logik als Kunstlehre des Denkens* publié en 1842, la même année que la seconde édition revue et mise à jour de l'*Erziehungs- und Unterrichtslehre*, apporte la confirmation qu'il s'agissait bien là de la position de Beneke :

> «Les développements linguistiques [...] surviennent uniquement sur une pensée déjà façonnée. [Le langage] peut aussi exercer un effet rétroactif sur la pensée : il n'est pas rare, dans les sciences comme dans la vie commune, que des mots qui ont été improprement produits et introduits pour exprimer une pensée, dévient la pensée suivante de son droit chemin. Mais il s'agit cependant d'un aspect secondaire ou concomitant, car

en général l'expression linguistique reçoit sa détermination de la pensée.» (Beneke, 1842 : 29-30).

Une affirmation aussi tranchante sert sans doute à marquer les distances face à la position idéaliste d'identification entre le langage et la pensée. C'est justement parce que la pensée et le langage sont dotés chacun de ses propres lois, que se pose le problème de leurs relations. Etant un phénomène intérieur (*ein Innerliches*), la pensée est d'accès difficile. Il était donc naturel, et c'est ce qu'ont fait les philosophes depuis Aristote, que l'on se tourne vers l'étude plus accessible des formes et de l'organisation du langage pour en déduire ensuite celles de la pensée. On suppose en effet que la langue, en tant que produit et reflet extérieur de la pensée, en reproduit approximativement les propriétés. Mais elle ne peut le faire que dans une certaine limite et en conformité avec ses propres lois. Il peut ainsi se produire qu'une propriété de la pensée reste enfouie dans la langue et ne réussisse pas à émerger de cette enveloppe, tandis que la langue développe de son côté des formes propres qui ne sont pas vraiment parallèles à la pensée. La langue jouit d'un certain degré d'autonomie, elle a des finalités et des moyens qui lui sont propres et que l'on ne peut réduire à ceux de la logique. Il faut donc se garder de telles confusions car ramener sans distinction les diverses formes linguistiques à autant de formes de pensée ne peut qu'induire en erreur (*ibid.*, 30-31; cf. Beneke, 1832a : 2).

Les conséquences de la distinction introduite par Beneke sont multiples. Elle annonce la démarcation entre la psychologie et la logique qui sera une caractéristique d'un important secteur de la réflexion linguistique de la seconde moitié du siècle. Elle justifie l'autonomie de la linguistique générale comme science des *Sprachformen*, et donc séparée de la logique mais intégrée parmi les sciences cognitives. Enfin, s'opposant au réductionnisme de la philosophie du langage romantique qui ne voyait qu'une seule voie d'accès à la pensée, l'herméneutique, Beneke propose l'analyse du langage comme l'une des diverses approches possibles de la philosophie de l'esprit, et comme un instrument certes essentiel mais non pas exclusif des recherches psychologiques.

6. HERBART. GRAMMAIRE GÉNÉRALE ET PSYCHOLOGIE COGNITIVE

La critique de la conception idéaliste du moi comme donnée immédiate, la réfutation des formes transcendantales kantiennes, la fondation de la psychologie comme seule science habilitée à l'approche analytique et non pas intuitive face aux structures du sujet, l'élaboration d'une notion de la philosophie comme discipline analytique quant à sa méthode et investie d'une mission essentiellement épistémologique, tous ces thèmes que nous avons rencontrés dans l'œuvre de Beneke, nous les retrouverons à nouveau chez Herbart, ce qui apparente ces deux auteurs malgré leurs divisions qui apparaissent dans le ton polémique employé de la part de Beneke et débouchent parfois sur des critiques tout à fait explicites. On reconnaît aussi à l'influence des doctrines du sensualisme français, du sentimentalisme anglais et de l'école écossaise du sens commun, leur formation commune de philosophes populaires.

Cette formation du jeune Herbart dut être mise à dure épreuve durant ses années d'étude à Iéna sous la conduite de Fichte vers la fin du XVIIIe siècle, si l'on considère que bien des années plus tard, en 1831, il situait à sa prise de position juvénile contre le concept schellinguien et fichtéen du Moi, le moment de son «renoncement complet à tout idéalisme» et le début de sa propre autonomie philosophique (Herbart, 1871 : 336). La critique contre la philosophie de l'identité qui prétend découvrir un principe au-delà de l'expérience et en déduire ensuite l'expérience elle-même, est un des thèmes récurrents de la philosophie de Herbart : de ses Thèses académiques de 1802 (dont l'une énonçait : «metaphysica, ne dicam philosophia totum absolutum esse non potest» [Herbart, 1802 : 277]), à l'entreprise de revalorisation de la conscience commune comme point de départ de la philosophie («et si quelqu'un veut monter sur mes épaules pour voir plus loin que moi, il sera au moins sûr que le terrain ne manquera pas sous mes pieds : je ne prends pas appui sur la cime solitaire du moi, mais sur un terrain aussi vaste que l'est l'expérience» [Herbart, 1824 : 183]), jusqu'à l'avertissement adressé à Hegel dans la recension de l'*Encyklopädie der philosophischen Wissenschaften* («Le philosophe ne doit pas mettre un uniforme à tous les objets qu'il a sous les yeux, mais bien plutôt s'efforcer de les connaître tels qu'ils sont, et saisir la forme dans laquelle ils se présentent» [Herbart, 1831 : 202]). La philosophie qu'il propose a une fonction essentiellement épistémologique, qu'elle doit exercer tant sur les données de la conscience commune qu'elle reconstruira rationnellement, que sur les données des sciences particulières.

Le statut de la philosophie est examiné et exposé dans la première partie de la *Einleitung in die Philosophie* (1813, et avec de plus en plus d'importance dans la troisième et la quatrième édition, en 1834 et 1837). Contestant les idéalistes, Herbart y explique que la philosophie n'a pas d'objet propre et spécifique, ce n'est pas une loupe à travers laquelle on peut regarder tous les objets. Elle dépend entièrement quant à ses propres objets des sciences spécifiques dont elle peut et elle doit examiner de façon critique les concepts et les procédures.

Examinant dans l'*Einleitung* (p. 32) les rapports entre les sciences et la philosophie, Herbart souligne la convergence de visées entre la philosophie et la linguistique. Lorsque le linguiste définit la signification d'un mot, il opère à l'intérieur du domaine des concepts généraux, c'est-à-dire au même niveau que le philosophe. Quand il divise les mots en classes, il forme les concepts les plus généraux. La dérivation et la flexion des mots lui montrent la tendance des concepts à se combiner, et ces combinaisons sont déterminées de manière complète par les règles de la syntaxe. Dans la mesure où ces connexions sont rendues possibles par les concepts eux-mêmes, on peut les étudier du point de vue de la logique; et dans la mesure où elles sont une manifestation de l'activité de l'esprit, on les étudiera du point de vue de la psychologie. La logique et la psychologie sont donc deux parties bien distinctes de la philosophie : la première, en tant que science formelle, n'a aucune compétence quant à l'origine des concepts ou leur nature d'actes de pensée effectifs, qui relèvent par contre de la compétence de la psychologie. C'est à l'intérieur de cette dernière que la science du langage doit trouver sa place.

La fondation de la psychologie, si elle part de la «complète renonciation à tout idéalisme», dont Herbart lui-même avait fait preuve en rejetant la conception idéaliste du Moi, exige aussi que soit faite une critique de la théorie des facultés. Herbart considère en effet que les facultés ne sont que des abstractions arbitraires.

> «Nous n'avons aucune sensibilité (mais seulement des organes de sensation corporels) *avant* les impressions sensibles, aucune mémoire *avant* le répertoire qu'elle conserve, aucune intelligence avant les concepts, aucune faculté de sentiments et de désirs avant les sentiments et les désirs réels. Ce qui agit en nous comme force, ce sont les représentations elles-mêmes. Et personne ne possède plus de facultés qu'il ne possède de représentations.» (Herbart, 1813 : 617).

Pour parler du sujet en des termes qui ne soient pas transcendantaux mais uniquement psychologiques (les seuls qui soient légitimes), Herbart préfère utiliser le terme de *Seele*, l'âme, comme centre potentiel de représentations, fluctuant selon l'état de la personne et les continuelles modifications des choses. L'âme opère selon des modalités différentes chez l'homme adulte, l'animal, le sauvage, l'enfant (Herbart, 1821 : 38), «elle est à la base du Moi fluctuant de l'homme sain, du fou, du convalescent» (Herbart, 1831a : 193) et il faut l'étudier justement à travers cette diversité et son caractère fluctuant.

Cette conception de l'âme implique évidemment la remise en question des formes transcendantales kantiennes, et tout d'abord l'espace et le temps. Dans le cadre de l'étude psychologique,

> «il ne faut pas procéder, comme le fait Kant, de l'espace et du temps au spatial et au temporel, mais comme la plupart des philosophes de toutes les époques, du spatial et du temporel à l'espace et au temps» (Herbart, 1825 : 226).

En ce qui concerne les catégories, c'est le langage qui prouve qu'il ne s'agit pas de formes *a priori* mais de simples indicateurs de régularité de l'expérience (*ibid.*, 129-139), il ne s'agit pas de concepts purs mais seulement de généralisations partielles et progressives, produites à partir de la série plus ou moins prolongée des énoncés.

> «Les hommes, [...] au lieu de représenter chaque concept général avant tout et simplement par son contenu, comme il devrait en être selon la logique, et au lieu de considérer l'application comme quelque chose d'accidentel par rapport au concept lui-même, ont désigné au moyen de mots certaines impressions reprenant plusieurs objets similaires; et la signification de ces mots, qui n'est absolument pas bien définie, doit dans la pratique être toujours établie en rapport avec le contexte, car on ne fait revenir en mémoire que certains caractères d'une pensée qui par ailleurs est sous d'autres aspects indéterminée.» (Herbart, 1813 : 326).

La *Sprachphilosophie* est un antidote contre la spéculation car, loin de prétendre à penser les concepts purs, elle s'occupe des concepts liés, «comme quelque chose de donné», aux mots de la langue (*ibid.*, 398). Une reconstruction des structures catégorielles effectivement récurrentes dans la pratique de la connaissance ne peut être faite que par la philosophie du langage, qui devient donc un instrument important de la psychologie.

Que Herbart veuille placer la théorie du langage à l'intérieur de la psychologie est une conséquence de la notion même de sujet qu'il propose. Le Moi n'est pas une auto-conscience, ni une auto-représentation, ce n'est pas le principe générateur de la multiplicité du monde : Herbart s'oppose à toutes ces définitions implicites de la notion kantienne de sujet qui avaient été explicitées dans le cadre de l'idéalisme post-kantien. Loin d'être «primitif et autonome», le Moi est «ce qu'il y a de plus dépendant et de plus conditionné que l'on puisse imaginer» (Herbart, 1822 : 108); loin d'être un principe réel et permanent, il n'est concevable que par abstraction (Herbart, 1831a : 195), c'est-à-dire en mettant de côté tous les éléments accidentaux des divers egos empiriques. Or c'est à travers la conscience de son propre corps que l'enfant apprend à se penser, à se sentir comme sujet, à se distinguer des choses, à se penser comme personne. Chez l'adulte, le Moi est perçu comme le centre d'un réseau complexe de séries représentatives : c'est sans doute ce qui peut faire naître l'illusion que le Moi subsiste même en l'absence de représentations, d'où la tendance à en faire une substance dotée de facultés originelles ou même à en faire un concept pur.

Le processus constitutif de l'âme est donc l'aperception au moyen de laquelle le sujet s'approprie de données, nouvelles chaque fois, provenant de la sensibilité; il les connecte et les fond avec les représentations déjà existantes pour constituer des séries de représentations plus ou moins dominantes et actives dans la conscience. Au cours de ce processus de constitution du Moi, l'action joue un rôle très important, le langage n'étant qu'un cas particulier de comportement actif.

Ce lien entre le langage, l'action et la constitution de la subjectivité est exposé en quelques pages dans la *Psychologie als Wissenschaft* (1825). Herbart y saisit l'occasion pour réaffirmer que de supposer le Moi comme une substance autonome n'est qu'une «bêtise métaphysique», mais il y expose surtout les lignes essentielles de sa psychologie anthropologique. C'est aussi dans cette œuvre qu'il introduit la notion de l'action comme élément essentiel pour la formation de la masse de représentations qui constituent le sujet.

> «L'homme possède des *mains*, il possède le *langage*. Il passe une *longue et impuissante enfance*; et ce n'est que là où cette enfance est assistée par des adultes que l'on voit l'homme s'élever véritablement au-dessus des animaux. Plus le niveau de culture qu'il atteint est élevé, plus il est dépendant de la société où il grandit.» (Herbart, 1825 : 152).

La main est un instrument essentiel d'appropriation du monde, on le constate en comparant le jeu de l'enfant avec celui du petit de l'animal. C'est un instrument privilégié parmi la vaste gamme des activités psycho-motrices : l'action (*Handeln*) «qui de la main (*Hand*) a tiré son nom, en tire aussi sa possibilité même» (*ibid.*, 153).

«Parler est en premier lieu une façon d'agir» (*ibid.*, 154). Le cri, qui est la première action vocale de l'enfant, est bientôt asservi à la satisfaction de ses besoins vitaux et devient pour lui un instrument d'interaction avec le monde. De même plus tard les sons articulés seront pour lui un instrument car ils se co-impliquent (*compliciren*) avec les représentations et leurs variations. La langue maternelle tend à fournir des co-implications (*Complexionen*) déjà faites et régies, comme tous les rapports entre représentations, par les «lois de la statique et de la mécanique de l'esprit».

On retrouve une autre description de la parole comme action dans une des Lettres pédagogiques écrites en 1831 et publiées en 1897, la Lettre 28, dans laquelle Herbart s'interroge sur l'influence que peut avoir l'action extérieure sur la série des représentations déjà en possession du sujet. L'attention du disciple auquel s'adresse la lettre est dirigée sur l'analogie entre l'action en général et l'action particulière qui se produit lors de la séquence phonique : l'élève parle, et il entend lui-même chacun des mots qu'il prononce, et un autre mot doit suivre ce premier mot émis et écouté.

> « Vous voyez là une action qui réussit si facilement qu'il n'est pas nécessaire que la représentation de l'objet désigné au moyen du mot atteigne son maximum [c'est-à-dire qu'elle émerge au premier plan dans la conscience] pour que l'énonciation se poursuive. On voit plutôt que le moindre mouvement de pensée [...] suffit déjà pour que la bouche entre en activité. » (Herbart, 1831 : 429).

La série des mots prononcés et tout à la fois entendus entraîne en quelque sorte la série de représentations :

> « Le premier mot est repoussé par le second, le second par le troisième, et ainsi de suite. Cependant les mots sont liés aux représentations ; celles-ci subissent aussi cette poussée et doivent s'atténuer, sinon complètement du moins suffisamment pour que la série puisse s'écouler. » (*ibid.*, 429).

Cette description ne comporte toutefois aucun parallélisme entre l'ordre des représentations linguistiques et celui des représentations mentales. Lors de l'énonciation les représentations mentales semblent se présenter de façon paritaire, toutes sur le même plan. Mais ce n'est que pure apparence, précise Herbart :

> « il ne s'en suit absolument pas que dans la pensée d'un homme il y ait si peu de reliefs et de concavités qu'il y en a dans son discours et dans ses actions [...] : quel malheur si le fil ténu des mots que nous laissons sortir de notre bouche était à l'image de la structure de notre pensée ! » (*ibid.*, 429).

Dans la tête du disciple (il s'agit toujours du destinataire de la lettre) il y a une structure ou un tissu de représentations totalement différent de celui qui doit se disposer en ordre sériel pour se manifester dans la succession des mots. L'unité entre le langage et la pensée n'est donc, selon Herbart, qu'un lien occasionnel, non intrinsèque. Le « travail » linguistique a sans aucun doute une influence prépondérante sur le mécanisme des représentations, mais sa première fonction ne se situe pas dans l'action qu'il peut exercer sur l'organisation de la pensée, mais seulement au niveau de l'interaction communicative.

« Parler est un *travail* » (Herbart, 1825 : 155). C'est un travail qui comporte bien sûr la co-implication et l'inhibition des représentations mentales grâce à la mise en œuvre des représentations verbales, mais il obtient le maximum d'effet « là où la langue devient *conversation (Gespräch)* ». L'effort expressif et communicatif, le son des mots et la présence de l'interlocuteur confèrent une sorte de présence même à ce qui est absent, et la différence des représentations mises en présence imposent à chacun des interlocuteurs une nouvelle réélaboration de sa propre pensée. Par ailleurs, l'intention de communiquer confère un ordre au discours et le distingue de l'émission de sons non coordonnés, de même que tout travail finalisé se transforme en un procédé régulier où à chaque moment on distingue ce qui est fait de ce qui reste à faire. Le langage, enfin, affranchit de l'immédiateté sensible du présent et constitue en cela l'une des caractéristiques les plus profondes de la spécificité humaine : « pour l'homme il existe un monde intérieur qui, même s'il [...] ne représente que les choses extérieures, s'oppose néanmoins à l'*hic et nunc* du présent sensible » (*ibid.*, 155-156).

Herbart fait aussi appel au lien entre le langage et l'action pour répondre au problème de l'origine du langage : cette question centrale de la linguistique anthropologique des Lumières continuait en effet à constituer un passage obligé de la réflexion linguistique. La première communication entre les hommes ne put être une communication linguistique, si on entend par là une communication intentionnelle des pensées au moyen de signes conventionnels. La première forme de communication se produit à travers l'action commune ; et la première forme de compréhension se manifeste dans la correspondance entre le comportement d'autrui et les attentes du partenaire : « l'action était ce sur quoi, sans aucune *pensée de la pensée* d'autrui, se concentrait l'attente et l'attention » (*ibid.*, 160). C'est au cours de cette action commune qu'intervient fortuitement la première émission de sons vocaux, qui, à travers la répétition, de casuelle devient intentionnelle.

> « C'est ainsi que débuta l'intentionnalité de la parole ; la conventionnalité de la langue originelle est une fiction, comme le sont les contrats à partir desquels auraient dû être fondés les Etats [...]. La convention eut lieu alors que la langue n'était plus la langue originelle, de même que les contrats interviennent dans les Etats lorsque ceux-ci existent déjà. » (Herbart, 1825 : 160).

La convention et l'arbitraire ne jouent donc aucun rôle dans la constitution de la langue : une sorte de prosodie spontanée accompagne les pratiques communicatives non linguistiques jusqu'à ce que s'instaurent entre les deux niveaux les liens nécessaires. Ces derniers sont même si nécessaires que, bien qu'il soit faux de dire que l'on pense au moyen du langage, il est vrai que, une fois instaurée la co-implication de la voix avec les représentations mentales, on ne peut plus penser sans les mots et il nous semble qu'une chose n'est pas véritablement connue ni pensée si elle n'a pas de nom. Ceci ne supprime en rien la large autonomie dont jouissent les fonctions mentales vis-à-vis du langage : le degré des représentations, l'intimité du lien entre les caractéristiques d'un concept, les divers facteurs dont dépend l'efficacité de nos représentations, ne sont pas conditionnés si ce n'est d'une manière limitée par les signes. Ceux-ci peuvent même être parfois gênants :

> «L'avantage du langage repose sur l'usage social commun, sur le prolongement et la rectification de ses propres pensées grâce à celles des autres. Mais pour l'individu, l'adhérence de la pensée à la langue est plutôt un inconvénient car elle implique que les mots les mieux compris et ceux qui le sont moins, les mots qui ont pour lui plus ou moins de sens, lui semblent cependant être tous sur le même plan.» (*ibid.*, 161).

D'ou le verbalisme, les quiproquos : tous les malentendus habituels qui imposent un contrôle critique continu sur le langage. Le langage est un travail d'analyse effectué au fur et à mesure sur les contenus exprimés, et il confère une objectivité que la seule réflexion intérieure ne pourrait jamais produire. C'est ainsi qu'il contribue à créer des structures permanentes pour l'expression des concepts.

Nous avons traduit par *co-impliquer* et *co-implication* les termes *compliciren* et *Complexion*, qui dans la psychologie de Herbart indiquent le processus de coalescence qui réunit les représentations en ensembles et en séries. L'inhibition (*Hemmung*) qui peut toucher les représentations dans leurs rapports réciproques, et la co-implication constituent la statique et la mécanique de l'esprit, ou mieux leur dynamique, car il s'agit d'un rapport de forces selon lequel certaines représentations deviennent opératives en passant le seuil de la conscience, tandis que d'autres sont au contraire repoussées en dessous de ce seuil et cessent alors d'être présentes à la conscience.

Ce qui est important c'est que ces rapports de co-implication et d'inhibition se produisent, selon Herbart, non seulement entre les représentations mentales, mais aussi entre ces dernières et les représentations vocales. On peut le constater par des observations selon trois points de vue différents mais liés entre eux. On observe tout d'abord qu'à un niveau sémantique, la langue constitue des coalescences de représentations qui se présentent déjà formées lors de l'apprentissage et de l'usage linguistique. Deuxièmement, même «les représentations des choses doivent subir des modifications significatives à cause de l'inhibition qui s'exerce entre les représentations des mots» (Herbart, 1825 : 154), c'est-à-dire à cause de la nature matérielle des signes et de leur compatibilité ou incompatibilité. Enfin, les masses et les séries de représentations mentales ne peuvent pas se traduire verbalement en tant que telles : pour s'exprimer elles doivent se disposer en succession, et une fois exprimées elles doivent être saisies comme une série temporelle.

Notons au passage l'observation originale qui est contenue dans le second point à propos de l'effet de retour du langage sur la pensée : la mise en évidence de la rétroaction de la vocalité sur la dynamique mentale (cf. aussi Herbart, 1840 : 287-298) comporte une réhabilitation de la matérialité du son verbal qui était étrangère aux théories du langage de l'époque. De même les observations sur la coalescence sémantique des représentations comme donnée caractéristique des langues naturelles, sur l'aspect sériel du discours et sur la simultanéité de la pensée, qui reprennent des thèses amplement diffusées dans la littérature linguistique depuis la moitié du siècle précédent, acquièrent une signification nouvelle dans le cadre de la psychologie de Herbart. Ces observations trouvent leur application dans sa théorie des représentations où il décrit le discours comme un processus au cours duquel l'une après l'autre les représentations émergent et s'imposent comme dominantes tout en préservant l'unité de l'énoncé. Enfin, ce processus, dans son aspect de totalité entre les mots et le sens, s'inscrit dans la masse des représentations des locuteurs (Herbart, 1825 : 155).

Ce thème est repris dans un texte inclus dans les *Psychologische Untersuchungen* de 1840 («Ueber Kategorien und Conjunctionen»), un petit essai qui devait préfigurer le projet d'une grammaire raisonnée construite sur des fondements psychologiques. La langue n'est pas une simple projection d'un acte ponctuel et simultané (la pensée) sur une structure sérielle (le discours), car cette structure sérielle n'est pas homogène. Elle est caractérisée au contraire, dès le niveau de la pensée, par des démarrages, des arrêts, des parcours interrompus, des inhibitions et des obstacles; la syntaxe de la langue doit ainsi suivre et discipliner ce parcours accidenté de la pensée.

> «Etant donné que les fils de la pensée qui doivent être désignés au moyen de la langue, tendent à procéder de plusieurs façons à partir d'un point, à reculer sur un autre point, à en rencontrer un autre encore et à s'y opposer, la langue ne peut se limiter à imposer des noms au contenu de la pensée mais elle doit aussi corriger la façon impropre dont la pensée procède dans sa succession temporelle.» (Herbart, 1840 : 298).

Herbart considère que cette intervention syntaxique de la langue sur les irrégularités de la pensée se manifeste et peut être examinée dans la «façon de parler de ceux qui suivent sans contrainte le flux de leur pensée» mieux que dans la tradition grammaticale ou dans l'analyse de textes réglés par la connaissance de la rhétorique et du style. Les conjonctions font partie des instruments de ce contrôle syntaxique de la pensée, et Herbart leur consacre une grande partie de son essai. L'étude est menée sur la base des textes d'Homère, Xénophon et César, et comporte des analyses contrastives entre le grec et l'allemand, puis entre le latin et l'allemand. L'objectif est de

> «sonder en détail la façon dont les masses de représentations se développent dans l'expression; ou (ce qui revient au même) reconnaître, sur la base de l'expression linguistique, la véritable structure intime d'une masse de représentations» (*ibid.*, 307).

Le choix de s'occuper en particulier des conjonctions, parmi les divers dispositifs linguistiques, est significatif : en montrant l'irréductibilité des conjonctions aux fonctions logiques de l'intellect, Herbart apporte une objection substantielle contre la logique transcendantale de Kant. Celui-ci, affirme-t-il, n'aurait pas même introduit le terme de logique transcendantale s'il avait fondé sa critique sur l'étude philosophique de la structure linguistique.

> «Il n'y a rien d'extraordinaire [...] dans le fait que *quelque chose de ce que* l'on saisit bien dans la conjonction, se voit *aussi dès* les jugements; mais on ne peut tirer à partir des jugements plus que ce qui est contenu *en eux*. La combinaison des divers jugements dans la période, des périodes dans le discours, et enfin la combinaison du discours dans la masse de la pensée dont il émerge et qui est la matrice et l'origine de tout : voilà ce qui est important, et cet élément primordial ne relèvera jamais de la pertinence ni des jugements simples, ni du peu que la logique pure se préoccupe de nous dire à propos des jugements composés (hypothétiques et disjonctifs).» (*ibid.*, 329).

Les dispositifs syntaxiques (et parmi eux les conjonctions) sont des stratégies expressives et on peut dire de même à propos des jugements :

> «les périodes et leurs connexions contiennent l'effort de s'exprimer; les jugements, comme éléments de ces périodes, doivent contribuer autant qu'ils le peuvent à l'expression de cet effort» (*ibid.*, 329).

Le langage est donc une fois de plus décrit comme une forme d'action. Bien que le premier objectif de cette œuvre de Herbart soit la critique philosophique, et plus précisément la critique de la doctrine kantienne des catégories, ainsi que de ses prolongements chez Fichte, on peut à juste titre la considérer comme un essai de grammaire raisonnée. Il s'agit de montrer les principes psychologiques dont «la langue apporte un témoignage si important tout en étant involontaire» (*ibid.*, 284).

Or, dans la masse des représentations qui s'expriment par une ou plusieurs périodes, outre les connexions entre les concepts constituées par les flexions et les prépositions, il y a d'autres indicateurs (*Fingerzeigen*) qui rendent intelligible le mouvement de la pensée. On peut dire que l'analyse linguistique, en vertu de cette capacité à découvrir les indicateurs de la pensée, est l'instrument principal pour l'observation des phénomènes psychiques. S'il y a un lieu où le mouvement de la pensée, qui dépend des liens internes de la masse représentative, peut être conçu comme un objet et être soumis à l'observation, ce lieu est bien la langue. Ainsi, quand dans ce même essai de 1840 (p. 287) Herbart fait la liste des objets de la psychologie, il y inclut les propositions suivantes. Comment advient-il que les mots de toutes les langues puissent tirer leur matière (*Stoff*) du petit nombre de sons vocaux dont est composé l'alphabet? Comment advient-il que la pensée puisse être désignée non pas tant par la voix en elle-même que par une certaine position des sons verbaux dans les mots? Comment advient-il que l'enfant s'approprie *cette* position lorsqu'il apprend sa langue parmi toutes celles qu'il aurait pu apprendre, et que *cette* position devienne une donnée immuable, toute altération la plus minime pouvant changer le sens d'un mot? Comment advient-il que cette position constitutive des radicaux se maintienne intacte même lors de la flexion et de la dérivation? Toutes ces questions font partie de la psychologie, qui doit entre autres déterminer les «conditions premières de la langue» (*ibid.*, 287) : l'attestation de ces conditions et l'étude des modalités selon lesquelles elles se réalisent dans le discours constituent un chapitre essentiel de l'histoire naturelle de l'âme.

Une définition aussi ample de la grammaire raisonnée comme branche de la psychologie cognitive est certainement en position de minorité dans le cadre de la grammaire générale post-kantienne. Et pourtant sa situation à la frontière entre d'un côté la tradition de l'analyse des idées et des signes, et de l'autre le développement des futures sciences cognitives, en fait un passage important sur ce chemin étroit de la continuité entre la philosophie et la linguistique au XIXe siècle; le reparcourir peut nous aider à découvrir les points où ce parcours se brise.

Conclusion

En 1802 Destutt de Tracy commentait la métaphysique kantienne dans un texte qui constitue une sorte de discours de la méthode de la philosophie.

> «On ne sera jamais idéologiste», affirmait-il entre autres, «sans être auparavant physiologiste, et par conséquent physicien et chimiste; sans connaître plusieurs langues, et nommément celle particulière aux idées de quantité, et sans en démêler la théorie et la génération, c'est-à-dire sans être grammairien et algébriste philosophe...» (Tracy, 1802 : 604).

Quand il écrivait son essai sur *La métaphysique de Kant,* Tracy n'avait certes pas lu la *Métacritique* de Herder parue trois ans plus tôt en Allemagne, et il ne pouvait guère prévoir que la philosophie allemande elle-même aurait développé des tendances "métacritiques" : tendances dont j'ai tenté de retracer l'histoire dans ce livre. Mais tout comme Herder, et plus tard les "nouveaux critiques de la raison" ainsi que les partisans d'une approche psychologiste de la philosophie de l'esprit, il était déjà conscient de l'incompatibilité des deux points de vue clés du débat philosophique de son époque : celui de la pensée pure et celui de la pensée conditionnée par l'organisation corporelle. Optant pour le second point de vue, il contestait donc, de même que Herder et plus tard les théoriciens du psychologisme, la stricte séparation entre l'activité de sentir et celle de juger, telle que Kant l'avait proposée, mais aussi la thèse de la nature purement réceptive de la sensibilité («Si notre sensibilité n'était pas *ac-*

tive, elle serait *nulle»*), et la séparation entre intérieur et extérieur qui selon lui amenait Kant à sous-évaluer le poids dans les processus cognitifs des impressions qui proviennent de l'activité des organes internes, de toutes les fonctions vitales ainsi que de leurs pathologies (Tracy, 1802 : 560). Il donne ainsi une interprétation physiologiste de l'*a priori* : c'est l'ensemble de la constitution de l'individu, l'ensemble de «tous les résultats de son organisation, de toutes les conditions de sa manière d'être» (Tracy, 1802 : 567).

L'intérêt du texte de Tracy va cependant bien au-delà de la présence fortuite de thèmes "métacritiques". On ne discutera pas ici de la pertinence des critiques qu'il adresse à Kant, qu'il ne connaissait, comme il l'admettait lui-même, qu'à travers un exposé de seconde main. C'est par l'intermédiaire de Humboldt qu'il en avait entendu parler. Ce philosophe était devenu le protagoniste de «réunions métaphysiques» qui s'étaient tenues à Paris à partir de la fin 1797 et au cours desquelles les Idéologues interrogeaient leur invité sur la philosophie kantienne et en discutaient la structure. Lors d'un de ces colloques, Tracy avait commenté : «Je crains bien que votre imagination ne travaille trop, et que vous ne brodiez la nature» (cité par Azouvi & Bourel, 1991 : 105).

Cette œuvre de Tracy n'est donc pas une contribution à la philologie kantienne. Son intérêt réside plutôt dans la rare acuité avec laquelle il saisit l'opposition entre les deux styles de philosophies en concurrence, et dans la chaleur de son appel à une philosophie comme *méthode* des sciences s'opposant à l'idée d'une philosophie comme *système*. Cette dernière «ne fait-elle pas secte», elle qui oblige ses partisans à des choix totalisants que la science ignore (on ne se professe pas euclidien parce qu'on utilise les démonstrations d'Euclide, de même que l'on n'est pas obligé d'accepter les explications de Newton sur l'Apocalypse pour le suivre en ce qui concerne l'astronomie !... : Tracy, 1802 : 557 et sv.). La philosophie comme méthode se met au contraire immédiatement à l'épreuve en participant à la construction et à la réforme des sciences, que ce soient la physique, la mathématique, la médecine, l'agriculture, le commerce, la politique «et jusqu'à la métaphysique» (*ibid.*, 550-552). Tracy exprime clairement le pressentiment qu'il a de la séparation qui se profile entre la philosophie et la recherche empirique, et qui mène au crépuscule de la culture des physiciens et chimistes philosophes, des grammairiens et algébristes philosophes, et à l'arrivée d'une nouvelle catégorie professionnelle : celle des philosophes tout court ou des philosophes professeurs.

Dans un livre récent sur les racines historiques des sciences cognitives, Theo C. Meyering, se propose d'expliquer cette séparation entre la philosophie et les sciences empiriques. C'est sans hésitation qu'il en identifie l'origine : la « démarcation kantienne » entre les deux secteurs. Une démarcation, ajoute-t-il, qui a été fatale à chacun de ces deux domaines, comme à chaque fois que la philosophie est considérée comme une discipline indépendante dont la compétence est de prononcer une sorte de verdict ultime quant à l'étude des structures cognitives. Cette discipline prétend en effet être dotée d'un accès privilégié à ces structures, fondé sur une méthode *a priori* qui lui appartiendrait comme une prérogative particulière (Meyering, 1989 : XV-XVI).

La démarcation kantienne n'aurait certainement pas eu de telles conséquences si elle n'avait pas exprimé dans le domaine de la théorie un processus de spécialisation des secteurs de connaissances qui était désormais en cours de réalisation tant au niveau institutionnel qu'au niveau des pratiques scientifiques. Quant au nœud théorique de cette démarcation et à ses conséquences pour les sciences cognitives en général, et en particulier sur les théories du langage, on peut se référer à ce passage crucial, que j'ai déjà cité dans ce livre, où Kant distingue la question *quid iuris* de la question *quid facti*, expliquant ensuite que les structures cognitives du sujet rentrent sous la première question car il ne peut y avoir à leur sujet qu'une déduction nécessaire, donc transcendantale : elles « doivent pouvoir montrer un certificat de naissance complètement différent de celui qui atteste une descendance de l'expérience ». Ce texte de Kant préfigure en quelque sorte le destin des sciences cognitives, coupées entre deux secteurs pratiquement non-communicants, la "philosophie de la connaissance" (ou gnoséologie philosophique, ou théorie de la connaissance) d'un côté, et de l'autre la psychologie empirique.

Il est vrai, comme l'a justement observé Meyering, que la distribution des tâches intellectuelles prescrite par Kant n'a certes pas empêché que naissent au XIXe siècle la psychologie empirique et la psychophysiologie. J'ajouterais même que paradoxalement l'approche kantienne vis-à-vis de l'épistémologie a favorisé un intérêt nouveau pour les structures cognitives du sujet qui n'étaient pas directement rattachables à l'histoire et à l'expérience individuelle. La distinction kantienne entre matière et forme de la connaissance, en particulier, a fini par attirer l'attention des psychologues sur les conditions phylogénétiques de la perception et de la connaissance. L'impact positif constitué par cet intérêt pour l'aspect formel de la connaissance permet d'expliquer comment la psychologie empirique et la psychophysiologie aient pu naître dans la première moitié du XIXe siècle et se soient développées jusqu'à Helmoltz sous l'enseigne du kantisme, alors que la psychologie physiologique avait été frappée d'interdit par Kant.

C'est ainsi que Kant a été jugé et défini, à un certain moment du développement de la culture allemande, comme "l'homme des physiologues" : réinterprétant le point de vue transcendantal comme théorie de la participation nécessaire de l'esprit humain et de ses structures psychophysiologiques à tous les processus épistémologiques, les physiologues du XIXe siècle avaient en effet trouvé dans l'approche kantienne une instance théorique adaptée et stimulante (cf. Meyering, 1989 : 116). La psychologie empirique, au moment même où elle se déclarait "kantienne", révélait alors sa vocation profonde : ressouder les deux domaines de l'épistémè que Kant avait strictement divisés, et réinterpréter dans un sens physio-psychologique la notion kantienne d'*a priori*. La ligne de continuité avec la tradition analytique et psychologiste était assurée par les travaux des auteurs que nous avons passés en revue dans le chapitre précédent, dont la *Métacritique* de Herder constituait un précédent illustre bien que le plus souvent tombé dans l'oubli.

Oublié même par les théories du langage, pour lesquelles la ligne de recherche indiquée par Herder lorsqu'il invitait à reconstruire la genèse de la faculté du langage dans l'ensemble des stratégies cognitives de l'homme, reste lettre morte dans le cadre de la linguistique philosophique. Nous tenons à souligner en particulier l'une des suggestions qui aurait pu être tirée de la *Métacritique*. En réfutant l'intellectualisme de Kant, Herder avait aussi exercé une critique interne sur cette théorie des facultés comme opérations distinctes et séparées que Kant avait lui-même tirée de la tradition philosophique. Dans le cadre d'une théorie cognitive comme celle des XVIIe et XVIIIe siècles qui avait progressivement mis l'accent sur les éléments interprétatifs et constructifs des processus cognitifs par rapport aux données de l'expérience, cette séparation avait sa raison d'être car elle servait à rendre compte des différents degrés d'interprétation et d'élaboration du matériel au fur et à mesure que l'on montait sur "l'échelle" des facultés. La métaphore de l'échelle, c'est-à-dire la disposition des facultés par ordre des plus élémentaires et passives aux plus complexes et actives, que l'on retrouve sous une forme plus ou moins accentuée chez tous les philosophes cognitifs de l'époque, de Malebranche à Reid, de Condillac à Hartley, pour n'en citer que quelques-uns, était par ailleurs parfaitement fonctionnelle pour une théorie anthropologique qui voulait expliquer l'émergence de dons et activités spécifiquement humains à partir de la matrice de la "pensée" animale. Herder lui-même ne remettait pas en question cette distinction et ce classement des opérations mentales, lui qui était très sensible au thème de la spécificité anthropologique; c'est d'ailleurs un des thèmes sur lesquels il avait bâti son essai de 1772. Mais il franchit une étape supplémentaire quand il affirme que l'âme opère partout selon la même loi, car il propose une homogénéité et une continuité entre les diverses opérations qui n'existait pas dans le paradigme de la psychologie classique des XVIIe et XVIIIe siècles, où le stade de la formation des concepts était toujours considéré comme un saut qualitatif qui marquait l'émergence de la conscience. Or, en unifiant les diverses opérations du point de vue formel, puisqu'il considérait qu'elles sont toutes régies par une même loi, Herder tendait non seulement à éliminer la césure entre le domaine de la sensation et celui du jugement (entre l'esthétique et l'analytique), mais il proposait une vision selon laquelle les processus les plus sophistiqués de l'élaboration des données (parmi lesquels les pratiques linguistiques) plongent leurs racines dans les processus de décodification inconscients de la perception : les uns et les autres agissent en effet selon les mêmes stratégies cognitives. Lorsqu'elle identifiait la pensée à la pensée discursive, la philosophie du XVIIIe siècle occultait en quelque sorte les problèmes du rapport entre le langage et les processus cognitifs pré-verbaux. Si au contraire, et c'est le cas de Herder, on fait remonter les processus cognitifs aux stades primitifs de la conscience, ou même aux processus inconscients qui la précèdent, alors se pose tout de suite le problème des fondements du langage au niveau de la compétence représentative non verbale.

Et pourtant, quand la nouvelle psycho-physiologie fera de cette thématique l'un des points centraux de son programme épistémologique (chez Helmholz par exemple : cf. Meyering, 1989), ce qui impliquait la prise en compte de la continuité entre l'organisation perceptive et l'organisation verbale de l'expérience, la contribution de Herder non seulement ne sera pas reconnue, et cela ne surprendra pas, mais le programme de cette science nouvelle sera même souvent considéré comme faisant partie du mouvement de "retour à Kant".

D'ailleurs la séparation entre *questio iuris* et *quaestio facti* était devenue aussi radicale dans la théorie qu'institutionnalisée dans les pratiques de recherche en science du langage. Même la première génération de comparatistes, celle qui a été le plus influencée par l'organicisme des philosophies de la nature de son époque, ne paie qu'un tribut purement formel à la notion totalisante du langage, pour procéder ensuite de façon absolument autonome aux recherches historico-empiriques. Il ne reste plus aux philosophes que la *quaestio iuris*, c'est-à-dire dans ce cas la déduction transcendantale du langage, sa "justification" *a priori*. Le tournant idéaliste de la philosophie du langage débouche alors sur la formulation des programmes comparatistes. Il faut déduire, y explique-t-on, la *nécessité* de l'invention du langage, remplacer la description empirique par une histoire *a priori* du langage qui parte de la découverte de *l'idée* de la langue (Fichte, 1795); il faut intégrer le point de vue historique qui décrit la réalité empirique du langage dans le point de vue philosophique qui en montre la nécessité, il faut justifier les formes linguistiques au moyen des formes transcendantales (Bernhardi, 1805). Le dualisme méthodique justifié par la séparation kantienne entre la question de droit et la question de fait, trouve divers terrains d'application dont le plus important est celui qu'expose Friedrich Schlegel dans son essai *Über die Sprache und die Weisheit der Indier* (1808). Le dualisme se traduit dans cette œuvre en une division de méthode appliquée à l'étude de la genèse des deux grands types de langues : pour les langues non flexionnelles la méthode historique et naturaliste suffit, pour les langues flexionnelles il faut au contraire appliquer un principe différent d'explication (ou de "déduction" selon la terminologie kantienne). Ce même dualisme de méthode survit encore dans la philosophie de Humboldt à travers la dualité jamais vraiment résolue entre le point de vue empirique et le point de vue spéculatif. Enfin l'influence conjuguée de Hegel et de Humboldt légitima la recherche d'un troisième niveau au-delà de celui de la grammaire raisonnée et de la linguistique historique, un niveau où il serait possible de saisir intuitivement, grâce à un acte herméneutique, l'essence du langage et ses conditions nécessaires.

L'issue de ce parcours a été décrite par Karl Otto Apel : la philosophie du langage «ne se limite pas à systématiser le domaine de recherche de la science empirique du langage, ou à synthétiser [...] les résultats de cette science empirique», mais elle s'élève au rang de *philosophie première*, et fait de la langue «une entité transcendantale dans le sens où l'entendait Kant» (Apel, 1963 : 22). La philosophie du langage prend alors comme objet d'étude spécifique le langage en tant qu'*energeia*, face à la psycholinguistique et la linguistique empirique qui sont alors censés s'occuper respectivement du langage en tant que *dynamis* et que *ergon* (Heintel, [1972] 1986 : 97).

Prise dans cette défense de sa spécificité la philosophie du langage finit par perdre contact avec les sciences du langage, les sciences cognitives non linguistiques, les théories de la connaissance pré-linguistique, avec l'anthropologie au sens large. Dans le panorama retracé dans ce livre, on peut saisir les premiers moments de ce processus. Bien avant qu'elle ne se concrétise par une séparation institutionnelle entre les linguistes (qui étudient les aspects historiques et empiriques des langues), et les philosophes (qui se prononcent librement sur l'idée de langage), la fracture entre la linguistique et la philosophie du langage était déjà en germe dans l'alternative théorique fondamentale devant laquelle étaient placés les contemporains de Kant et leurs successeurs immédiats qui, s'occupant du problème du langage, devaient de toute façon se confronter à la philosophie kantienne et évaluer à sa juste valeur l'impact sur les théories linguistiques de la notion de transcendantal.

Le courant de pensée qui se fait jour à travers l'ensemble des débats que j'ai rapportés dans ce livre, et que j'ai appelé une idéologie allemande (sans pour autant prétendre à une classification rigoureuse), refuse à la philosophie du langage ce rôle de philosophie première ; il nie qu'une idée du langage puisse ou doive précéder ses manifestations empiriques, il ne considère pas le langage comme une entité transcendantale mais comme une pratique profondément enracinée dans l'histoire naturelle de l'individu et de l'espèce. Minoritaire dans la philosophie académique de son époque et fragmenté en raison de son propre éclectisme, ce courant constitue cependant un élément de continuité non négligeable par rapport aux développements des sciences cognitives.

Bibliographie

A. SOURCES

Abicht, Johann Heinrich (1804), *Enzyklopädie der Philosophie*, Frankfurt a. Main.
Arnold, August (1831), *Grundriss der Denklehre*, Berlin.
Bachmann, C.F. (1814), *Über Sprach- und Begriffsverwirrung der deutschen Philosophen in Verstand und Vernunft*, Stuttgart.
Bardili, Christoph Gottfried (1800), *Grundriss der ersten Logik*, Impression anastatique, Culture et civilisation, Bruxelles, 1970 (= *Aetas kantiana*, 13).
Bardili, Christoph Gottfried (1802), *Philosophische Elementarlehre*, Impression anastatique, Culture et civilisation, Bruxelles, 1981 (= *Aetas kantiana*, 14).
Bardili, Christoph Gottfried, & Reinhold, Karl Leonhard (1804), *C.G. Bardilis und C.L. Reinholds Briefwechsel über das Wesen der Philosophie und das Unwesen der Spekulation*, München.
Becker, Karl Ferdinand ([1827] 1841), *Organism der Sprache*, Olms, Hildesheim-New York, 1970.
Beneke, Friedrich Eduard (1820), *Erfahrungseelenlehre als Grundlage alles Wissens*, Berlin.
Beneke, Friedrich Eduard (1832), *Kant und die philosophische Aufgabe unserer Zeit*, Impression anastatique, Culture et civilisation, Bruxelles, 1969 (= *Aetas kantiana*, 32).
Beneke, Friedrich Eduard (1832a), *Lehrbuch der Logik als Kunstlehre des Denkens*, Berlin.
Beneke, Friedrich Eduard (1833), *Die Philosophie in ihrem Verhältnisse zur Erfahrung, zur Spekulation und zum Leben*, Berlin.
Beneke, Friedrich Eduard (1840), *System der Metaphysik und Religionsphilosophie*, Berlin.
Beneke, Friedrich Eduard (1842), *System der Logik als Kunstlehre des Denkens*, Berlin.
Beneke, Friedrich Eduard ([1834]1842a), *Erziehungs- und Unterrichtslehre*, 2 vol., Berlin.

Beneke, Friedrich Eduard (1845), *Die neue Psychologie*, Berlin.
Beneke, Friedrich Eduard ([1833]1845a), *Lehrbuch der Psychologie als Naturwissenschaft*, Berlin.
Berkeley, George (1709), *An Essay towards a New Theory of Vision* in *Works*, ed. by A.A. Luce & T.E. Jessop, T. Nelson, London-Edinburgh, 1948-1956, I, 141-239.
Bernhardi, August F. (1800), Compte-rendu de la *Metakritik* de Herder, *Athenaeum*, 3/2, Impression anastatique, Wissenschaftliche Buchgesellschaft, Darmstadt, 1970, III, 268-283.
Bernhardi, August F. (1801), *Sprachlehre*, Olms, Hildesheim-New York, 1973.
Bernhardi, August F. (1805), *Anfangsgründe der Sprachwissenschaft*, Olms, Hildesheim-New York, 1981.
Biunde, Franz X. (1831-32), *Versuch einer systematischen Behandlung der empirischen Psychologie*, Trier.
Carus, Friedrich August (1808), *Psychologie* in *Nachgelassene Werke*, Leipzig, 1808-1823, I-II.
Carus, Friedrich August (1809), *Ideen zur Geschichte der Menschheit* in *Nachgelassene Werke*, VI, Leipzig.
Cramer, Johann Jacob (1800), *Über Herders Metakritik*, Impression anastatique, Culture et civilisation, Bruxelles (= *Aetas kantiana*, 57), 1968.
Eschenmayer, Carl August ([1817]1822), *Psychologie in drei Theilen als empirische, reine und angewandte*, Stuttgart-Tübingen.
Feder, Johann Georg Heinrich (1787), *Ueber Raum und Causalität zur Prüfung der kantischen Philosophie*, Impression anastatique, Culture et civilisation, Bruxelles, 1968 (= *Aetas kantiana*, 70).
Feder, Johann Georg Heinrich (1791), *Abhandlung über Bestimmung und Bestimmtheit der Begriffe* in *Philosophische Bibliothek*, hrsg. von J.G.H. Feder und Christoph Meiners, Göttingen, 1788-1791, Impression anastatique, Culture et civilisation, Bruxelles, 1968 (= *Aetas kantiana*, 71/1-4), IV, 1-86.
Feder, Johann Georg Heinrich (1825), *Leben, Natur, und Grundsätze*, Impression anastatique, Culture et civilisation, Bruxelles, 1970 (= *Aetas kantiana*, 69).
Feuerbach, Ludwig (1839), *Zur Kritik der Hegelschen Philosophie* in *Gesammelte Werke*, hrsg. von W. Schuffenhauer, 1967 et sv., Akademie Verlag, Berlin, IX (= *Kleinere Schriften*, II, *1839-1846*), 16-62.
Feuerbach, Ludwig (1841), *Das Wesen des Christentums* in *Gesammelte Werke*, V.
Fichte, Johann Gottlob (1795), *Von der Sprachfähigkeit und dem Ursprung der Sprache* in Fichte, *Werke*, hrsg. von R. Lauth und H. Jacob, III, Frommann, Stuttgart-Bad Cannstatt, 1966, 81-127.
Fries, Jacob Friedrich (1804), *System der Philosophie als evidente Wissenschaft* in *Sämtliche Schriften*, Scientia Verlag, Aalen, 1967-1982, Abteilung 1, *Schriften zur reinen Philosophie*, III, 7-410.
Fries, Jacob Friedrich ([1807] 1828-1831^2), *Neue oder anthropologische Kritik der Vernunft* in *Sämtliche Schriften*, Abteilung 1, *Schriften zur reinen Philosophie*, IV-V.
Fries, Jacob Friedrich (1837), *Geschichte der Philosophie* in *Sämtliche Schriften*, XVIII.
Fries, Jacob Friedrich ([1820] 1837-39), *Handbuch der Psychischen Anthropologie, oder der Lehre von der Natur des menschlischen Geistes* in *Sämtliche Schriften*, Abteilung 1, *Schriften zur reinen Philosophie*, I, 1-320, II, 1-248.
Fülleborn, Georg Gustav (éd.) (1794), «Über Geschichte der philosophischen Kunstsprache unter den Deutschen» in *Beytraege zur Geschichte der Philosophie*, Impression anastatique, Culture et civilisation, Bruxelles, 1968 (= *Aetas kantiana*, 77), II, 116-44.
Gruppe, Otto Friedrich (1831), *Antäus. Ein Briefwechsel*, Berlin.
Gruppe, Otto Friedrich (1834), *Wendepunkt der Philosophie im 19. Jahrhundert*, Berlin.

Gruppe, Otto Friedrich (1855), *Gegenwart und Zukunft der Philosophie in Deutschland*, Berlin.

Hamann, Johann Georg (1800), *Metakritik über den Purismus der reinen Vernunft* in F.T. Rink, *Mancherley zur Geschichte der metacritischen Invasion. Nebst einem Fragment einer ältern Metacritik von Johann Georg Hamann*, Impression anastatique, Culture et civilisation, Bruxelles, 1969 (= *Aetas kantiana*, 215), 120-34.

Hegel, Georg Wilhelm Friedrich ([1807] 1939), *La Phénoménologie de l'esprit*, éd. par Jean Hyppolite, Aubier, Paris.

Hegel, Georg Wilhelm Friedrich (1817-1831), *Vorlesungen über die Geschichte der Philosophie* in *Sämtliche Werke*, hrsg. von Hermann Glockner, Frommann, Stuttgart, 1927-1940, XVII-XIX.

Hegel, Georg Wilhelm Friedrich (1828), *Über Hamann's Schriften* in *Sämtliche Werke*, XX, 203-75.

Heine, Heinrich (1834), *Ueber Deutschland* in *Sämtliche Werke*, Akademie Verlag, Berlin, 1972, VIII, 4-111.

Herbart, Johann Friedrich (1802), *Thesen zur Promotion und Habilitation* in *Sämtliche Werke*, hrsg. von K. Kehrbach und O. Flügel (1887), Impression anastatique, Scientia Verlag, Aalen, 1964, I, 275-278.

Herbart, Johann Friedrich (1813), *Lehrbuch zur Einleitung in die Philosophie* in *Sämtliche Werke*, IV, 1-294.

Herbart, Johann Friedrich (1821), *Ueber einige Beziehungen zwischen Psychologie und Staatswissenschaft* in *Sämtliche Werke*, V, 25-40.

Herbart, Johann Friedrich (1822), *Ueber die Möglichkeit und Notwendigkeit, Mathematik auf Psychologie anzuwenden* in *Sämtliche Werke*, V, 91-122.

Herbart, Johann Friedrich (1824), *Psychologie als Wissenschaft. Neu gegründet auf Erfahrung, Metaphysik und Mathematik*, Erster synthetischer Teil in *Sämtliche Werke*, V, 177-434.

Herbart, Johann Friedrich (1825), *Psychologie als Wissenschaft. Neu gegründet auf Erfahrung, Metaphysik und Mathematik*, Zweiter analytischer Teil in *Sämtliche Werke*, VI, 1-338.

Herbart, Johann Friedrich (1831), Compte-rendu de Hegel, *Encyklopädie der philosophischen Wissenschaften* in *Sämtliche Werke*, XIII, 198-218.

Herbart, Johann Friedrich (1831a), *Kurze Encyklopädie der Philosophie* in *Sämtliche Werke*, IX, 17-338.

Herbart, Johann Friedrich (1840), «Ueber Kategorien und Conjunctionen», *Psychologische Untersuchungen* in *Sämtliche Werke*, XI, 284-343.

Herbart, Johann Friedrich (1871), *Herbartische Reliquien*, hrsg. von T. Ziller, Leipzig.

Herbart, Johann Friedrich ([1831] 1897), *Briefe über die Anwendung der Psychologie auf die Pädagogik* in *Sämtliche Werke*, IX, 339-430.

Herder, Johann Gottfried (1766-1768), *Ueber die neuere deutsche Literatur. Fragmente* in *Sämtliche Werke*, hrsg. von Bernhard Suphan (1877-1913), Impression anastatique, Olms, Hildesheim, I, 131-531, II, 1-108.

Herder, Johann Gottfried (1769), *Kritische Wälder* in *Sämtliche Werke*, III. 1-499; IV. 1-218.

Herder, Johann Gottfried (1772), *Traité sur l'origine de la langue*, trad. fr. par Pierre Pénisson, Aubier-Flammarion, Paris, 1977.

Herder, Johann Gottfried (1778), *Vom Erkennen und Empfinden der menschlichen Seele* in *Sämtliche Werke*, VIII, 165-333.

Herder, Johann Gottfried (1784-91), *Ideen zur Philosophie der Geschichte der Menschheit* in *Sämtliche Werke*, XIII-XIV.

Herder, Johann Gottfried (1799), *Metakritik zur Kritik der reinen Vernunft*, I, *Verstand und Erfahrung*, II, *Vernunft und Sprache*, Impression anastatique, Culture et civilisation, Bruxelles, 1969 (= *Aetas kantiana*, 91). Aussi in *Sämtliche Werke* XXI.

Hoffbauer, Johann Christoph (1796), *Naturlehre der Seele in Briefen*. Halle.

Hoffbauer, Johann Christoph (1810), *Versuch über die sicherste und leichteste Anwendung der Analysis in den philosophischen Wissenschaften*. Impression anastatique, Culture et civilisation, Bruxelles, 1968 (= *Aetas kantiana*, 112).

Hume, David (1739), *A Treatise on Human Nature* in *The Philosophical Works*, ed. by Thomas Hill Green and Thomas Hodge Grose, 1882-86, Impression anastatique, Scientia Verlag, Aalen, 1964, I, 301-560; II, 1-374.

Jacobi, Friedrich Heinrich (1799), Lettre à Erhard O*** in *Werke*, hrsg. von Friedrich Roth und Friedrich Köppen, 1812-1825, Nachdruck Wissenschaftliche Buchgesellschaft, Darmstadt, I, 227-253.

Irwing, Karl Franz von ([1772] 1777-1785^2), *Erfahrungen und Untersuchungen über den Menschen*, 4 vol., Berlin.

Itard, Jean (1801), *Mémoires sur les premiers développements de Victor de l'Aveyron* in Malson, 1964, 179-231.

Ith, J. ([1794-95] 1802), *Versuch einer Anthropologie des Menschen oder Philosophie des Menschen nach seiner körperlichen Anlagen*, Bern.

Jakob, Ludwig Heinrich (1795), Compte-rendu de Roth, *Antihermes* in *Annalen der Philosophie und des philosophischen Geistes* (1795-1796), Impression anastatique, Culture et civilisation, Bruxelles, 1969 (= *Aetas kantiana*, 128/1-2), I, 409-15.

Jakob, Ludwig Heinrich ([1791]1810), *Grundriss der Erfahrungseelenlehre*, Halle.

Jäsche, Gottlob B. (1816), *Einleitung zu einer Architektonik der Wissenschaften*, Impression anastatique, Culture et civilisation, Bruxelles, 1973 (= *Aetas kantiana*, 119).

Kant, Immanuel (1783), *Prolégomènes à toute métaphysique future* in *Œuvres philosophiques*, Gallimard, Paris, II, 1985.

Kant, Immanuel (1787^2), *Critique de la raison pure* in *Œuvres philosophiques*, I, Gallimard, Paris, 1980.

Kant, Immanuel (1790), *Critique de la faculté de juger* in *Œuvres philosophiques*, II, 1985.

Kant, Immanuel (1798), *Anthropologie au point de vue pragmatique* in *Œuvres philosophiques*, III, 1986.

Kant, Immanuel (1798), *Anthropologie in pragmatischer Hinsicht* in *Werke in zwölf Bänden*, Suhrkamp, Frankfurt a. Main, 1964, XII/2, 399-690.

Kant, Immanuel (1800), *Logique*, Vrin, Paris, 1970.

Kant, Immanuel, Met. = *Vorlesungen über die Metaphysik*, Erfurt, 1821, Impression anastatique, Wissenschaftliche Buchgesellschaft, Darmstadt, 1975.

Kant, Immanuel, PhE = *Philosophische Enzyklopädie* in *Kants Vorlesungen*, VI/1 (= *Kants gesammelte Schriften*, hrsg. von d. Ak. d. Wiss. der DDR, XXIX), W. de Gruyter, Berlin, 1980, 5-45.

Kiesewetter, Johann Gottfried Carl Christian (1799), *Prüfung der herderschen Metakritik zur Kritik der reinen Vernunft*, Impression anastatique, Culture et civilisation, Bruxelles, 1973 (= *Aetas kantiana*, 145).

Kiesewetter, Johann Gottfried Carl Christian (1806), *Kurzer Abriss der Erfahrungsseelenlehre*, Berlin.

Kiesewetter, Johann Gottfried Carl Christian (1817), *Fassliche Darstellung der Erfahrungsseelenlehre*, Wien.

Kiesewetter, Johann Gottfried Carl Christian (1824-25), *Grundriss einer allgemeinen Logik nach kantischen Grundsätzen*, 2 vol., Impression anastatique, Culture et civilisation, Bruxelles, 1973 (= *Aetas kantiana*, 144).

Krug, Wilhelm Traugott ([1827] 1832-38²), *Allgemeine Wörterbuch der philosophischen Wissenschaften nebst ihrer Literatur und Geschichte*, 6 vol., Impression anastatique, Culture et civilisation, Bruxelles (= *Aetas kantiana*, 152).

Lambert, Johann Heinrich (1764), *Neues Organon* in *Philosophische Schriften*, hrsg. von H.-W. Arndt, Olms, Hildesheim (1965-1969), I-II.

Lambert, Johann Heinrich (1771), *Anlage zur Architektonik* in *Philosophische Schriften* III-IV.

Lambert, Johann Heinrich (1781-1785), *J.H. Lamberts deutscher gelehrter Briefwechsel* in *Philosophische Schriften*, IX.

Lambert, Johann Heinrich (1781-1787), *J.H. Lamberts logische und philosophische Abhandlungen* in *Philosophische Schriften*, VI-VII.

Locke, John (1690), *An Essay concerning Human Understanding* in *Works*, London, 1714, I, 1-342.

Maas, Johann Gebhardt Ehrenreich (1797), *Versuch über die Einbildungskraft*, Impression anastatique, Culture et civilisation, Bruxelles, 1969 (= *Aetas kantiana*, 167).

Maimon, Salomon (1791), *Philosophisches Wörterbuch*, Impression anastatique, Culture et civilisation, Bruxelles, 1970 (= *Aetas kantiana*, 170). Aussi in *Gesammelte Werke*, hrsg. von Valerio Verra (1976), Olms, Hildesheim, III, 1-246.

Maimon, Salomon (1790), *Versuch über die Transcendentalphilosophie, mit einem Anhang über die symbolische Erkenntniss*, Impression anastatique, Culture et civilisation, Bruxelles, 1969 (= *Aetas kantiana*, 174). Aussi in *Gesammelte Werke*, II.

Maimon, Salomon (1793), «Abhandlung ueber die philosophischen und rhetorischen Figuren» in *Gesammelte Werke*, VII, 406-451.

Maimon, Salomon (1797), «Die philosophische Sprachverwirrung» in *Streifereien ins Gebiete der Philosophie*, Impression anastatique, Culture et civilisation, Bruxelles, 1970 (= *Aetas kantiana*, 171), 245-72. Aussi in *Gesammelte Werke*, IV. 1-294.

Meiners, Christoph ([1786] 1793), *Grundriss der Geschichte der Menschheit*, Lemgo.

Moritz, Carl Philip (1782), *Deutsche Sprachlehre für die Damen, in Briefen*, Berlin (3 éd., 1794, *Deutsche Sprachlehre in Briefen*, Olms, Hildesheim, 1990).

Moritz, Carl Philip (éd.) (1783-1793), *Gnothi sauton, oder Magazin zur Erfahrungsseelenkunde für Gelehrte und Ungelehrte* in *Schriften*, hrsg. von Petra und Uwe Nettelbeck, 10 vol., Greno, Nördlingen, 1986.

Moritz, Carl Philip (1981), *Werke*, hrsg. von Horst Günther, 3 vol., Insel Verlag, Frankfurt a. Main.

Nicolai, Friedrich (1802), *Über die nothwendigen Unvolkommenheiten der Abstraktionen und über ihren öftern Missbrauch* in *Philosophische Abhandlungen*, I, Impression anastatique, Culture et civilisation, Bruxelles, 1968 (= *Aetas kantiana*, 200/1-2), 147-196.

Platner, Ernst (1793-1800), *Philosophische Aphorismen*, 2 vol., Impression anastatique, Culture et civilisation, Bruxelles, 1970 (= *Aetas kantiana*, 203/1-2).

Platner, Ernst (1795), *Lehrbuch der Logik und Metaphysik*, Leipzig.

Pockels, Carl Friedrich (1794), *Denkwürdigkeiten zur Bereicherung der Erfahrungsseelenlehre*, Hannover.

Pölitz, Karl Heinrich Ludwig (1813), *Die philosophischen Wissenschaften in einer enzyklopädischen Übersicht*, Leipzig.

Reinhold, Karl Leonhard (1791), *Über das Fundament des philosophischen Wissens*, Impression anastatique, Wissenschaftliche Buchgesellschaft, Darmstadt, 1963.

Reinhold, Karl Leonhard (1794), «Über den Unterschied zwischen dem gesunden Verstande und der philosophierenden Vernunft in Rücksicht auf die Fundamente des durch beyde möglichen Wissens» in *Beyträge zur Berichtigung bisheriger Missverständnisse der Philosophen*, Jena, 1790-1794, II, *Die Fundamente des philosophischen Wissens, der Metaphysik, Moral, moralischen Religion und Geschmackslehre betreffend*, 1-72.

Reinhold, Karl Leonhard (1806), *Versuch einer Kritik der Logik aus dem Gesichtspunkte der Sprache*, Kiel.

Reinhold, Karl Leonhard (1812), *Grundlegung einer Synonymik für den allgemeinen Sprachgebrauch in den philosophischen Wissenschaften*, Kiel.

Reinhold, Karl Leonhard (1816), *Das menschliche Erkenntnisvermögen aus dem Gesichtspunkte des durch die Wortsprache vermittelten Zusammenhangs zwischen der Sinnlichkeit und dem Denkvermögen*, Kiel.

Reinhold, Karl Leonhard (1820), *Die alte Frage : Was ist die Wahrheit? bei den erneuerten Streitigkeiten über die göttliche Offenbarung und die menschliche Vernunft in nähere Erwägung gezogen*, Altona.

Reinhold, Karl Leonhard (1827), *Die Logik, oder allgemeine Denkformenlehre*, hrsg. von Ernst Reinhold, Jena.

Rink, Friedrich Theodor (1800), *Mancherley zur Geschichte der metacritischen Invasion. Nebst einem Fragment einer ältern Metacritik von Johann Georg Hamann*, Königsberg. Impression anastatique, Culture et civilisation, Bruxelles, 1969 (= *Aetas kantiana*, 215).

Schelling, Friedrich Wilhelm Joseph (1800), *System der transzendentalen Idealismus* in *Sämmtliche Werke*, Cotta, Stuttgart-Augsburg (1858), III, 327-634.

Schelling, Friedrich Wilhelm Joseph (1811), *Über das Wesen deutscher Wissenschaft* in *Werke*, hrsg. von Manfred Schröter, München, 1927, IV, 377-94.

Schlegel, A.W. (1803), Compte-rendu de la *Sprachlehre* de A.F. Bernhardi, *Europa*, II/1, 193-204, Berlin. Trad. fr. in Thouard, 1992, 114-121.

Schlegel, Friedrich (1808), *Über die Sprache und Weisheit der Indier*, New edition with an introductory article by Sebastiano Timpanaro, Benjamins, Amsterdam, 1977.

Selle, Christian Gottlieb (1780), *Philosophische Gespräche*, Impression anastatique, Culture et civilisation, Bruxelles, 1974 (= *Aetas kantiana*, 255).

Sulzer, Johann Georg (1751-1752), *Untersuchung über den Ursprung der angenehmen und unangenehmen Empfindung* in Sulzer, 1782, I, 1-100.

Sulzer, Johann Georg (1758), *Zergliederung des Begriffs der Vernunft* in Sulzer, 1782, I, 246-283.

Sulzer, Johann Georg (1763), *Anmerkungen über den verschiedenen Zustand, worinn sich die Seele bey Ausübung ihrer Hauptvermögen, nämlich des Vermögens, sich etwas vorzustellen, und des Vermögens zu empfinden, befindet* in Sulzer, 1782, I, 225-243.

Sulzer, Johann Georg (1767), *Anmerkungen über den gegenseitigen Einfluss der Vernunft in die Sprache und der Sprache in die Vernunft* in Sulzer, 1782, I, 168-200.

Sulzer, Johann Georg (1782), *Vermischte philosophische Schriften*, 2 vol., Leipzig. Impression anastatique, Olms, Hildesheim-New York, 1974.

Tetens, Johann Nicolaus (1777), *Philosophische Versuche über die menschliche Natur und ihre Entwicklung* in *Die philosophischen Werke*, I-II, Olms, Hildesheim-New York, 1979.

Tittel, Gottlob August (1783), «Philosophie der Sprache», in *Erläuterungen der theoretischen und praktischen Philosophie nach Herrn Feders Ordnung*, I, 182-207, Impression anastatique, Culture et civilisation, Bruxelles, 6 vol., 1973 (= *Aetas kantiana*, 283, 1-6).

Tracy, A.L.C. Destutt de (1802), *La métaphysique de Kant*, Impression anastatique, Culture et civilisation, Bruxelles, 1968 (= *Aetas kantiana*, 60).

Trendelenburg, Adolf ([1840] 1870³), *Logische Untersuchungen*, Olms, Hildesheim, 1964.

B. ÉTUDES

Aarsleff, Hans (1964), *The Tradition of Condillac : The Problem of the Origin of Language in the Eighteenth Century and the Debate in the Berlin Academy before Herder* in Dell Hymes (éd.), *Studies in the History of Linguistics*, Indiana University Press, Bloomington, 93-156. Aussi in *From Locke to Saussure. Essays on the Study of Language and Intellectual History*, University of Minnesota Press, Minneapolis, 1982.

Apel, Karl Otto (1963), *Die Idee der Sprache in der Tradition des Humanismus von Dante bis Vico* (= *Archiv für Begriffsgeschichte*, 8), Bouvier, Bonn.

Arens, Katherine (1990), «Kant, Herder, and Psychology» in Mueller-Vollmer (1990), 190-206.

Arndt, Hans Werner (1982), «Teoria del linguaggio e conoscenza nel razionalismo classico dell'illuminismo tedesco» in Buzzetti & Ferriani, 1982, 77-101.

Auroux, Sylvain & Kouloughli, Djamel (1991), «Why is there no "true" Philosophy of Linguistics?», *Language and Communication*, 11/3, 151-163. Aussi in Rom Harré & Roy Harris (éds.) (1993), *Linguistics and Philosophy. The Controversial Interface*, Pergamon Press, Oxford-New York, 21-41.

Azouvi, François & Bourel, Dominique (1991), *De Königsberg à Paris. La réception de Kant en France (1788-1804)*, Vrin, Paris.

Becker, Bernhard (1987), *Herder-Rezeption in Deutschland. Eine ideologiekritische Untersuchung*, Lang, Frankfurt.

Beiser, Frederick C. (1987), *The Fate of Reason. German Philosophy from Kant to Fichte*, Harvard University Press, Cambridge Mass.

Bezold, Raimund (1984), *Popularphilosophie und Erfahrungsseelenkunde im Werk von Karl Philipp Moritz*, Königshausen & Neumann, Würzburg.

Boulby, Mark (1979), *Karl Philipp Moritz : At the Fringe of Genius*, University of Toronto Press, Toronto.

Butts, R.E. (1988), «The Grammar of Reason : Hamann's Challenge to Kant» in *Thought and Language in the Philosophy of Enlightenment* (= *Synthèse*, 75/2), 251-83.

Buzzetti, Dino & Ferriani, Maurizio (éds.) (1982), *La grammatica del pensiero. Logica, linguaggio e conoscenza nell'età dell'Illuminismo*, Il Mulino, Bologna.

Buzzetti, Dino & Ferriani, Maurizio (éds.) (1987), *Speculative Grammar, Universal Grammar, and Philosophical Analysis of Language*, John Benjamins, Amsterdam [= *Amsterdam Studies in the Theory and History of Linguistic Science*, LXII].

Callot, Emile (1965), *La philosophie de la vie au XVIII siècle*, Rivière, Paris.

Capozzi, Mirella (1987), «Kant on Logic, Language and Thought» in Buzzetti & Ferriani (1987), 97-147.

Cassirer, Ernst ([1929] 1972), *La philosophie des formes symboliques*, III, Les Editions de Minuit, Paris.

Cassirer, Ernst (1979), *Symbol, Myth, and Culture. Essays and Lectures of Ernst Cassirer, 1935-1945*, ed. by Donald Phillip Verene, Yale University Press, New Haven-London.

Cloeren, Hermann J. (1972), «Philosophie als Sprachkritik bei K.L. Reinhold : Interpretative Bemerkungen zu seiner Sprachphilosophie», *Kant-Studien* 63, 225-36.

Cloeren, Hermann J. (1975), «The Neglected Analytical Heritage», *Journal of the History of Ideas* 36, 513-529.

Cloeren, Hermann J. (1988), *Language and Thought. German Approaches to Analytical Philosophy in the 18th and 19th Centuries*, De Gruyter, Berlin-New York.

D'Atri, Annabella (1990), *Cultura, creatività e regole. Fra Kant e Cassirer*, Editoriale Bios, Cosenza.

Dascal, Marcelo & Senderowitcz, Yaron (1992), «How pure is Pure Reason? Language, Empirical Concepts and Empirical Laws in Kant's Theory of Knowledge», *Histoire Épistémologie Langage*, II/2, 129-152.

Davis, John W. (1960), «The Molyneux Problem», *The Journal of the History of Ideas*, XXI/3, 392-408.

De Mauro, Tullio (1969), *Une introduction à la sémantique*, Payot, Paris.

Della Volpe, Galvano (1956), *Poetica del Cinquecento* in *Opere*, V, Editori Riuniti, Roma, 1973, 103-190.

Detel, Wolfgang (1978), «Zur Funktion des Schematismuskapitels in Kants Kritik der reinen Vernunft», *Kant-Studien*, 69, 17-45.

Dutz, Klaus D. (1993), *Sprachwissenschaft im 18. Jahrhundert. Fallstudien und Überblicke*, Nodus Publikationen, Münster.

Eichinger, Ludwig M. (1993), «Grammatik als Ordnungsprinzip. Sprachwissenschaftliches in Karl Philipp Moritzens *Kinderlogik*» in Dutz, 1993, 47-58.

Fabbri Bertoletti, Stefano (1990), *Impulso, formazione e organismo. Per una storia del concetto di Bildungstrieb nella cultura tedesca*, Olschki, Firenze.

Flach, Werner (1982), «Zu Kants Lehre von der symbolischen Darstellung», *Kant-Studien*, 73, 455-62.

Flage, Daniel E. (1987), *Berkeley's Doctrine of Notions : A Reconstruction based on his Theory of Meaning*, St. Martin's Press, New York.

Formigari, Lia (1993), *Signs, Science and Politics. Philosophies of Language in Europe 1700-1830*, Benjamins, Amsterdam-Philadelphia.

Frank, Luanne (1982), «Herder and the Maturation of Hamann's Metacritical Thought : A chapter in the History of the Metakritik» in Wulf Koepke (éd.), *Johann Gottfried Herder Innovator through the Ages*, Bouvier, Bonn, 1982, 157-89.

Gaier, Ulrich (1988), *Herders Sprachphilosophie und Erkenntniskritik*, Fromman-Holzboog, Stuttgart-Bad Cannstatt.

Gessinger, Joachim (sous presse), *Auge & Ohr. Studien zur Erforschung der Sprache am Menschen 1700-1850*, De Gruyter, Berlin.

Gessinger, Joachim & von Rahden, Wolfert (éds.) (1989), *Theorien vom Ursprung der Sprache*, 2 vol., De Gruyter, Berlin.

Hassler, Gerda (1991), *Der semantische Wertbegriff in Sprachtheorien vom 18. bis zum 20. Jahrhundert*, Akademie Verlag, Berlin.

Haym, Rudolf (1877-81), *Herder nach seinem Leben und seine Werken dargestellt*, 2 vol., Gärtner, Berlin.

Heeschen, Volker (1987), «Schematismus : Wilhelm von Humboldt und Schleiermacher» in Aarsleff, Hans et al. (éds.), *Papers in Linguistic Historiography. Proceedings of the Third International Conference on the History of the Language Sciences. Princeton, 19-23 August 1984*, Benjamins, Amsterdam-Philadelphia [= *Amsterdam Studies in the Theory and History of Linguistic Science*, XXXVIII], 465-77.

Heintel, Erich (1972), *Einführung in der Sprachphilosophie*, Nouvelle éd., Wissenschaftliche Buchgesellschaft, Darmstadt, 1986.

Jacques, Francis (1990), «Référence et différence : la situation originaire de la signification», *Encyclopédie philosophique universelle*, I, *L'univers philosophique*, PUF, Paris, I, 492-512.

Kelemen, János (1989), «Language and Transcendental Philosophy», *S./European Journal for Semiotic Studies*, I/1, 97-135.

Knobloch, Clemens (1988), *Geschichte der psychologische Sprachauffassung in Deutschland von 1850 bis 1920*, Niemeyer, Tübingen.

Köhnke, Klaus Christian (1991), *The Rise of Neo-Kantianism. German Academic Philosophy between Idealism and Positivism*, Transl. by R.J. Hollingdale, Cambridge University Press, Cambridge.

Kuehn, Manfred (1987), *Scottish Commonsense Philosophy in Germany, 1768-1800. A contribution to the history of critical philosophy*, McGill University Press, Kingston-Montreal.

Leary, David E. (1978), «The Philosophical Development of the Conception of Psychology in Germany, 1780-1850», *Journal of the History of the Behavioural Sciences*, 14, 113-121.

Leary, David E. (1980), «German Idealism and the Development of Psychology in the 19th Century», *Journal of the History of Philosophy*, 18/3, 299-317.

Leary, David E. (1982), «Immanuel Kant and the Development of Modern Psychology» in *The Problematic Science. Psychology in Nineteenth-Century Thought*, ed. by William R. Woodward & Mitchell G. Ash, Prager, New York, 17-42.

Leary, David E. (1982a), «The Psychology of Jakob Friedrich Fries (1773-1843) : Its Context, Nature, and Historical Significance», *Storia e critica della psicologia*, 3/2, 217-48.

Malson, Lucien (1964), *Les enfants sauvages*, Union générale d'éditions, Paris.

Markis, Dimitrios (1982), «Das problem der Sprache bei Kant» in Scheer, Brigitte & Wohlfart, Günter (éds.) (1982), *Dimensionen der Sprache in der Philosophie des Deutschen Idealismus*, Königshausen & Neumann, Würzburg, 110-54.

Markovits, Francine (1984), «Mérian, Diderot et l'aveugle» in J.B. Mérian, *Sur le problème de Molyneux*, Flammarion, Paris, 1984, 193-282.

Merker, Nicolao (1982), *Die Aufklärung in Deutschland*, Beck, München.

Meyering, Theo C. (1989), *Historical Roots of Cognitive Science. The rise of a cognitive theory of perception from Antiquity to the Nineteenth Century*, Kluwer, Dordrecht (= Studies in Epistemology, Logic, Methodology, and Philosophy of Science, 208).

Moravia, Sergio (1972), *Il ragazzo selvaggio dell'Aveyron. Pedagogia e psichiatria nei testi di J. Itard, Ph. Pinel e dell'Anonimo della «Décade»*, Laterza, Roma-Bari.

Moravia, Sergio (1982), *Filosofia e scienze umane nell'età dei Lumi*, Sansoni, Firenze.

Mueller-Vollmer, Kurt (éd.) (1990), *Herder Today. Contributions from the International Herder Conference, Nov. 5-8, 1987, Standford, California*, De Gruyter, Berlin-New York.

Nisbet, Hugh B. (1970), *Herder and the Philosophy and History of Science*, The Modern Humanities Research Association, Cambridge.

Nolan, J.P. (1979), «Kant on Meaning : Two Studies», *Kant-Studien*, 70, 113-30.

Norton, Robert (1991), *Herder's Aesthetics and the European Enlightenment*, Cornell University Press, Ithaca-London.

Olivetti, Marco M. (1963), *L'esito fideistico della filosofia del linguaggio di Jacobi*, Cedam, Padova.

Park, Désirée (1969), «Locke and Berkeley on the Molyneux Problem», *The Journal of the History of Ideas*, XXX/2, 253-60.

Pénisson, Pierre (1990), «Kant, Herder, and Psychology» in Mueller-Vollmer (1990), 292-303.

Pennisi, Antonino (1992), «Pathologies et philosophies du langage», *Histoire Epistémologie Langage*, XIV-2, 175-201.

Pennisi, Antonino (1994), *Le lingue mutole. Patologia, embriologia e filosofia del linguaggio fra teoria e storia*, La Nuova Italia scientifica, Roma.

Pennisi, Antonino (sous presse), «The Beginnings of Psycholinguistics. Natural and artificial signs in the treatment of linguistic pathologies» in L. Formigari & D. Gambarara (éds.), *Historical Roots of Linguistic Theories*, Benjamins, Amsterdam-Philadelphia.

Poggi, Stefano (1977), *I sistemi dell'esperienza. Psicologia, logica e teoria della scienza da Kant a Wundt*, Il Mulino, Bologna.

Rahden, Wolfert von (1989), «Sprachursprungsentwürfe im Schatten von Kant und Herder» in Gessinger & von Rahden, 1989, I, 421-67.

Rahden, Wolfert von (1993), «Sprachpsychonauten. Einige nicht-institutionelle Aspekte der Entstehung einer "Sprachbetrachtung in psychologischer Rücksicht" im letzten Drittel des 18. Jahrhunderts am Beispiel des Diskurskonkurrenz zwischen Immanuel Kant und Karl Philipp Moritz» in Dutz, 1993, 111-141.

Rauscher, Joseph (1987), «Auf der Suche nach Universalität. Salomon Maimons (1753-1800) sprachphilosophische Streifereien» in Asbach-Schnitker, Brigitte (Hrsg.), *Neuere Forschungen zur Wortbildung und Historiographie des Linguistik. Festgabe für Herbert E. Brekle*, Narr, Tübingen, 339-352.

Reckermann, Alfons (1979), *Sprache und Metaphysik : zur Kritik der sprachlichen Vernunft bei Herder und Humboldt*, Fink, München.

Riedel, Manfred (1982), «Critica della Ragion pura e linguaggio. Il problema delle categorie in Kant» in Atti del Convegno *Per il secondo centenario della Critica della Ragion pura* (1981), G.B.M., Messina, 141-64.

Riedel, Manfred (1982a), «Critica della Ragion pura e linguaggio. Le categorie in Kant», *Rivista di filosofia*, LXXIII/3. 297-312.

Roe, Shirley A. (1981), *Matter, Life and Generation. Eighteenth-century embriology and the Haller-Wolff debate*, Cambridge University Press, Cambridge.

Roger, Jacques (1963), *Les sciences de la vie dans la pensée française du XVIIIe siècle. La génération des animaux de Descartes à l'Encyclopédie*, Colin, Paris.

Rosenkranz, Karl (1840), *Geschichte der Kant'schen Philosophie*, Voss, Leipzig.

Sartre, Jean-Paul (1948), *L'imagination*, PUF, Paris.

Schlieben-Lange, Brigitte & Weydt, Harold (1988), «August Ferdinand Bernhardi (1770-1820)», *Histoire Epistémologie Langage*, X/1, 81-100.

Schütze, Martin (1925), «Herder's Psychology», *The Monist*, XXXV, 507-554.

Schütze, Martin (1944), «Johann Gottfried Herder. August 25, 1744-December 18, 1803. His Significance in the History of Thought», *Monatshefte für deutschen Unterricht*, XXXVI, 6, 257-87.

Smith, Norman Kemp (1962[2]), *A Commentary to Kant's Critique of Pure Reason*, Humanities Press, New York.

Thouard, Denis (1992), «August Wilhelm Schlegel : sur la *Théorie du langage* d'August Ferdinand Bernhardi», *Archives et documents de la SHESL*, Seconde série 7, 107-113 (suivi d'une traduction du compte-rendu de la *Sprachlehre* de Bernhardi par A.W. Schlegel).

Thouard, Denis (1992a), «Une philosophie de la grammaire d'après Kant : La *Sprachlehre* d'A.F. Bernhardi», *Archives de Philosophie*, 55, 409-435.

Traversa, Guido (1984), «Riflessioni sul rapporto linguaggio-pensiero in Kant», *Il cannocchiale*, 3, 73-91.

Turbayne, Colin M. (1955), «Berkeley and Molyneux on Retinal Images», *The Journal of the History of Ideas*, XVI/3, 339-355.

Überweg, Friedrich (1875), *Grundriss der Geschichte der Philosophie der Neuzeit*, Mittler und Sohn, Berlin.

Ujvári, Márta (1989), «Why Kantian transcendental philosophy cannot be a metaphysical foundation to the analysis of language?», *Kant-Studien*, 80, 186-97.

Verra, Valerio (1957), «Herder e il linguaggio come organo della ragione», *Filosofia*, VIII/4, 663-702.

Verra, Valerio (1959), «Linguaggio, ragione e filosofia in Herder», *Filosofia*, IX/2, 221-259.

Vossenkuhl, Wilhelm (1989), «Understanding Individuals» in Eva Schaper & Wilhelm Vossenkuhl (éds.), *Reading Kant*, Blackwell, Oxford, 197-214.

Wellbery, David E. (1984), *Lessing's Laocoon. Semiotics and Aesthetics in the Age of Reason*, Cambridge University Press, Cambridge.

Table des auteurs

Aarsleff, Hans, 33
Abercrombie, James, 155
Abicht, Johann Heinrich, 132
Apel, Karl Otto, 196
Arens, Katherine, 34
Aristote, 17, 61, 65, 150, 179
Arndt, Hans Werner, 88
Arnold, August, 132
Auroux, Sylvain, 11, 12
Azouvi, François, 76, 154, 192

Bachmann, C.F., 150
Bacon, Francis, 82
Bardili, Christoph Gottfried, 147-148, 150, 162-165
Beck, Lewis White, 156
Becker, Bernhard, 32
Becker, K.F., 177
Beiser, Frederick, 11, 73, 75
Beneke, Friedrich Eduard, 98, 117, 130, 154-158, 161-162, 164-170, 172-179, 180
Berkeley, George, 8, 19, 80-81, 102
Bernhardi, August F., 28, 127-128, 142-143, 196
Bezold, Raimund, 101, 106, 107
Biunde, Franz X., 140
Blumenbach, Johann Friedrich, 38
Boerhaave, Hermannus, 38
Bonnet, Charles, 45, 106, 111
Bonstetten, Charles V., 155

Boulby, Mark, 107
Bourel, Dominique, 76, 154, 192
Brown, Thomas, 169
Buffon, Georges-Louis Leclerc de, 45
Butts, R.E., 17

Cabanis, Pierre, 74, 106
Callot, Emile, 75
Capozzi, Mirella, 23, 26
Carus, Friedrich August, 127
Cassirer, Ernst, 26
Cloeren, Hermann J., 142, 144, 158
Comenius (Komenski, Jan Amos), 82
Comte, Auguste, 167
Condillac, Etienne Bonnot de, 10, 34, 38, 39, 45, 74, 98, 105, 106, 111, 166, 167, 194
Cousin, Victor, 155, 156, 168
Cramer, Johann Jacob, 61
Crusius, Christian August, 74

D'Atri, Annabella, 15
Dascal, Marcelo, 15-16
Davis, John W., 80
De Brosses, Charles, 35
De Mauro, Tullio, 12, 15
Degérando, Joseph Marie, 154
Della Volpe, Galvano, 17
Descartes, René, 103, 154
Detel, Wolfgang, 22
Diderot, Denis, 75, 111

Eberhard, Johann August, 75
Eichinger, Ludwig M., 107
Engels, Friedrich, 27, 129
Epicure, 74
Eschenmayer, Adam Karl August, 125-126
Eschke, Ernst Adolf, 119-120
Euclide, 82

Fabbri Bertoletti, Stefano, 75
Feder, Johann Georg Heinrich, 74, 135-136
Feuerbach, Ludwig, 165, 170-172
Fichte, Johann Gottlob, 21, 127, 128, 156, 170, 180, 188, 196
Flach, Werner, 18
Flage, Daniel E., 19
Forster, Georg, 25
Frank, Luanne, 32, 33
Fries, Jacob Friedrich, 117, 140, 141-142, 154-155
Fülleborn, Georg Gustav, 143-144

Gaier, Ulrich, 32, 63
Galluppi, Pasquale, 155
Gessinger, Joachim, 11, 73, 107, 111, 114, 115
Grimm, Jacob, 158
Gruppe, Otto Friedrich, 158-161

Haller, Albrecht von, 41, 75
Hamann, Johann Georg, 8, 32, 33, 35, 142, 155
Harris, James, 67
Hartley, David, 106, 194
Hassler, Gerda, 77
Haym, Rudolf, 31, 38
Heeschen, Volker, 27
Hegel, Georg Wilhelm Friedrich, 22, 32, 73, 158, 159, 165, 170-171, 180, 196
Heidegger, Martin, 11, 124
Heine, Heinrich, 107
Heinicke, Samuel, 112, 114, 115
Heintel, Heinrich, 196
Helmoltz, Hermann, 193
Herbart, Johann Friedrich, 165, 179-189
Herder, Johann Gottfried, 8, 10, 11, 26, 27, 29, 31-70, 73, 75, 76, 95, 101, 105, 133, 139, 141, 159, 162, 163, 164, 191, 194, 195
Herschel, Frederick William, 169
Herz, Marcus, 116
Hinrichs, Hermann Friedrich Wilhelm, 168
Hobbes, Thomas, 74
Hoffbauer, Johann Christoph, 131-132
Humboldt, Wilhelm von, 10, 11, 28, 75, 140, 158, 178, 192, 196
Hume, David, 19, 56, 106

Irwing, Karl Franz von, 132-134

Itard, Jean, 111
Ith, J., 131

Jacobi, Friedrich Heinrich, 148-149, 150
Jacques, Francis, 27
Jaesche, Gottlob B., 132
Jakob, Ludwig Heinrich, 106, 126-127
Jouffroy, Theodore Simon, 155

Kant, Immanuel, 7-9, 11, 15-30, 32, 33, 34, 35, 38, 48, 53, 55, 57, 59, 61, 62, 64, 66, 67, 69, 74, 75, 76, 99, 100, 110, 127, 128, 130, 132, 137, 139, 140, 141, 142, 143, 144, 148, 150, 151, 154, 156, 157, 165, 182, 188, 191, 192, 193, 194, 195, 196, 197
Kelemen, Janos, 15, 24
Kepler, Johannes, 86
Kiesewetter, Johann Gottfried Carl Christian, 61, 62, 139
Knobloch, Clemens, 12
Köhnke, Klaus Christian, 162
Kouloughli, Djamel, 11
Krug, Wilhelm Traugott, 130-131, 148
Kuehn, Manfred, 155, 156

Lambert, Johann Heinrich, 7, 54, 57, 59, 73, 77-95, 97, 98, 133
Laromiguière, Pierre, 155, 166, 167
Leary, David E., 99
Leibniz, Gottfried Wilhelm, 19, 40, 54, 59, 65, 88, 130
L'Epée, C.M. (Abbé de), 114, 115
Locke, John, 8, 19, 20, 21, 29, 35, 56, 61, 74, 81, 89, 119, 130, 132, 138, 140, 166
Lucrèce, 74

Maas, Johann Gebhardt Ehrenreich, 106
Maimon, Salomon, 110, 116, 121, 137-139
Malebranche, Nicolas de, 194
Malson, Lucien, 111
Markis, Dimitrios, 15
Markovits, Francine, 80
Marx, Karl, 27, 129, 170
Mauthner, Fritz, 142
Meiners, Christoph, 67, 131
Mendelssohn, Moses, 107
Merker, Nicolao, 73
Meyering, Theo C., 193, 194, 195
Mill, John Stuart, 129, 169
Moravia, Sergio, 74, 75, 111
Moritz, Carl Philipp, 98, 106-115, 118, 121-125

Nicolai, Christoph Friedrich, 115
Nisbet, Hugh B., 32
Nolan, J. P., 15
Norton, Robert, 33

Park, Désirée, 80
Paul, Hermann, 128
Pénisson, Pierre, 58
Pennisi, Antonino, 12, 111, 114
Perrault, Charles, 74
Platner, Ernst, 74, 131-132
Platon, 61, 150
Pockels, Carl Friedrich, 106, 109-110, 115-116, 118-119
Poggi, Stefano, 12, 109
Pölitz, Karl Heinrich Ludwig, 132
Pott, August Friedrich, 158

Rahden, Wolfert von, 11-12, 15, 73, 107
Rauscher, Joseph, 110
Reckermann, Alfons, 32
Reid, Thomas, 155, 194
Reinhold, Karl Leonhard, 99, 129, 142-154, 156, 158, 162, 163, 164
Riedel, Manfred, 15
Rink, Friedrich Theodor, 32
Roe, Shirley A., 41
Roger, Jacques, 75
Romagnosi, Giandomenico, 155, 168-169
Rosenkranz, Karl, 28
Roth, Georg Michael, 126
Rousseau, Jean-Jacques, 38, 74

Sartre, Jean-Paul, 22
Schelling, Friedrich Wilhelm Joseph, 21, 35, 141, 156, 170
Schiller, Friedrich, 75
Schlegel, August Wilhelm, 127, 128
Schlegel, Friedrich, 75, 147, 196
Schleiermacher, Friedrich Daniel Ernst, 27
Schlieben-Lange, Brigitte, 98, 127
Schütze, Martin, 32, 38
Selle, Christian Gottlieb, 75, 76, 98, 135

Senderowitcz, Yaron, 15-16
Smith, Norman Kemp, 20
Spinoza, Baruch, 170
Stahl, Georg Ernst, 75
Steinthal, Heymann, 29, 128
Stewart, Dugald, 155
Stork, Abbé, 115
Sulzer, Johann Georg, 54, 59, 98, 101-105, 107, 117, 133, 135, 138
Süssmilch, Johann Peter, 37

Tetens, Johann Nicolaus, 117
Thomasius, Christian, 143
Thouard, Denis, 127
Tittel, Gottlob August, 106
Tracy, A.L.C. Destutt de, 191-192
Traversa, Guido, 15, 20
Trendelenburg, Adolf, 160
Turbayne, Colin M., 80

Ueberweg, Friedrich, 31, 167
Ujvàri, Márta, 15

Verra, Valerio, 32
Vico, Giambattista, 35
Villers, Charles, 154
Vossenkuhl, Wilhelm, 20

Wellbery, David E., 100
Weydt, Harold, 98, 127
Whewell, William, 169
Wilkins, John, 137
Wittgenstein, Ludwig, 142
Wolff, Christian, 74, 88, 99, 100, 101, 143
Wolff, Kaspar Friedrich, 38

Table des sujets

Analyse des idées et des signes, 11, 35, 59, 60-61, 84-89, 94, 97, 100-105, 120, 129-142, 155, 179, 189
A priori, 9, 26, 27, 52, 55, 57-68, 70, 75-76, 108-109, 113, 117, 120, 126, 137, 140-141, 152, 157, 159-160, 182, 192, 194-196
Aphasie, 116
Apprentissage linguistique, 11, 43, 116-119, 173, 186, 189. *Voir aussi* Pédagogie linguistique

Catégories de la pensée et langage, 9, 19-22, 29, 35, 36, 55, 57, 58-59, 62, 64-68, 110, 163, 182, 187-189
Catégories grammaticales, 9, 22-23, 28, 63, 67-68, 94, 115, 121-125, 126, 128, 153-154, 187-188
Communication, Conversation, 8, 21, 27, 37, 46, 55-57, 84, 85-87, 134, 136, 143, 149, 152, 153, 171-172, 175, 176-177, 184-185
Comparaison linguistique, comparatisme, 19, 29, 90-91, 24-125, 126, 128, 177, 195-196
Critique du langage, 55, 60-62, 77-79, 129, 130, 136, 142-154, 154-161, 161-172, 186. *Voir aussi* Analyse des idées et des signes; Herméneutique des langues naturelles; Langage et philosophie; Langage scientifique

Etymologie, 85, 86, 87, 92-94, 105, 120, 160, 161

Forme de la langue, 9, 22-25, 28-30, 35, 91, 117, 120, 137, 139, 153, 175

Grammaire générale, 9, 22-26, 91, 107, 119-128, 130, 137, 165, 179-189, 191, 192, 196

Herméneutique, 33, 179, 196; Herméneutique des langues naturelles, 84-87

Langage et philosophie, 9, 55, 60-62, 88-89, 136, 137, 142-144, 146-147, 150-161, 161-172, 179-182. *Voir aussi* Critique du langage
Langage scientifique, 21, 57-58, 67, 81-84, 88-89, 91-92, 105, 136, 157
Langue et pensée, *voir* Psychologie cognitive et théorie du langage; Pensée préverbale.
Langue universelle, Caractéristique universelle, 23, 88-89, 137-138
Langues naturelles, 27, 54, 87-95, 104, 119-120, 124-125, 158-159, 161, 177-178. *Voir aussi* Herméneutique
Linguistique et philosophie, 7-11, 15-30, 132, 134, 181, 191-197. *Voir aussi* Langage et philosophie
Logique et langage, 9, 64-66, 67, 68, 95, 126-128, 130, 131-132, 137-138, 145-

146, 148, 150, 152-154, 160-161, 162, 179, 181, 188. *Voir aussi* Grammaire générale

Marque (*Nota, Merkmal, Kennzeichen, Sachzeichen*), 46, 47, 48, 49-52, 57, 77-80, 81, 82, 85, 133, 147-148. *Voir aussi* Sémiotique; Procédés sémiotiques
Métaphore, 17, 21, 35, 80, 83-84, 86, 90, 94, 97, 105, 122, 138-139, 160

Origine du langage, 21, 37, 93, 103-104, 117, 160-161, 185

Parties du discours, *voir* Catégories grammaticales
Pédagogie linguistique, 172-179. *Voir aussi* Apprentissage linguistique
Pensée pre-verbale, 54-55, 80, 81, 88, 104-105, 110-119, 135-136, 144-150, 161-172, 175-176, 178-179, 179-189, 195. *Voir aussi* Procédés sémiotiques; Marque; Sourds-muets; Apprentissage linguistique
·*Popularphilosophie*, 11-12, 31, 73-77, 97-101, 106, 107, 129-142, 144
Procédés sémiotiques de l'aperception, 34, 46-52, 52-53, 54, 60, 65, 68, 133, 152, 182-187
Psychologie cognitive et théorie du langage, 8, 11, 17, 21, 31-46, 47, 49-52, 53, 54, 56, 58, 68-70, 74-75, 97-128, 129-142, 161-172, 179-189, 191-195

Représentations et langage, *voir* Pensée pre-verbale; Procédés sémiotiques

Schème, schématisme, metaschématisme, 16-22, 27, 28, 29, 34, 35, 44-45, 52-57, 65, 68-69, 80, 139-140, 163
Sémantique, 8-9, 10, 12, 16-30, 34, 52-57, 65, 78, 84, 90, 95, 115, 118, 120, 122, 132, 133-134, 135-136, 138-139, 145-146, 148, 153, 160-161, 186
Sémiotique, 7-9, 77-95, 100, 103, 132, 139. *Voir aussi* Procédés sémiotiques; Marque
Signe, *voir* Langues naturelles; Marque, Sémiotique; Sourds
Sourds, sourds-muets, 25, 26, 34, 107, 110-119, 152, 173. *Voir aussi* Apprentissage linguistique

Temporalité et spatialité dans la langue, 9, 29, 44, 52, 57, 62-64, 66, 67, 76, 92, 113, 122, 182, 186, 187. *Voir aussi Apriori*
Typologie linguistique, 90-91, 94, 177-178, 196

Volksgeist, Völkerpsychologie, 48-49, 100, 124

Table des matières

Avant-propos 7

PREMIÈRE PARTIE

CRITIQUE, MÉTACRITIQUE, THÉORIE DU LANGAGE
1787-1799

Chapitre 1
La notion kantienne de représentation et les théories sémantiques 15

1. *La doctrine du schématisme et la fondation de la sémantique* 15
2. *Une grammaire de la pensée* 22
3. *Kantisme et linguistique* 26

Chapitre 2
Le dernier *Popularphilosoph*. Johann Gottfried Herder, critique de Kant 31

1. *Un philosophe censuré* 31
2. *Un modèle de psychologie cognitive* 34
3. *L'appropriation sémiotique du monde* 46
4. *La signature des choses* 49
5. *Le métaschématisme sonore* 52
6. *Le problème de l'a priori* 57
7. *Une physiologie cognitive* 68

DEUXIÈME PARTIE

LA COMÉDIE DES MÉNECHMES
PENSÉE ET LANGAGE DANS LA PHILOSOPHIE ALLEMANDE
1750 - 1850

Chapitre 3
Epistémologie et langage sous *l'Aufklärung*
L'analyse des signes comme fondement des procédures scientifiques
dans la *Sémiotique* de Johann Heinrich Lambert 73

1. *Éclectisme et philosophie* 73
2. *Les fondements de la sémiotique* 77
3. *Le langage entre connaissance historique et connaissance scientifique* 81
4. *Sémiotique et herméneutique* 84
5. *La* Sprachlehre 87

Chapitre 4
Le laboratoire de l'âme. Psychologie empirique et théorie du langage 97

1. *La méthode de la psychologie* 97
2. *Psychologie et langage chez Johann Georg Sulzer* 101
3. *La science expérimentale de l'âme : prémisses méthodologiques* 106
4. *La science expérimentale de l'âme : l'étude des pathologies* 110
5. *Théorie psychologique et grammaire générale* 119

Chapitre 5
Pensée et langage sur la scène de la philosophie 129

1. *Une idéologie allemande ?* 129
2. *Critique du langage et statut de la philosophie chez Reinhold* 142
3. *Théorie du langage et réforme du savoir philosophique chez Beneke* .. 154
4. *Langage et certitude sensible. Beneke, Feuerbach et la critique
    contre les systèmes de l'idéalisme* 161
5. *Psychologie du langage et pédagogie linguistique chez Beneke* 172
6. *Herbart. grammaire générale et psychologie cognitive* 179

Conclusion 191

Bibliographie 199

Table des auteurs 209

Table des sujets 213